1 Ötztal:
Vernagtferner
Großer Gurglerferner
Längenfeld: Aschbach; Fischbach
Umhausen: Ort; Farstrinne
Sölden
Köfels
Luibiskogel
Gurgler Eisjoch
2 Paznauntal: Galtür und Valzur
3 Fendels: Fendler Wildbachgebiet
4 Pettneu: Gridlontobel
5 Rietz: Rietzerbach
6 Stuben im Tiroler Oberland
7 Kaunertal: Feichten, Ried
8 Pfunds: Stubenbach
9 Inzing
10 Tschirgant
11 Uri-See bei Reutte
12 Eiblschrofen in Schwaz/Tirol
13 Dobratsch
14 Brennsee und Afritzer-See in Kärnten
15 Stadt Salzburg: Mönchsberg
16 Lend + Dienten
17 Bischofsmütze
18 Gmunden: Gschliefgraben
19 Bad Goisern: Zwerchwand
20 Grimming
21 Lauffen
22 Hallstätter See
23 Grundlsee
24 Traunsee: Vichtauerwind
25 Putterer-See bei Aigen im Ennstal/Steiermark
26 Puschlav / Val Poschiavo
27 Goldau
28 Oberwallis: Brig-Glis
29 Val de Bagnes / Wallis
30 Allalin-Gletscher / Wallis
31 Dents du Midi im Val d'Illiez / Wallis
32 Mattmark-Gletscher / Wallis
33 Randa im Mattertal / Wallis
34 Derborence
35 Berg Altels bei Kandersteg
36 Elm / Glarus
37 Eiger
38 Buzza di Biasca / Valle di Blenio
39 Calanca-Tal
40 Schwarzer Mönch / Lauterbrunnen
41 Flims
42 Kanton Obwalden
43 Genfer See
44 Trun in der Surselva / Graubünden
45 St. Gotthard
46 Passeiertal: Kummersee
47 Martell-Tal
48 Vinschgau: Gadria-Hund; Plawenner Drache
49 Ortlergebiet: Thurwieser
50 Sexten: Einserkofel
51 Franzensfeste
52 Cortina d'Ampezzo
53 Veltlin
54 Longarone: Vajont-Stausee / Belluno
55 Plurs/Piuro bei Chiavenna
56 Brentagruppe
57 Friaul
58 Saint-Gervais-les-Bains / Bionnassay
59 Mont Granier
60 Log Pod Mangrtom
61 Železniki in der Oberkrain
62 Königssee

Barbara und Hans Haid

Sindt-Fluss

Eine Kulturgeschichte der Naturkatastrophen im Alpenraum

Herausgegeben von Pro Vita Alpina International

Barbara und Hans Haid

Sindt-Fluss

Eine Kulturgeschichte der Naturkatastrophen im Alpenraum

StudienVerlag
Innsbruck
Wien
Bozen

Gedruckt mit freundlicher Unterstützung durch das Amt der Tiroler Landesregierung, Abteilung Kultur, das Bundesministerium für Wissenschaft und Forschung in Wien und Pro Vita Alpina.

E-Mail: order@studienverlag.at
Internet: www.studienverlag.at

Buchgestaltung nach Entwürfen von Kurt Höretzeder
Satz: Studienverlag/Christine Petschauer
Umschlag: Studienverlag/Vanessa Sonnewend
Umschlagabbildungen von oben nach unten: Gerlinde und Hans Haid; Archiv Pro Vita Alpina; Tiroler Votivbild; Barbara Haid

Gedruckt auf umweltfreundlichem, chlor- und säurefrei gebleichtem Papier.

Bibliografische Information Der Deutschen Bibliothek
Die Deutsche Bibliothek verzeichnet diese Publikation in der Deutschen Nationalbibliografie; detaillierte bibliografische Daten sind im Internet über <http://dnb.ddb.de> abrufbar.

Eine Teilauflage dieser Publikation erscheint als Pro Vita Alpina Doppelnummer 113/114.

ISBN 978-3-7065-4640-9

Inhaltsverzeichnis

Einführung 7

„Nachts kam der Berg/Cronaca di un disastro/ Une vallée en danger". Muren & Hochwasser 19
- Puschlav/Val Poschiavo, Oberwallis, Martelltal, Veltlin, Longarone, Passeiertal, Weitere Nachrichten aus Tirol, Log Pod Mangrtom und Slowenien, Paznauntal in Tirol, Bionnassay und Saint-Gervais-les-Bains, Gletscher und Ferner

Zu Tal stürzende Berge. Berg- & Felsstürze 52
- Derborence, Dobratsch, Elm, Plurs, Veltlin, Randa und Goldau, Salzburg, Salzkammergut, Dolomiten und Schweiz, Tirol, Flims, Mont Granier, Norwegen und Peru, Weitere Nachrichten aus den Alpen

Tsunami. Von Drachen & Flutwellen 84
- Obwalden, Longarone, Goldau, Val de Bagnes, Ötztaler Alpen, Mattmark, Grimming und Lauffen, Gadria-Hund, Plawenner Drache, Putterer-See, Brennsee und Afritzer See, Uri-See, Calanca-Tal, Genfer See, Trun, Vernagtferner

Tot im See. Ertrunken & begraben 103
- Hallstätter See, Königssee, Traunsee

Lothar, Kyrill & Paula. Wind & Sturm. Zerstörte Wälder und Häuser 110

Fischbach-Geschichten aus dem Ötztal 113

Erdbeben in den Alpen 136

Wettermacher, Schneemacher & Wintermacher. „Wetterschlachtige" Leut'. Von Hexern und Hexen. 141
Sindt-Flut & Gottesgericht

Alpsegen & Betruf. Töne, Schreie, Klänge, Schüsse. Hagel- und Wetterabwehr 169

Statistik 196

Fakten und Zahlen in Österreich 202

Glossar 204

Sachregister 208

Ortsregister 218

Personenregister 224

Bildnachweis 227

> Einführung

SINTFLUT SÜNDEN-FLUT ZORN GOTTES.
Ist die apokalyptische Auslöschung des Drittels der Menschheit programmiert?
KLIMAWANDEL ohne menschliches Zutun?
KLIMAWANDEL keine KATASTROPHE?
„WILD IST NUR DER MENSCH IN SEINER GIER UND ZERSTÖRUNGSWUT.“ (Max Frisch)

Was ist überhaupt eine Natur-Katastrophe? Neben vielen anderen Versuchen einer Definition hat es auch Josef Nussbaumer getan in seinem Buch „DIE GEWALT DER NATUR. Eine Chronik der Naturkatastrophen von 1500 bis heute“.

> „Im Wesentlichen sind es drei inhaltliche Kriterien, die bei den Definitionsversuchen meist herangezogen werden. Erstens wird die Anzahl der Todesopfer (oder der in Todesgefahr Schwebenden), zweitens die Anzahl der Verletzten (eventuell auch der Betroffenen) und drittens werden die Sachwertverluste (meist in Geldeinheiten) herangezogen …
>
> So beginnt eine Katastrophe bei manchen Autoren bereits bei 10 Todesopfern, andere Autoren lassen eine Katastrophe erst bei 100 und mehr Toten beginnen, wieder andere sprechen von einer Katastrophe erst, wenn ‚zwischen 1000 und 1 Million Tote …‘ (Daily Telegraph, London, 1962) zu verzeichnen sind …“ (Nussbaumer, S. 15)

Gemäß der letztgenannten Definition hätte es im Alpenraum in historischer Zeit keine einzige wirkliche Naturkatastrophe gegeben. Demnach ist der gefürchtete, der vielbeschworene KLIMAWANDEL zumindest vorerst und in den Alpen keine „KATASTROPHE“. Erst die Auswirkungen auf Menschen und ihre Zivilisation macht das große Naturereignis zur Katastrophe. Im engeren Sinn der Definition gab es im Alpenraum in historischer Zeit hunderte „Naturkatastrophen“ mit mindestens jeweils mehr als 10 Toten.

Maßstab sind aber auch Sachschäden. Gemäß der Intention der MÜNCHNER RÜCK als wichtigstem und anerkanntem Versicherer auch von Naturereignissen stehen die messbaren Sach-Schäden im Vordergrund. Die Toten sind keine messbare Dimension. Der Verlust von Menschenleben ist eine kulturelle und eine soziale Größe. Dann erst zählt die Sache: der Hof, die Scheune, der Stall, das tote Vieh (auch das ist „messbar“), die weggerissene Straße, die zerstörte Brücke.

Die „Encyclopédie des Alpes“, die große Alpen-Enzyklopädie aus dem französischen Glénat-Verlag, widmet dem Thema Naturkatastrophen ein kleines Kapitel (Übersetzungen aus dem Französischen: Barbara Haid). Als Definition für Naturkatastrophen wird die von den Vereinten Nationen anlässlich des Jahrzehnts zur Reduzierung von Naturkatastrophen in den 1990er Jahren formulierte wiedergegeben:

> „Eine Katastrophe ist die Unterbrechung der Funktionsfähigkeit einer Gesellschaft, die Verluste an Menschenleben, Sachwerten und Umweltgütern verursacht und die Fähigkeit der betroffenen Gesellschaft aus eigener Kraft damit fertig zu werden, übersteigt."

Gemäß dieser Definition gibt es daher keine Naturkatastrophe ohne eine betroffene menschliche Besiedlung. Selten hätten allerdings solche Katastrophen die Alpenbewohner dazu bewogen wegzuziehen. Sie versuchten, mit den Bedrohungen umzugehen. Die Bevölkerungsentwicklung seit den 1960er Jahren führte allerdings zu häufigeren Schäden und Katastrophen. Das Bevölkerungswachstum in manchen Regionen führte dazu, dass vormals nicht besiedelte Gebiete – beispielsweise in der Nähe von Flussbetten – nun bebaut wurden.

Die Permafrostgrenze ist laut Schweizer Forschern im Laufe des 20. Jahrhunderts um 150 bis 250 Meter in die Höhe gewandert, was die Labilität von Hängen erhöhte und den Abgang von Muren förderte.

Die Datenbank „Centre de recherches sur l'épidémiologie des désastres (CRED)" (Forschungszentrum zur Epidemiologie von Katastrophen) in Louvain-la-Neuve in Belgien verzeichnet für die Alpen keine besondere Häufigkeit oder Schwere von Katastrophen. Das Forschungszentrum sammelt die Daten der großen Rückversicherer und unterwirft sie einer kritischen Analyse. Für die drei am stärksten alpin geprägten Länder im Alpenraum – Schweiz, Österreich und Slowenien – finden sich in der Datenbank 27, 23 bzw. 1 Katastrophe im Zeitraum von 1975 bis 2001. Unter den angeführten Katastrophen sind außerdem einige nicht spezifisch alpine Ereignisse. Für den gleichen Zeitraum finden sich für Bangladesch mit einer durchschnittlichen Höhe von unter 30 Metern 150 Katastrophen. Auch die Schwere – in Bezug auf Opferzahlen und Höhe der finanziellen Schäden – der Naturkatastrophen im Alpenraum ist im Vergleich zu außeralpinen Ereignissen gering. Das Erdbeben von Kobe in Japan verursachte Schäden in der Höhe von zweihundert Milliarden Dollar. Die Schäden des so genannten Jahrhundert-Hochwassers 1991 in Österreich, das drei Städte verwüstete, wurden hingegen nur auf 82 Millionen Dollar geschätzt. Und nur die erste der drei genannten Städte (Salzburg, Linz und Krems) kann als alpin bezeichnet werden.

Das CRED erachtet ein Ereignis erst dann als Katastrophe, wenn es mindestens 10 Tote oder 100 Betroffene gibt oder wenn Hilfe von auswärts nötig ist. In der „Encyclopédie des Alpes" wird die Frage aufgeworfen, ob diese Kriterien auch auf die Alpen anwendbar sind. So wären beispielsweise die Überschwemmungen im August 1987 im Martelltal, hätten sie sich in China ereignet, weitgehend unbeachtet geblieben. (Auszug aus Encyclopédie des Alpes)

Die Fragen der Experten und der Politik nach den Folgen und Auswirkungen, vor allem der künftigen Szenarien, sind je nach Ideologie verschieden. Während beispielsweise die weitaus überwiegende Zahl der international anerkannten Experten der einschlägigen Wissenschaftsbereiche bei der KLIMAÄNDERUNG und dem KLIMAWANDEL der Gegenwart und der nächsten Zukunft Mitwirkung des Menschen als Faktum hinstellen, gibt es nach wie vor eine kleine Schar eifrig opponierender Lokalwissenschaftler und so genannter Experten.

Es lohnt sich, die internationalen Studien und Publikationen durchzusehen. Die nächstliegenden Experten haben wir in München bei der MÜNCHNER RÜCK. Dort sitzen rechnende, rational denkende Menschen, die weltweit sehen und registrieren, was auf unserem Planeten passiert. Ich habe mir aus der Festschrift aus Anlass der Pensionierung ihres langjährigen Experten Gerhard BERZ einige Zitate herausgesucht:

> „Natürlicher Klimawandel ist untrennbar mit der Entwicklungsgeschichte der Menschheit verbunden. In den vergangenen hundert Jahren hat der Mensch das Klimasystem erstmals massiv beeinflusst – ein Experiment mit unbekanntem Ausgang …
>
> Klima ist eine zentrale natürliche Ressource und die Basis allen Lebens. Doch die Menschen gehen mit diesem kostbaren Gut rücksichtslos und leichtfertig um. Die Folge: das Klima wird mehr und mehr zu einem Risiko …
>
> Die Änderung des Klimas wirkt sich direkt auf den Menschen aus: Extremereignisse wie Hitzewellen, Stürme oder Überschwemmungen erhöhen die Mortalität …“ (Münchner Rückversicherung: Wetterkatastrophen und Klimawandel)

Und ein Zitat aus dem einführenden Text von Dr. Gerhard Berz als langjährigem Leiter der GeoRisikoForschung der Münchner Rückversicherungs-Gesellschaft:

> „Der Einfluss der überwiegend vom Menschen verursachten Klimaänderung darf keinesfalls vernachlässigt werden. Vor allem mit Blick auf die Zukunft muss die globale Erwärmung als ein kritischer Faktor für die Gefährdung von Mensch, Wirtschaft und Natur durch Naturkatastrophen angesehen werden.“ (Berz, S. 13)

Dem gegenüber verfügt ein prominenter Tiroler Gletscherforscher über die ziemlich einzigartige Monopolstellung der Negierung. Kürzlich hat er in Südtirol einen Vortrag gehalten (wo man seine Thesen offensichtlich nicht kennt oder sie nicht zu kennen glaubt).

Der Standard, 10.07.2008.

PANORAMA

2008 auf dem Weg zum Katastrophenjahr

München – 2008 dürfte nach Einschätzung der Münchener Rück als eines der Jahre mit den höchsten Opferzahlen durch Naturkatastrophen in die Statistik eingehen. Die Schäden der bisher analysierten rund 400 Naturkatastrophen für die Volkswirtschaft summierten sich auf rund 50 Milliarden US-Dollar (31,8 Milliarden Euro). Auch die versicherten Schäden seien mit rund 13 Milliarden Dollar (8,3 Milliarden Euro) erheblich und lägen im Halbjahresvergleich über dem Durchschnitt der vergangenen zehn Jahre. (dpa)

Wenn es die Regionalzeitung „Der Vinschger Wind“ vom 3.4.2008 richtig wiedergegeben hat, dann wäre es so:

(1) „Klimawandel keine Katastrophe“ (Titel der Meldung)
(2) „Gernot Patzelt: ‚KLIMAERWÄRMUNG IST NICHT MENSCHENGEMACHT‘“

Das kann ich nicht unkommentiert lassen.

Zur Klarstellung: Ja, es hat immer in der Geschichte Schwankungen gegeben. Diese waren teilweise und zeitweise überaus dramatisch. Das gilt beispielsweise für die so genannte „Kleine Eiszeit“ in unseren Regionen etwa von 1600 bis 1850. Es gab, wie inzwischen nachgewiesen werden konnte, vor mehr als 5000 Jahren eine dramatische Erwärmung. Die meisten Gletscher der Alpen waren abgeschmolzen. Im so genannten „Atlantikum“ (zwischen ca. 6000 und 3000 v. Chr.) hat es eine „mittlere Wärmezeit“ gegeben. Im Durchschnitt lagen die Temperaturen um etwa 2–3 Grad über den heutigen. Es war eine Zeit des „Klimaoptimums“. In dieser Periode müssen wir uns die Phase der am weitesten hinaufreichenden Besiedlung und Nutzung durch Menschen in den Alpen vorstellen. Damit erhalten bisher nicht erklärbare und deutbare Sagen z.B. aus dem Komplex der „Blümlisalp-Sagen“ eine Erklärung, Deutung und Datierung.

Noch etwas zur Klarstellung: *„Die Naturkatastrophen nehmen dramatisch an Frequenz und Ausmaß zu“* (Münchner Rück, S. 99)

Dafür werden mehrere Gründe genannt:

- die Bevölkerung hat sehr stark zugenommen
- der Lebensstandard ist z.T. erheblich gestiegen
- es gibt eine Konzentration der Bevölkerung in Ballungszentren
- es wurden bisher gemiedene Flächen der Nutzung zugeführt
- die moderne Gesellschaft und Technologie ist höchst anfällig
- gestiegene Versicherungsdichte
- Änderung der Umweltbedingungen

Dazu kommt eine unvergleichlich höhere und intensivere, sogar weltweite mediale Aufmerksamkeit und Berichterstattung, vor allem durch Fernsehen und Internet.

Das „Bewusstsein“ für den Klimawandel hat (fast) alle Gesellschafts-Schichten erfasst. Der Tourismus hinkt nach. Die besonnenen Mahner werden in einschlägigen Glossen zum Beispiel in der Tirol-Werbung als hinterwäldlerische Gestrige abqualifiziert.

Es muss weitergehen. Es werden nach wie vor in die sensibelsten Regionen hinauf Gletscher „erschlossen“, werden durch Straßen und andere „Infrastrukturmaßnahmen“ künftige Ressourcen zerstört. Nachhaltig zerstört, wie aktuelle Beispiele u.a. vom „Notweg“ im Pitztal, bei der Gurgler Umweltgrausigkeit der Brutalzerstörung bis zum Kultberg „HOHE MUT“ hinauf usw. beweisen. Dann kommt der für Tourismus zuständige Landespolitiker in der Person des Landeshauptmanns und verkündet:

„Das Erreichte zählt und nicht das Erzählte reicht" und es dürfte „auch künftig weder Nachdenkpausen noch Stillstand geben". (Tiroler Tageszeitung 7.5.2008)

Im Vergleich dazu ein Zitat aus der Wochenzeitung „DIE ZEIT" am 16.11.2006:

„Erst die Ökologie macht uns zur Menschheit …

Es handelt sich nicht um eine unmittelbare Gefährdung, es geht auch nicht um Krieg, bei dem sich die Menschheit doch eine gewisse Grundalarmiertheit erworben hat. Nein, diese Bedrohung ist komplex, sie zeigt sich meist unspektakulär, sie könnte auch zuerst einen anderen treffen. Sie ist unseren Genen neu und unserem Bewusstsein unbekannt …

Klimapolitik ist eben mehr als eine Frage von Wärmedämmung oder von Hybridmotoren. Sie verändert den politischen Aggregatzustand der Welt."

Die Kulturtechnik der WILDBACHVERBAUUNG

2
ELSKY

3

Bildserie ab S. 11: Arbeit der Wildbach- und Lawinenverbauung am Diasbach im Paznauntal.

Eine der drei Thalsperren im Erlbache (1883).

Das ist ein Stück Kultur, wie die alten Zeichner und Schreiber von Amts wegen ihren Anteil an der „kulturellen“ Bewältigung von Naturgefahren und Naturkatastrophen geleistet haben. Offenbar war es so in der alten Monarchie, dass begabte Menschen mit viel Gespür und Gefühl für NATUR ans Werk gegangen sind. Ich habe mir beispielhaft für viele andere „Ämter“ die reichhaltigen Materialien in Imst anschauen, besprechen und fotografieren können. Offiziell heißt es jetzt „Forsttechnischer Dienst für Wildbach- und Lawinenverbauung“ und ist eine Dienststelle des „Lebensministeriums“ in Wien. Näheres dazu unter www.die.wildbach.lebensministerium.at!

In Imst befindet sich die „Gebietsbauleitung Oberes Inntal“ (e-mail: gbl.oinntal@die-wildbach.at), zuständig für die beiden Bezirke Landeck und Imst, für eine Fläche von 3320 km² mit 96.000 Einwohnern und ca. 11,1 Millionen Nächtigungen und eine der naturereignisreichsten Regionen der Alpen, vielfach geplagt und heimgesucht von schlimmen Naturkatastrophen (Lawinen 1999 in Galtür und Valzur, Hochwasser 2005 etc.). Mit gezählten 386 Wildbacheinzugsgebieten und 643 Schad-Lawinen. Früher hieß es „K.K. forsttechnische Abtheilung für Wildbach-Verbauung". Da gab es die Sektion Innsbruck. Es sind und waren auch Glanzleistungen der KULTUR, wie mit der NATUR umgegangen wurde. Vor mir stapeln sich Mappen in dickem, braunem Karton, geschnürt mit Bändern aus Naturstoffen; alles ist fein säuberlich beinahe in lehrmeisterlicher Kunst-Schrift geschrieben; auch die Protokolle und Berechnungen. Das Amt war offenbar auch ein Kultur-Pflegeamt. Höchst sorgfältig und penibel genau sind die Lagepläne gezeichnet und gemalt; fast künstlerisch.

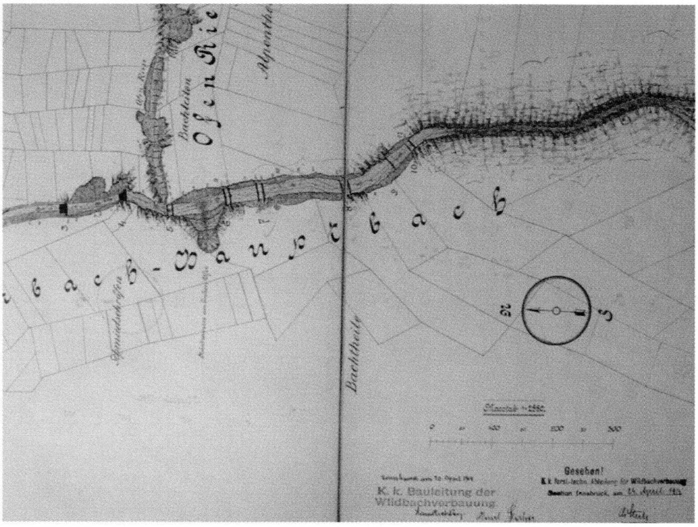

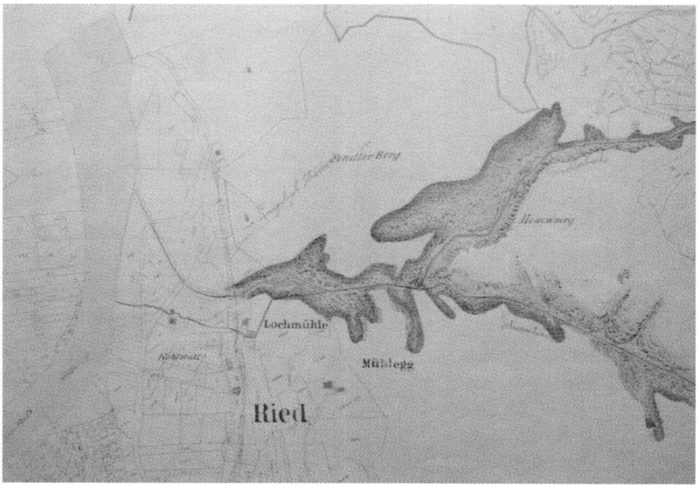

Zwei Pläne der Wildbach- und Lawinenverbauung. Oben: Gridlonbach bei Pettneu am Arlberg. Unten: Fendler Mure bei Ried.

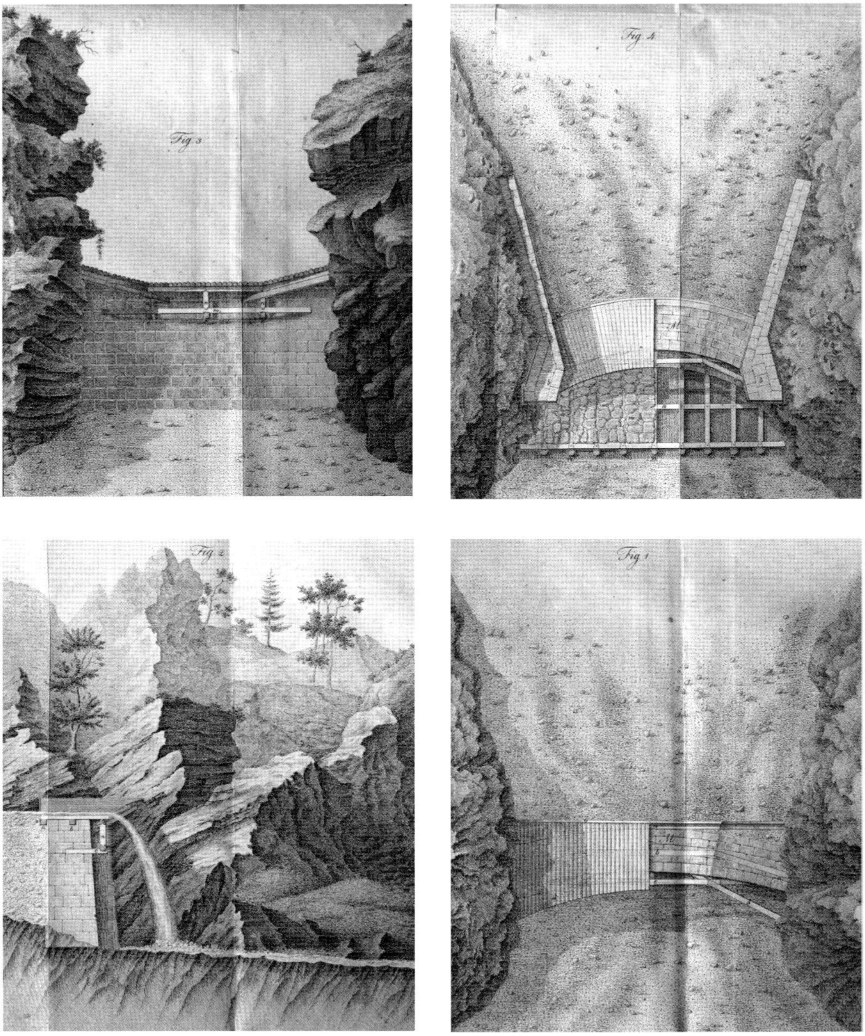

Bauentwurf für die Ergänzungsarbeiten an der Fischbachsperre. Diese Zeichnungen sind einem der ersten Bücher über die Wildbach- und Lawinenverbauung entnommen, nämlich dem 1826 erschienenen Lehrbuch von Joseph Duile.

Das außergewöhnliche Entgegenkommen des „Amtes" in Imst mit seinem Chef Christian WEBER, einem gebürtigen Steirer, und seinem MitarbeiterInnen-Stab hat mich gleichermaßen überrascht, beeindruckt und begeistert. Vor mir liegen, aus den großen Beständen herausgesucht, die Mappen von ausgewählten „Katastrophen-Wildbächen" in den Bezirken Imst und Landeck, vom

- Fischbach in Längenfeld im Ötztal seit 1919, vom
- Gridlonbach und Gridlontobel in Pettneu am Arlberg seit 1895, vom
- Rietzerbach in Rietz seit 1914 und vom
- Fendler Wildbachgebiet mit der Fendelser Murverbauung seit 1901 in Fendels.

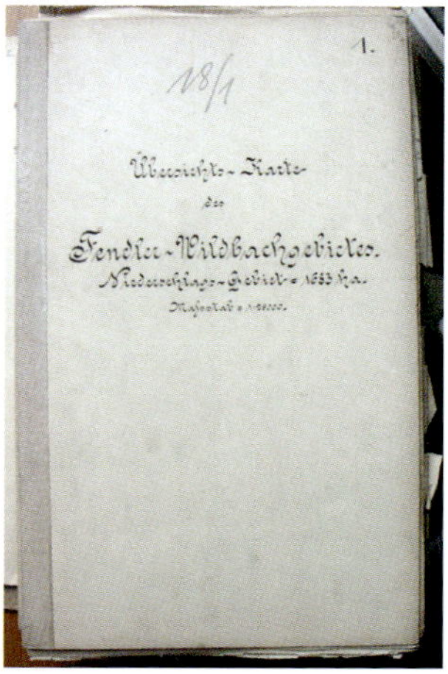

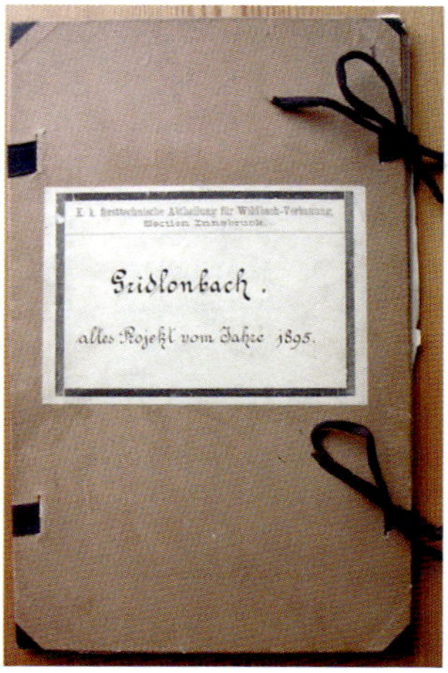

Mappen der „K.K. forsttechnische Abtheilung für Wildbach-Verbauung" zur Fendler Mure und zum Gridlonbach.

Das ist bis fast ganz herauf zu neuen Computertechnologien eine Möglichkeit des Miteinanders von NATUR & KULTUR. Die reichhaltigen Unterlagen der zuständigen Ämter sind somit wichtige Dokumente und Teil der KULTURGESCHICHTE.

Verbauungen gegen Lawinen und Muren oberhalb von Pontresina im Oberengadin.

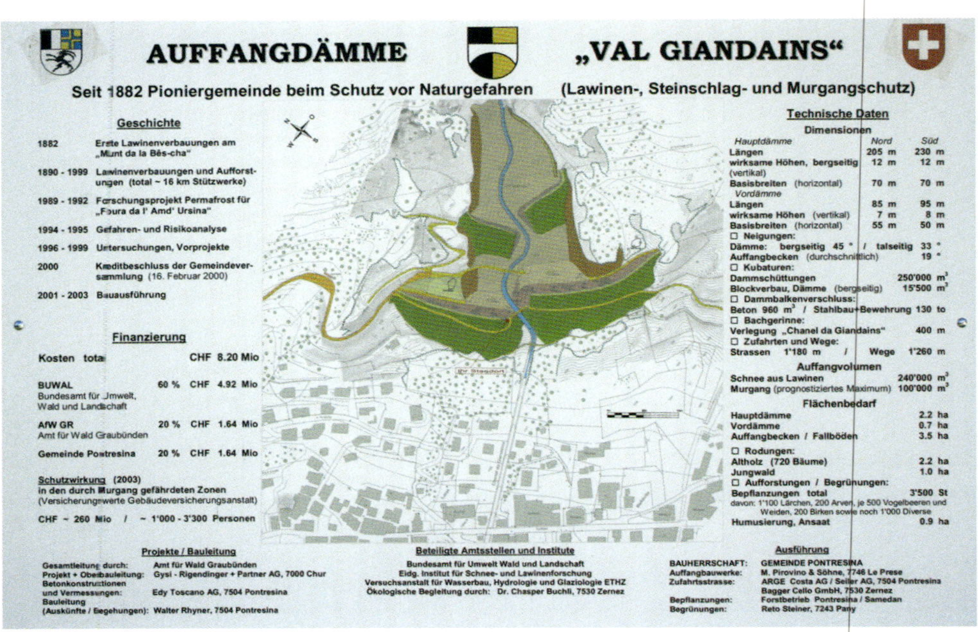

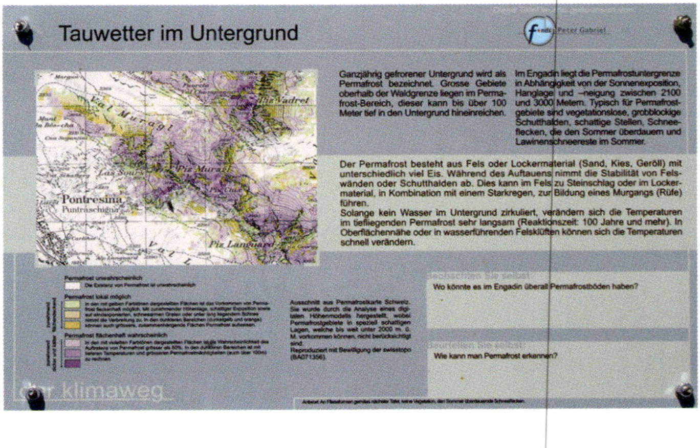

Schautafeln oberhalb von Pontresina informieren über die Schutzdämme sowie über Phänomene wie Permafrost.

> „Nachts kam der Berg/Cronaca di un disastro/Une vallée en danger“. Muren & Hochwasser

Puschlav, Oberwallis, Martelltal, Veltlin, Longarone, Passeiertal, Log Pod Mangrtom, Paznaun, Saint-Gervais etc.

Puschlav/Val Poschiavo

Im VAL POSCHIAVO/PUSCHLAV-TAL in der Schweiz haben im Sommer 1987 ebenso wie im Wallis, im Veltlin, in Tirol und anderen Gegenden so genannte „Hochwasser- und Unwetterkatastrophen“ grobe und verderbliche Schäden angerichtet.

In der Nacht vom 18. auf den 19. Juli 1987 „kam der BERG“ und verwüstete das schöne Tal des Puschlav in der Schweiz. Bereits im Oktober dieses Jahres hat eine Gruppe von Menschen im Tal, der „Fondo Solidarietà Poschiavina“, eine Gedenkschrift herausgegeben mit dem dreisprachigen Titel „Cronaca di un disastro/Nachts kam der Berg/Une vallée en danger“. Die zahlreichen Bilder und die eindrucksvollen Beschreibungen geben einen Eindruck in das schreckliche Geschehen dieser Nacht.

Zwei Votivbilder mit Darstellungen von Hochwasser und Muren. Links: Ein Votivbild aus Madonna di Re vom 8. Oktober 1880. Rechts: In der Maria-Hilf-Kapelle St. Georgen bei Bruneck.

> „18./19. Juli 1987: Tage, die in die Geschichte des Puschlav eingegraben bleiben werden, wegen der tragischen Folgen, die eine Reihe gewaltiger Unwetter-Wellen nach sich gezogen haben. Die Geschichtsschreibung berichtet über mehrere analoge Natur-Katastrophen, vor allem über jene des Jahres 1834; aber keiner der heutigen Leser hätte erwartet, selbst Augenzeuge eines solchen zerstörerischen Ereignisses zu werden. In der Abfolge der photographischen Aufnahmen in diesem Buch haben wir versucht, in einem ersten Teil die Momente festzuhalten, die den Verlauf des Ereignisses beschreiben. Im Interesse klarer Berichterstattung zeigen wir die Szenen in einem Verlauf von Norden nach Süden.“ (Chronik Puschlav, Prolog)

Wenige Tage nach dem Ereignis hatte ich Gelegenheit, anlässlich einer Forschungs- und Besuchsfahrt für PRO VITA ALPINA in das Tal zu kommen und bekam einen ersten Eindruck von der Macht und der Zerstörungswut der Naturgewalten. Wie haben sich da die Dreck-, Wasser- und Schuttmassen durch das ehemals idyllische Städtchen gewälzt! Das Aufbauwerk von Generationen schien zerstört. Die Resignation schien alles andere zu dominieren. Aber schnell sah ich, dass anstelle der Resignation eine unbändige Kraft aufgekommen war zum Wiederaufbau. Auch die Gründung einer Stiftung, eines Fonds hat dazu beigetragen. Hier ein Auszug aus dem authentischen Katastrophenbericht über den Samstag, 18. Juli. Der Krisenstab des Dorfes war im Gemeindehaus von Spoltrio lo Stato Maggiore zusammengekommen:

> „… brach plötzlich der Damm: Bei der Kantonsstraße im Norden des Dorfes brach ein wilder Fluss hervor und bahnte sich seinen Weg ins Dorf. Unterhalb der Brücke füllte sich das Bachbett innert kürzester Zeit mit Schutt, und eine Unmasse von Wasser, Felsblöcken, Baumstämmen und Schutt wälzte sich in vier neuen wilden Strömen durch die Hauptgassen des alten Dorfkerns, bis ans südliche Ende …“

Und vom Montag, 20. Juli heißt es im Bericht unter anderem:

> „Vom trostlosen Bild, das sich am Montag früh entlang aller Straßen und Gassen des Borgo dem Auge geboten hat, kann man sich überhaupt keine Vorstellung machen. (…) Innerhalb und außerhalb der Häuser türmte sich das Geröll bis auf eine Höhe von etwa zwei Metern. Zwischen den Häusern existierten keine Straßen mehr, die beiden kleinen Straßen und der Hauptplatz vor dem Gemeindehaus lagen tief unter Sand, Schutt, Geröll und Baumstämmen …“

Aber „nur“ zwei Menschen sind ums Leben gekommen.

Die Szenarien solcher Katastrophen scheinen sich zu wiederholen. Im Sommer 1987 an mehreren Orten und immer wieder miteinander vergleichbar: Nach überaus starken Niederschlägen brechen droben in den Bergen Muren, stauen den Bach, zwingen sich durch, brechen ins Tal zu

Titel- und Rückseite der Gedenkschrift „Cronaca di un disastro/Nachts kam der Berg/Une vallée en danger".

den ersten Orten. Das war so im Puschlav und nicht anders im gleichen Jahr im Veltlin oder auch in Längenfeld im Ötztal. Nicht anders dann wieder an einem schrecklichen Freitag, 24. September 1993, im Oberwallis. Schlimm erwischt hat es 2001 den Ort Log Pod Mangrtom in Slowenien und 2005 den Ort Stuben im Tiroler Oberland und das Paznauntal. Die Szenen sind immer wieder vergleichbar. Fast möchte ich sagen: austauschbar. Aber es sind immer nur die lokal Betroffenen, die das Geschehen als einzigartig und am schlimmsten empfinden.

Es traf und trifft Orte, Gebäude, Straßen, kommunale Strukturen. Die sind heilbar; wenn auch erst nach Jahren. Viel schlimmer wird es beim Verlust von Menschenleben. Und dabei könnten sich die Menschen der Alpentäler darüber hinwegtrösten, dass es andernorts viel viel schlimmere Katastrophen mit hunderten und tausenden und hunderttausenden Toten gibt.

Ein schwacher Trost ist das.

Ein anderer schwacher Trost ist die durch solche Ereignisse wieder erwachte Nachbarschaftshilfe und Solidarität.

Und ein weiterer schwacher oder trotzdem hilfreicher Trost ist der Kult, ist die Religion, ist die Hoffnung, ist der Dank-Gottesdienst und ist auch die schriftliche Dokumentation in einem Buch.

Trost spendet auch, wenn aus dem ganzen Land Hilfen kommen in Form von Geld und aktiven Arbeitskräften.

Bezirk Imst kam glimpflich davon

Bericht S. 2 bis 8

Blick Punkt

BEZIRKSBLATT IMST

Nr. 35 – Mi., 31.08.05, Gesamtauflage 244.058
Imst, Langgasse 24a, Tel. 05412/66 430
An einen Haushalt. RM 91A641001

Ein großes Lob den Einsatzkräften

Die Feuerwehren und freiwilligen Helfer leisteten im ganzen Bezirk fast übermenschliches. Ein herzliches Vergelt's Gott.

Unvorstellbare Wassermassen

Bäche, die zu riesigen Flüssen wurden, Häuser, die teilweise unter Wasser stehen, und der Inn als reißender Strom - auch in Imst waren die Auswirkungen des Hochwassers gewaltig. Im Inn wurden ganze Hausdächer und riesige Baumstämme mitgerissen. Foto: Sturm-Norén

Blickpunkt, 3´.8.2005.

Oberwallis

So ist es und so war es auch im OBERWALLIS rund um den schicksalhaften Freitag, 24. September 1993. Auch dazu habe ich für das Archiv der ALPENAKADEMIE von PRO VITA ALPINA-INTERNATIONAL am Ort des Geschehens eine schriftliche Dokumentation erstehen können und mir von unserem Walliser Partner Andreas Weissen anlässlich einer Exkursion Näheres zur Katastrophe vor Ort erklären lassen. Die Dokumentation „Freitag 24.9.93“ aus dem Verlag „WALLISER BOTE“ in Visp beschreibt „Die Naturkatastrophe im Oberwallis. Brig-Glis, Simplon und Visperterminen“.

Es ist erstaunlich, wie wenig Todesfälle es bei diesen großen Muren und dem darauf folgenden Hochwasser gegeben hat. Im Oberwallis, in der Stadt Brig-Glis waren es zwei Personen.

Wenn die Mure oben in den Bergen losbricht, haben die Leute zumeist ausreichend Zeit, sich in Sicherheit zu bringen. Die Mure mit dem Wasser, dem Schlamm, den Steinen, den mitgerissenen Bäumen kommt nicht schlagartig und unvorhergesehen mit unvorstellbarer Geschwindigkeit wie die Staublawinen oder die Tornados und schon gar nicht so rasant wie die Tsunamis an den Küsten.

Trotzdem: Die Muren mitsamt den Folgen haben nachhaltige Auswirkungen in den betroffenen Orten.

> „Die Stadt Brig versinkt in Schutt und Schlamm und gleicht über Monate einer ‚Geisterstadt' …
>
> Die Sachversicherer sprechen vom bisher größten Elementarschadensereignis in der Schweiz … (mindestens 250 Millionen Franken allein an versicherten Gebäuden samt Inventar) …"

Das ist selbstverständlich zu relativieren. Gemeint ist im Fall Brig und Wallis der „versicherte" Schaden an Hab und Gut. Verluste an Menschen sind in diesen Fällen nicht Gegenstand einer Versicherung. Die Katastrophe des gewaltigen Bergsturzes von Goldau im Jahre 1806 mit dem Auslöschen der Ortschaften Goldau und Röthen und dem Tod von 457 Menschen übersteigt die Katastrophe von Brig-Glis mitsamt dem ganzen Oberwallis um ein Vielfaches. Zum Vergleich: Beim Bergsturz 1806 von Goldau wurden über 110 Häuser, ungefähr 220 Städel bzw. Scheunen und 4 Kirchen/Kapellen vernichtet. Und auch die „Debakel" im Val de Bagnes (ebenfalls im Wallis) in den Jahren 1818 und 1595 sind von den Sachschäden her gesehen erheblich größer gewesen. Die Zahlen von 1595 sind nicht bekannt. Es soll aber schrecklicher gewesen sein als 1818. Damals wurden 270 Gebäude, Ställe, Wohnhäuser zerstört. 44 Menschen wurden getötet. Im Jahre 1595 waren es ca. 160 Tote.

Kirchlicher Trost kommt von den Kirchen, kommt im katholischen Wallis selbstverständlich vom Pfarrer, der einen Gedenk-Gottesdienst gehalten hat und der dafür dankt, dass „nur" zwei Personen, die beiden Frauen Martha Escher-Platter und Trudy Schmid, getötet worden sind. Ihm werden auch die tröstlichen Schlussworte „nach dem Erlebten" in der Dokumentation überlassen.

> „Wir werden die Schrecken der vergangenen Tage nicht so schnell vergessen. Sie haben uns beigebracht, wie klein und ohnmächtig wir Menschen angesichts der Naturgewalten sind. Wir verstehen Gottes Willen nicht. Aber wir wollen ihn in aller Demut annehmen."

Also sprach der Pfarrer trostreiche Worte. In den letzten Jahrzehnten wird in solchen Situationen eher verschwiegen oder verdrängt, dass es, wie in früheren Zeiten, als Strafe Gottes, als Strafe der erzürnten Götter für begangene Sünden und für Lasterhaftigkeit hingestellt wird.

Mure und Hochwasser sind nicht (mehr) Strafgericht, sondern bestenfalls Prüfung, verbunden mit dem Aufruf zur Solidarität. Dazu wieder der katholische Pfarrer:

Ich spreche den vom Unwetter Geschädigten, besonders jenen, die einen Todesfall zu beklagen haben, im Namen jener, die in unseren Pfarreien wenig oder nicht betroffen wurden, unser Mitgefühl und unser Bedauern aus.
Möge Gott seine fürsorgende Hand über sie ausbreiten! Es geht nicht darum, in dieser Stunde über die düstere Vergangenheit zu klagen, es geht darum, ein Licht anzuzünden. Ohne Licht waren wir lange genug. Wir haben erfahren, was Dunkelheit bedeutet: Dunkelheit in den Strassen, Dunkelheit in den Häusern, Dunkelheit in den Herzen. Jetzt ist es also an der Zeit, Licht zu machen und hoffnungsvoll in die Zukunft zu schauen.
Das erste Licht, das wir anzünden wollen, ist das Licht der Solidarität. Es ist längst angezündet worden, schon in der ersten Nacht, als das Wasser unser schönes Städtchen überflutete. Man ging unkompliziert aufeinander zu, man ging einander zur Hand, wie und wo man konnte. Man half einander. Es gab Augenblicke, bei denen das eigene Ich zurückgesetzt wurde, um sich in den Dienst des Schwächeren zu stellen. Man versuchte, einander zu trösten, so gut es ging. Es ist daher in den Tagen dieser Katastrophe in unserer Mitte echte, christliche Nächstenliebe gelebt worden.
Wir wollen dankbar sein, dass es uns gelungen ist, dieses Licht der Solidarität anzuzünden. Möge es weiter in den schweren, monotonen Alltag des Wiederaufbaus und der mühsamen Kleinarbeit hineinleuchten. Bestimmt hat uns diese Katastrophe beigebracht, auch in guten Zeiten vermehrt für einander dazusein und einander zu stützen und zu helfen. Das ist ein Licht, das auszulöschen nicht mehr so leicht sein wird. Denn: Wo Güte ist und Liebe, da ist Gott.
Ein zweites Licht möchte ich anzünden: Das ist unser Glaube. Es wäre sinnlos, das Geschehene als Strafgericht Gottes zu interpretieren. Wir sind nicht besser und nicht schlechter als tausend andere, die jahrelang heil davonkommen, wie wir dies auch während vieler Jahre erlebten. Die Bibel muntert uns immer wieder auf, uns auf den Glauben einzulassen, auf den Herrn, der uns sagt: «Fürchte Dich nicht, auch und gerade dann nicht, wenn es am meisten zum Fürchten aussieht.» Und wenn wir ob dieser Katastrophe erschraken und zornig wurden, dann ist wiederum die Stimme da, die sagt: «Fürchte Dich nicht!» Wir alle sind, auch wenn wir es so wenig zu spüren scheinen, in Gottes verborgener, wunderbarer Hand.
Wollen wir uns nicht aufmachen und in die Zukunft blikken im Gedanken daran: Gott ist mit uns und für uns? Er weiss das Schlechte zum Guten zu lenken. Wir werden das Geschehene nicht so leicht vergessen – das sollen wir auch nicht –, aber wir werden, vielleicht erst nach Jahren, erkennen, welchen Sinn dieser 24. September 1993 für uns gehabt hat.

† Martha Escher-Blatter
3. Oktober 1948
Ried-Brig

† Trudy Schmid
5. September 1942
Brig-Glis

141

Chronologie einer Sintflut

Die Saltina, die Vispa und die Doveria treten am 24. September 1993 nach wochenlang anhaltenden Regenfällen – wie sie das Wallis in den letzten Jahrzehnten nie mehr erlebt hat – über die Ufer. Die Stadt Brig versinkt in Schutt und Schlamm und gleicht über Monate einer «Geisterstadt».

Aus der Dokumentation „Freitag 24.9.93" in Gedenken an die Katastrophe und die beiden Toten

„Das erste Licht, das wir anzünden wollen, ist das Licht der Solidarität. Es ist längst angezündet worden, schon in der ersten Nacht, als das Wasser unser schönes Städtchen überflutete. Man ging unkompliziert aufeinander zu, man ging einander zur Hand, wie und wo man konnte … Wir wollen dankbar sein, dass es uns gelungen ist, dieses Licht der Solidarität anzuzünden … Das ist ein Licht, das auszulöschen nicht mehr so leicht sein wird …

Es wäre sinnlos, das Geschehene als Strafgericht Gottes zu interpretieren …" („Freitag 24.9.93. Die Naturkatastrophe im Oberwallis", S. 141).

„Wild ist nur der Mensch"

In der Publikation „Wildnis. Ein Wegbegleiter durchs Gebirge", das die Organisation „mountain wilderness" im Jahre 2004 herausgegeben hat, habe ich einen kurzen Beitrag mit dem Titel dieser Kapitelüberschrift gefunden. Sind Steinschlag, Muren, Hochwasser etc. eine „mechanische Katastrophe", eine „gerechte Züchtigung" oder ganz einfach eine natürliche Gegebenheit, die sich hundertfach und tausendfach wiederholt. Der sehr informative Beitrag von Marco Volken gipfelt in der Erkenntnis:

„Und doch ist die Natur … nie wild; diese Eigenschaft ist dem Menschen vorbehalten …

Hochwasserschäden im Engelberger Tal, Schweiz im August 2005.

Für die Natur selbst handelt es sich also nicht um eine Katastrophe, sondern um eine Korrektur … Der Begriff Katastrophe bezieht sich somit nicht auf die Natur, sondern entspringt dieser und trifft den Menschen in seiner Opferrolle …
Eine Natur, die wir nicht beherrschen, der wir ausgeliefert sind, bezeichnen wir heute gemeinhin als wild – im Gegensatz zur kaum Furcht einflößenden Kulturlandschaft …" (Volken, S. 70 f)

In zweifacher Weise beteiligt sich der Mensch an dem, was wir NATUR-Katastrophe nennen. Einmal dadurch, dass Ereignisse der letzten Jahre intensiv menschlich genutzte Regionen, neue Dörfer und Siedlungen, intensiv bis intensivst genutzte, „erschlossene" Natur betreffen. Damit sind die Schäden gigantisch in die Höhe gewachsen; dort, wo es früher nach der Weisheit der Alten keine Siedlungen, keine Bauernhöfe, keine Hotels etc. gegeben hat und auch nicht geben konnte. Die berüchtigt-berühmte Lawinenkatastrophe vom Februar 1999 in Galtür betraf „nur" sieben Einheimische, aber mehr als 30 Urlaubsgäste. Es betraf nicht so sehr alte Bauernhöfe, sondern neue Hotels, Pensionen usw. Dann kam das gigantische internationale Presse-Echo (das es wegen der sieben toten Einheimischen nie gegeben hätte). Dass dort und in anderen Tälern durch Lawinen sieben und mehr Personen getötet wurden, ist im Abstand von wenigen Jahrzehnten immer wieder vorgekommen und galt nicht als NATUR-KATASTROPHE, sondern als NATUR-EREIGNIS. Das ist ein wesentlicher Unterschied und eine wichtige Unterscheidung.

Die zweite menschliche Einflussnahme ist das in den vergangenen Jahren und Jahrzehnten gigantische Überhandnehmen technischer Hilfsmittel bei der „Eroberung" bzw. der „Erschließung", anders gesagt bei der „Zerstörung" von Natur. Beispiel Staudammbau, Straßenbau bis in höchste Gipfelregionen und vor allem auch die kurzsichtig-brutale Bearbeitung des Bodens für den Skilauf und die damit zusammenhängende Infrastruktur.

Martelltal

Ich habe diese Überleitung gewählt, um einen besonders heiklen Fall einer so genannten Naturkatastrophe verdeutlichen und besser dramatisieren zu können. Es geschah in der Nacht auf den 26. August 1987, dass im MARTELLTAL in Südtirol eine dramatische Wasser- und Schlammflut durch das Tal der Plima donnerte. 40 Häuser waren betroffen, einige Bauernhöfe wurden total zerstört, zwölf Häuser sind völlig in den Fluten verschwunden oder wurden so weit zerstört, dass sie zusammenzustürzen drohten. 220 Personen mussten evakuiert werden. Es bestand sofort der Verdacht, der weit hinten im Tal befindliche Staudamm wäre die Ursache gewesen. Dann drang es nach und nach durch: Offensichtlich aus Angst habe der Staudamm-Wächter wegen der offensichtlichen Gefahr die Staudamm-Schleusen geöffnet. Gleich hieß es in den Schlagzeilen der Presse:

> „War es der Regen oder der Staudamm?
> In die Trauer mischt sich Empörung. Haben Wassermassen aus dem Stausee zur Katastrophe beigetragen?“

Wenige Tage nach dem Ereignis waren wir Augenzeugen der schrecklichen Zerstörungswut losgelassener Wassermassen, in der Folge alles mitreißend, was sich in den Weg stellte: Steine, Geröll, Bäume, Häuser, Wirtschaftsgebäude.

Nicht weil der Mensch an einem gefährlichen Ort gebaut hat, der Bauer vor Jahrhunderten und die Häuslbauer der vergangenen Jahrzehnte, sondern weil durch menschliches Zutun die Zerstörung so enorme Ausmaße annehmen konnte. Jahrelang haben die Leute darum gestritten und gekämpft, dass ihnen die zustehenden Entschädigungen ausgezahlt werden. Dass die Schuldigen verurteilt und zur Rechenschaft gezogen werden.

Letztlich gilt als erwiesen, dass die Öffnung der Schleusen den hohen Schaden bewirkt hat.

Erst im Jahre 2004, also 14 Jahre nach dem Ereignis wird gemeldet: „Martell atmet auf: Edison zahlt“.

Der Rechtsstreit zwischen dem Land Südtirol und der Edison als Betreibergesellschaft wurde beigelegt. Entscheidend war dabei, dass es „aufgrund von Fehlern der Betreibergesellschaft“ die großen Schäden gegeben hat. Edison zahlt 24 Millionen Euro. Die Gemeinde Martell erhält ca. 500.000, die Gemeinde Latsch rund 200.000, die Grundbesitzer in Martell rund 1,1 Millionen. Weitere 150 Private zwischen Martell und Latsch sind zusätzlich zu entschädigen. Das Land Südtirol hatte einen erheblichen Teil des Schadens vorfinanziert. Laut der mir vorliegenden Information deckt die Entschädigung ungefähr 50 % des entstandenen Schadens. Das Martelltal kann aufatmen. Mittlerweile hat die Betreibergesellschaft am Zufritter Stausee „die Sicherheitsstandards aufgemöbelt“.

Vermurungen durch das Öffnen des Staudammes im Martelltal mit den großen Schäden im unteren Teil des Martelltales vom 25. auf 26.8.1987.

Veltlin

Knapp einen Monat vor der Katastrophe im Martell hatte etwas anderes ein gewaltiges internationales Presseecho ausgelöst. Am 29. Juli 1987 brach eine gewaltige Bergmasse im VELTLIN ab, stürzte ins Tal und richtete dramatische Schäden und Zerstörungen an. Insgesamt gab es den Tod von 30 Menschen zu beklagen. 20.000 Menschen aus 21 Dörfern mussten evakuiert werden. Der Partner von PRO VITA ALPINA im Veltlin, der Architekt Dario Benetti, ist der maßgebliche Autor und Herausgeber der Kulturzeitschrift „QUADERNI VALTELLINESI". Anfang 2008 ist die Nummer 100 erschienen. Aber bereits die Nummer 25 im Jahre 1987 ist fast zur Gänze dem Naturereignis vom Juli gewidmet, als „DOSSIER ALLUVIONE", mit vielen eindrucksvollen Schwarz-Weiß-Bildern und Katastrophenberichten.

Im Folgenden einige Passagen aus den verschiedenen Beiträgen (Übersetzungen aus dem Italienischen von Barbara Haid):

Robi Ronza schreibt in seinem Artikel „Die Informationslawine", dass die Medien den Millionen an Zuhörern und Zusehern weismachen wollten, dass das ganze Tal zerstört sei. Tatsächlich richtete das Hochwasser im Veltlin großen Sachschaden an, doch beispielsweise von den 78 Orten der Gemeinde Sondrio waren nur mehr als 10 Ortschaften betroffen.

In der Gemeinde Sondrio wurde nur ein Hotel beschädigt, aber nicht zerstört. Damit war der Sachschaden im Tourismussektor gering. Größerer finanzieller Schaden entstand allerdings durch die Tatsache, dass infolge der Medienberichte die Touristen ausblieben und damit zwei Drittel der Sommersaison verloren gingen. Bormio sei laut Medien *„von der Außenwelt abgeschnitten gewesen"*, doch in Wahrheit konnte Bormio zwar nicht mehr vom Veltlin aus, sehr wohl aber entweder über Graubünden oder das Val Camonica erreicht werden.

In Campo Tartano im Val di Tartano, einem Seitental des Veltlin, gab es 18 Tote: Das Hotel „Gran Baita" stürzte teilweise ein. Der Besitzer, Marcellino Gusmeroli, seine Frau, zwei Töchter und weitere Personen kamen am dem Platz vor dem Haus oder in der Bar ums Leben. Von 10 der 18 Toten fehlte jede Spur. Darüber hinaus gab es aber nur an wenigen anderen Häusern im Val di Tartano Schäden. Auch das Hotel „Gran Baita" soll wieder eröffnet werden.

Die Überschwemmungen von 1987 erinnerten an jene am 21. August 1911, als auf eine lange Trockenperiode schwere Unwetter mit Hagel (14 cm große Hagelkörner) folgten. In 58 von 78 Gemeinden gab es Schäden. In Fusine im Val Madre wurde ein ganzer Weiler weggerissen bzw. verschüttet und fast komplett zerstört. Drei Personen kamen dort ums Leben; weitere fünf in Cedrasco und eine in Castione. Der Gesamtschaden im Veltlin einschließlich Val Chiavenna belief sich auf 10 Millionen Lire.

Auch 1927 kam es im Abstand von nur 45 Tagen zu großen Überschwemmungen im Veltlin und im Val Chiavenna. Das erste Mal am 24. und 25. September, als zum anhaltenden starken Regen noch ein sehr warmer Wind kam. Der Wind bewirkte einen Temperaturanstieg auch in größeren Höhen und führte zu einem starken Abschmelzen des Schnees und der Gletscher. Es gab Schäden in der Höhe von 100 Millionen Lire. Es gab 6 Tote. Die zweite Überschwemmung ereignete sich am 9. November 1927, wieder mit großen Sachschäden an Gebäuden und Straßen.

Die nächste große Überschwemmung folgte am 17. September 1960 und betraf vor allem die Adda, den Hauptfluss des Veltlin. Binnen drei Tagen fielen 235 mm Regen.

Am 18. und 19. Juli 1987 kam es zu starken Regenfällen im Veltlin und die Adda stieg immer mehr an. Grosio wurde aus Sicherheitsgründen evakuiert.

Am 28. Juli 1987 wurde die Ortschaft S. Antonio Morignone, die zur Gemeinde Valdisotto gehört, von einer riesigen Mure, die das Veltlin zweiteilte, erfasst und zerstört. Viele Familien verloren ihr gesamtes Hab und Gut. 159 Häuser, 83 landwirtschaftliche Gebäude, die Kirche und der Friedhof waren zerstört. Ein von den Familienoberhäuptern des Ortes gewähltes Komitee wurde gegründet. Es hatte zur Aufgabe, sich um die durch die Mure obdachlos gewordenen Personen zu kümmern und den Wiederaufbau zu koordinieren. (vgl. Quaderni Valtellinesi Nummer 25, 1987)

Longarone

Menschlich zumindest mitverursacht wurde eine der größten Wasserkatastrophen der jüngeren Geschichte, nämlich das Ereignis von LONGARONE in der Provinz Belluno am 9. Oktober 1963 um 22.39. Es war der „Erdrutsch", eigentlich der Bergsturz, der sich am Vajont, an den Nordhängen des Monte Toc löste. Dieser Erdrutsch bzw. Bergsturz hatte ein geschätztes Ausmaß in einer breiten Front von mehr als zwei Kilometer, einer Breite von 500 Meter und einer Höhe von rund 250 Meter. Das sind geschätzte 260 bis 270 Millionen Kubikmeter Masse. Diese stürzte in den kurz vorher errichteten Stausee. Es war das allerhöchstgepriesene „Wunderwerk der Technik", die 264 Meter hohe Staumauer galt als damals höchster Bogenstaudamm der Welt. Der Staudamm hat standgehalten und ist bis heute ein viel besuchter Anziehungspunkt von Touristen. Der Stausee ist seit dem Ereignis von 1963 nie mehr gefüllt worden. Das Monster steht zuhinterst im Tal. Was durch den Erdrutsch bzw. den Bergsturz aber ausgelöst wurde, hat alle bisherigen historisch erfassbaren Szenarien einer alpinen Wasser-Katastrophe übertroffen.

Es war tatsächlich auch das größte TSUNAMI-Ereignis:

Das gestaute Wasser, ungefähr 40 Millionen Kubikmeter, wurde binnen 5 Minuten aus dem Stausee herausgeschleudert, über den Damm hinaus und hinunter ins Tal. Die Gesamt-Nutzstaumenge hätte ca. 150 Millionen betragen können. Die FLUT erreichte dabei eine Höchstgeschwindigkeit von rund 100 km/h. Durch die Fluten wurden mehrere Dörfer total zerstört, darunter auch der Hauptort Longarone. Es gibt halbwegs seriöse Zählungen, die von ca. 2000 Toten sprechen. Es gibt auch Angaben von der Zahl der Toten bis gegen 4000 (vgl. auch Haid: Similaun, diverse Stellen und Anhang S. 229).

Die Flutwelle, vergleichbar und vorstellbar als WASSER-WAND bis zu einer Höhe von 70 Meter.

Worin liegt die nachweisbare Tätigkeit des Menschen als Mit-Verursacher? Danach wurde und wird immer gefragt. Die Techniker und Experten wären gewarnt gewesen. Bereits bei der ersten Füllung zeigte sich eine „allgemeine Instabilität der Uferzonen des Sees, insbesondere am linken Ufer". Der Hang zeigte deutliche Bewegungen, erkennbar unter anderem an schiefen Bäumen, an Spalten im Erdreich und an Rissen in den Häusermauern. Bereits am 4. November 1960 hatte sich Erdreich gelöst und rutschte in den See ab, während sich bereits oben ein langer Bruch abzeichnete, „der später die Ablösezone des Bergrutsches vom 9. Oktober sein sollte". Damals wurden zusätzliche Techniker und Experten beigezogen. Kleinere Erdrutsche würde es immer wieder geben, wurde zugestanden. Die Ausmaße und die Schnelligkeit hatte „keiner erwartet". Aber es war erwartbar. Und dort liegen die Mitverursachung und die Mitschuld der Menschen. Entsprechende Verurteilungen haben nicht stattgefunden. (Deutschsprachige Informationsblätter vom Parco Naturale Dolomiti Friulane im Archiv der Pro Vita Alpina-Alpenakademie.)

TIWAG und Ötztaler Alpen

Ein dem Ereignis von LONGARONE vergleichbares Schreckens-Szenario bleibt den Ötztalern wohl erspart. Die TIWAG als weitgehend landeseigene Elektrizitätsgesellschaft des Landes Tirol hatte hinter Vent im hintersten Ötztal einen maximal bis 170 Meter hohen Staudamm vorgesehen und dahinter hätten bis maximal 120 Millionen Kubikmeter Wasser zur Energiegewinnung gestaut werden sollen. Das hätte beiläufig dem Stauvolumen des Vajont-Wunderwerkes entsprechen können. Aber da gab es massive Proteste im Tal. Da gab es massiven Widerstand ab dem Sommer 2004. Und da gab es die Angst der Bevölkerung von Vent und weiten Teilen des Ötztales. Einige Bewohner fuhren nach Longarone. Sie wollten das alles sehen und kennenlernen. Hinter Vent hatte es durch den Eisdamm des Vernagtferners immer wieder Seen gestaut, die unter anderem 1600, 1678, 1845 und 1848 ausgebrochen sind und große Schäden durchs ganze Tal angerichtet haben; sogar bis Innsbruck waren Schäden feststellbar. Dabei betrug das Stauvolumen dieser Gletscherseen „nur“ bescheidene 1,5 bis 3 Millionen Kubikmeter. Der neue Stausee hätte mit 120 Millionen alles bisherige gigantisch übertroffen. Also wuchs die Angst. Zudem haben Experten der Universität Innsbruck erforscht und nachgeprüft, was erfahrene Einheimische schon längst wissen: Die Hänge des geplanten Stausees sind teilweise höchst instabil. Laut den Schätzungen wären auf den linken und rechten Talflanken jeweils drei und sechs Millionen Stein und Geröll „locker“, würden also bei Hagel, bei Starkniederschlag und besonders durch das weitere Höhersteigen der Permafrostgrenzen abbrechen.

Zudem würden der Staudamm und der Stausee erstens wertvolle Weideflächen zerstören und zweitens sich in einem Naturschutzgebiet, dem „Ruhegebiet Ötztaler Alpen“ bzw. „NATURA 2000“ und dem „Naturpark Ötztal“ befinden.

Das Mammutprojekt wurde (zumindest vorerst) ad acta gelegt. Die einheimische Bevölkerung wurde fachgerecht beruhigt und besänftigt. Das Ötztal war Teil des Zwei-Milliarden-Projektes der TIWAG. Also gibt es VERHINDERTE NATURKATASTROPHEN in den Alpen.

Vom „berühmten Vernagtferner und dem Gurgler Ferner in den Ötztaler Alpen“ habe ich mehrfach und immer wieder geschrieben, so auch im Buch „Mythos Gletscher“ auf den Seiten 33–38 sowie in der Zeitschrift „Tiroler Heimatblätter“, Ausgabe „Sonderheft Ötztal“, Oktober-Dezember 1970 unter dem Titel „Wasserschäden im Ötztal“ (S. 114–124).

Passeiertal

Beda Weber hat in seinem für die Regional- und Kulturgeschichte fundamentalen Buch „DAS THAL PASSEIER UND SEINE BEWOHNER“ in der Zweitausgabe von 1903 auf den Seiten 69 bis 72 über den berüchtigten KUMMERSEE geschrieben. Dabei zitiert und nennt er eine ganze Reihe von Publikationen und Aufsätzen. Vom Gspellerberg stürzten mehrmals Muren ins Tal und bildeten durch den Stau einen See, der nach einiger Zeit ausgebrochen und große Schäden verursacht hat. Da war neben dem Passeiertal auch die Stadt Meran betroffen.

Der erste Seeausbruch erfolgte im Herbst 1419, laut Beda Weber *„so plötzlich und unerwartet, dass dabei viele Menschen umkamen. Das Spital und ein großer Theil der Stadt Meran wurden zerstört. Die Spitalkirche samt dem celebrierenden Priester und 400 Menschen wurden von der Passer fortgeschwemmt.“*

Nun gibt es einige Bedenken zu diesen Zahlen der Toten. Es hätte auch die Zahl der aus dem Friedhof weggeschwemmten Leichen sein können. Im Stadtarchiv von Meran werden viele Akten zum „Kummersee“ verwahrt.

Weitere Ausbrüche des Kummersees gab es dann 1503 *„in einer finsteren Nacht des 14. September … Dabei stürzten unter furchtbarem Getöse des Wildbaches die Ringmauern von Meran ein, während die Wiesen und Äcker in der Umgebung der Stadt grässlich verwüstet wurden.“*

Der dritte Ausbruch erfolgte am 30. September 1512, der vierte dann am 21. Mai 1572. Die nach dem Ausbruch von 1503 neu errichtete Ringmauer wurde zerstört, ebenso der steinerne Steg und die Spitalbrücke.

Am 18. Juni 1721 brach der See zum fünften Mal aus.

Dann brach der See noch einmal und jetzt offenbar zum letzten Mal aus, nämlich am 17. September 1772. Wider Erwarten entstand nach einem weiteren Murbruch neuerdings ein See, der am 9. September 1773 ausbrach und das bisherige Aufbau- und Abwehrwerk zerstörte.

> „Alle Brücken des Thals bis zur Etsch, auch die Spitalbrücke wurden zertrümmert, die erst kurz vorher mit großen Kosten aufgeführten Archengebäude wie Kartenhäuser eingerissen und weite Strecken der schönsten Wiesen mit Kies und Gestein überschüttet.“

Und jetzt lassen wir den frommen Kirchenmann Beda Weber zu Wort kommen, der diese Katastrophen durch den ausbrechenden „Wild“- oder „Kummersee“ mit einem anderen „Strom“ vergleicht:

> „Kaum war die Gefahr des Kummersees beseitigt, als sich bald ein reißender Gießbach, der Strom der französischen Revolution mit ihren schrecklichen Folgen auch in das abgelegene Thal Passeier zu ergießen begann …“ (Beda Weber, S. 72 f)

Nachrichten
von den
Eisbergen
in Tyrol.

Joseph Walchers Buch „Nachrichten von den Eisbergen im Tyrol“, 1773.

Mehr als hundert Jahre vor Beda Weber war wegen des „Kummersees“ auch schon der gelehrte Professor der Mechanik, Joseph Walcher, aus Wien angereist. Er hatte von Regierungs-, also von Kaiserseite den Auftrag, die Umstände der gefährlichen Ausbrüche des Sees zu begutachten. Insbesondere aber sollte er Maßnahmen finden gegen weitere Gefahr und Zerstörung. Er hat dazu einen Bericht verfasst, der als Anhang unter dem Titel „Von dem Passeyrersee“ in seinem berühmten Buch „Nachrichten von den Eisbergen im Tyrol“ auf den Seiten 86–98 enthalten sind. Walcher ließ auch durch einen mitgereisten Maler ein Bild vom „Wild“- bzw. „Kummersee“ anfertigen.

Die amtliche oder zumindest halbamtliche Beschreibung durch Walcher ist dann weitgehend von Beda Weber übernommen worden.

Es wurde auch vom Kuraten Michael Wienebacher (1656–1742) aus Moos ein eigenes KUMMERSEE-Lied verfasst. Es ist sehr lang, mehr als 200 Zeilen. Ich habe das Lied komplett im „Lesebuch Ötztaler Alpen“ wiedergegeben (Haid, Lesebuch, S. 220–226).

Beda Weber hat in seinem Buch nur zwei kleine Kostproben angebracht; ziemlich zynisch; offensichtlich nicht gerade in besonderer Wertschätzung:

„Von der Beschaffenheit seiner deutschen Verse gibt die Beschreibung des bekannten Seeausbruches Zeugnis. Sie beginnt also:

Der „Kummersee“ in einem alten Stich von 1773.

‚Der See das vierte Mal mit großer Gewalt ausbricht,
Passeier so schön aufgeputzt, wie häßlich zugericht!
Meran, so vöst es war, mueß wiederum herhalten
Und nach dem alten Brauch die Passer lassen walten.‘

Der Schluß der ‚Dichtung‘ lautet:

‚Im Glauben darf man nicht, wie Petrus einstens wanken,
Im Lauf zum Ziel nicht treten aus den Schranken
Dann haltet mit der Straf der Himmel gnädig ein,
So wird der wilde See kein KUMMERSEE mehr sein.‘

Diese kleine Stichprobe wird vollauf genügen, um die ‚Kunst des Sängers von Moos‘ beurtheilen zu können. Trotz des elenden poetischen Erfolges aber mußte es gedichtet sein. Wienebacher schlief wenig, und selbst während der Nachtruhe hatte er immer die Schiefertafel bei sich, um die zufällig aufblitzenden poetischen Funken zu bannen.“

Muren & Hochwasser in den Ötztaler Alpen

Über „Muren und Murschäden im Ötztal“ hat Rudolf Schwarz im „ÖTZTALER BUCH“ der SchlernSchriften Nr. 229 im Jahre 1963 berichtet (S. 55–63), auch mit einem bis dahin nahezu vollständigen Quellenverzeichnis. Es ist ein Tal der Muren.

„Gegenwärtig nehmen die Flächen der Murschwemmkegel 40 % des Talgrundes in den fünf Becken ein.“ (Schwarz, S. 55)

Ein weiterer Chronist und Aufzeichner der Naturkatastrophen ist Werner Kopp. Er hat für seine im Eigenverlag herausgegebene Dokumentation „Ischt der Sindfluß g'wößen. 700 Jahre Naturkatastrophen im Ötztal“ unermüdlich gesammelt und ergänzend in Archiven recherchiert. Chronologisch geordnet hat er von 1296 bis 1999 bei 320 Schadensereignisse im ganzen Tal aufgelistet. Einige davon mit Toten. Die meisten allerdings bei Lawinen. Darüber siehe in meinem Buch „Mythos Lawine. Eine Kulturgeschichte“.

Zweimal sind durch Muren und damit verbundene Hochwässer mehrere Personen getötet worden. Das eine Mal 1762 in Umhausen und das zweite Mal 1987 zwischen Längenfeld und Umhausen.

Bei der Murkatastrophe von UMHAUSEN im Jahre 1762 sind acht Personen getötet worden. Vom 9.–11. Juli wurde ein Ortsteil von Umhausen 40 Stunden lang von mehreren Murgängen heimgesucht. Es wurden 60 Wohn- und Wirtschaftsgebäude zerstört. Der Sachschaden betrug nach heutigem Geldwert ca. 10 Millionen Euro. Es existieren zwei Zeichnungen von Umhausen vorher und nachher. Nach der Katastrophe wurde der zerstörte Teil von Umhausen nicht mehr aufgebaut. An einer anderen, an einer vermeintlich sicheren Stelle entstand der Ortsteil Neudorf.

Darstellung von Umhausen vor und nach der Katastrophe im Jahre 1762.

Seit vielen Jahren wird der Bach verbaut. Wie aus der Informationsbroschüre der Wildbach- und Lawinenverbauung Imst zu entnehmen ist, erforderten die Schutzmaßnahmen der vergangenen Jahre einen Aufwand von ca. 2,4 Millionen Euro.

Ein Rekordhalter, was die Zahl der niedergehenden Muren in den vergangenen Jahrhunderten betrifft, ist die FARSTRINNE im Gemeindegebiet von Umhausen. In einem Ordner, der mir zur Durchsicht und Auswertung von der Wildbach- und Lawinenverbauung zur Verfügung gestellt wurde, ist die Farstrinne mit „Ereignissen“ in den Jahren 1749, 1807, 1830, 1851, 1853, 1854, 1855, 1856, 1857, 1862, 1867, 1870, 1874, 1878, 1928, 1943, 1948, 1949, 1953, 1963 und vor allem 1964 registriert. Und seitdem geht es regelmäßig weiter; fast jährlich.

Informationsbroschüre der Wildbach- und Lawinenverbauung zur Verbauung des Murbaches in Umhausen.

Dokumentation der Wildbach- und Lawinenverbauung zur Farstrinne.

Votivtafel „Gedenket im Gebete an den Bauer Fr. Gieser von Farst welcher im 75. LebensJ. am 15. Aug. 1870 in Umhauser Dorfbach den Tod gefunden. Des Todes Art u. Weiße ist nicht bei allen gleich / Doch ist das Ziel der Reise für all das Himmelreich. Herr gib ihn die Ewige Ruhe.“.

Ebenso wie in Längenfeld durch den Fischbach hat es in Umhausen am 1., 2. und 3. August 1851 schlimme Muren und Zerstörungen gegeben. Mehrere Chronisten haben über diese und über andere Murenkatastrophen berichtet.

Wie auch für alle anderen Schadensereignisse in allen Tälern der Ötztaler Alpen gibt es auch für und über das Ötztal in der Sammlung des „ÖTZTAL ARCHIV“ viele, ja nahezu unzählige Dokumente. Weitere Materialien und Nachrichten sind von den örtlichen Chronisten in den Tälern und Gemeinden zusammengetragen worden.

Noch immer in Erinnerung ist die KATASTROPHE VON 1987. In weiten Teilen Tirols, aber auch in der Schweiz, im Veltlin und in anderen Regionen, folgten nach überaus ergiebigen Niederschlägen Muren und Hochwasser. Was die Sachschäden betrifft, kam der Bezirk Imst relativ glimpflich davon.

Das Hochwasser der Ache brachte am 24. August 1987 die wirkliche Katastrophe ins Tal. Im Streckenabschnitt zwischen Längenfeld und Umhausen wurde die Straße weggerissen, wurden die dort bestehenden Wälder komplett vernichtet. Das Schlimmste daran aber war, dass an diesem Tag im Ötztal 13 Personen den Tod fanden. Nirgendwo sonst gab es so viele Todesopfer. Der Schrecken dieses Tages, dieser Stunden lässt sich aus den überaus zahlreichen Pressemeldungen und Nachrichten sowie aus den Bildern und Fotos nachvollziehen.

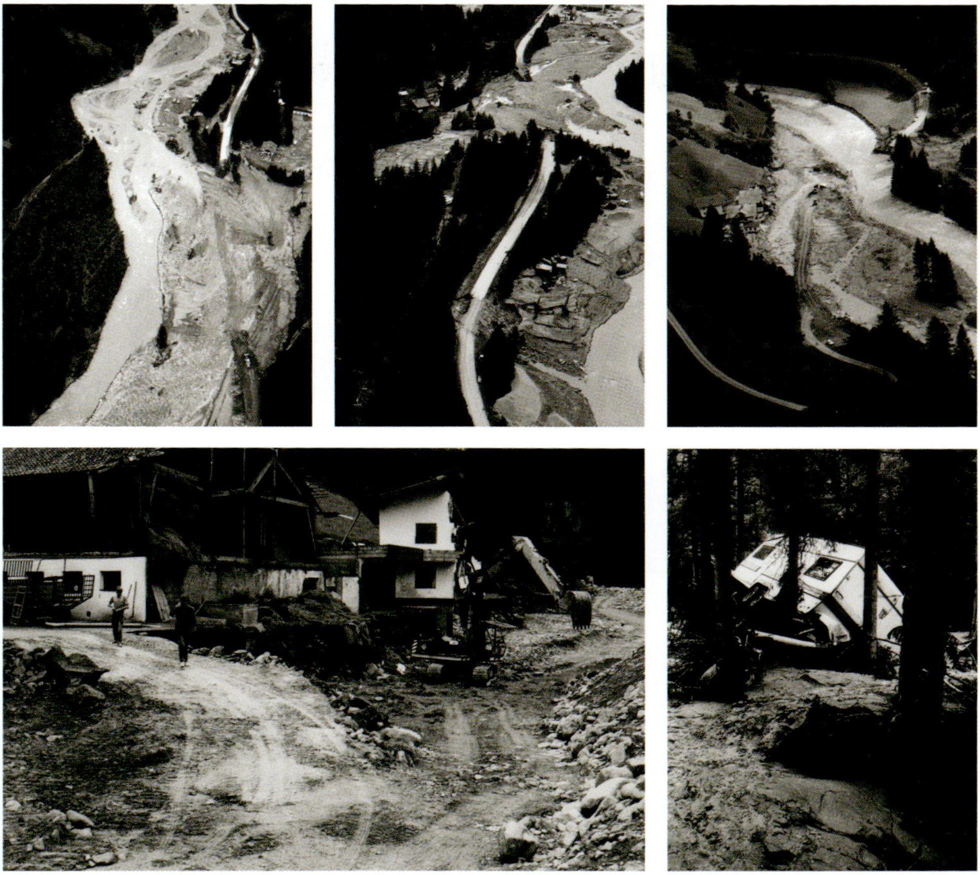

Eindrucksvolle Bilder der Wildbach- und Lawinenverbauung von der Katastrophe im August 1987 im Ötztal.

Gedenkstätte für die 13 Toten der Katastrophe am 24./25. August 1987 im Ötztal.

Auch Kraftwerksspeicher konnten diesmal ein Hochwasser im Zillertal nicht mehr verhindern
TKW reagieren empört auf Gerücht, volle Speicher hätten Rückhaltefunktion verhindert

Unwetterkatastrophe traf diesmal das Ötztal: Mindestens zwei Todesopfer
Haus mit Stall einfach weggespült – Katastrophenalarm auch wieder im Stubaital

Bisher drei Tote und zwölf Vermißte im Ötztal, LH Partl besucht Familien
Landeshauptmann durch Muren in Frankreich aufgehalten – Versorgung über Südtirol

Suche nach sieben Vermißten im Ötztal, Pläne zur Versorgung mit Lebensmitteln über Südtirol
Gespräche zur Vermeidung von Zollformalitäten – Schäden liegen in Milliardenhöhe

TIROL Tiroler Tageszeitung – Seite 3

Familien vom Schmerz wie betäubt, nur noch die Arbeit hält sie aufrecht
Die ersten Opfer wurden in Umhausen bestattet – Großeinsatz zur Suche nach den Vermißten

Unwetterschäden in Tirol kosten rund 800 Mio. S

Die Katastrophe kann jederzeit wiederkommen
Leiter der Wildbach- und Lawinenverbauung fordert alpinen Erschließungsstopp

Ötztal bald wieder vom Inntal her erreichbar
Man rechnet Mittwoch abend mit Fertigstellung der Behelfsbrücke durch das Bundesheer

Plusgrade am Gletscher führten zur Katastrophe
Ursachen der Schreckensnacht vom 26. August in Sölden – Bisher kaum Schaden für Fremdenverkehr

Tiroler Tageszeitung, 26.8.1987, 27.8.1987, 28.8.1987, 29.8.1987, 31.8.1987, 2.9.1987, 5.9.1987 und 9.9.1987.

Die Ötztaler Ache im August 1987 bei Aschbach in der Gemeinde Längenfeld.

Schäden in Sölden im August 1987.

Auch in Längenfeld und ganz besonders in Sölden hat die Ötztaler Ache große Schäden angerichtet. Dramatisch sind die Bilder aus dem Ort Aschbach in der Gemeinde Längenfeld mit den zerstörten Häusern und der weggerissenen Straße.

Ich habe das alles miterlebt; hautnah und beängstigend.. Grausam und traurig.

Es ist immer weitergegangen. Dann hat es wieder das Hochwasser der Ache 1999 gegeben. Wohin soll es gehen?

Rudolf Schwarz schließt seine „Betrachtungen“ über „Muren und Murschäden im Ötztal“ mit den kulturkundlich und kulturgeschichtlich bemerkenswerten Sätzen:

„An den meisten Murstrichen aber sind die Bannungsversuche ausgeblieben; auch die Schutzmaßnahmen seitens der Bewohner erweisen sich für längere Zeit als unzureichend. Infolge der Hilflosigkeit gegenüber solchen Naturkatastrophen sprach man im Ötztal vom Treiben der Hexen und anderer dämonischer Wesen droben in den Anbruchsgebieten. Bittgänge und Wetterglocken sollten diese Ausbrüche bannen. Wurde ein Haus nur zum Teil eingemurt, übersiedelte man vom Erdgeschoß in den ersten Stock; die ebenerdigen Räume dienten als Keller. Die letzte Schutzmaßnahme war die Umsiedlung, die sich aber meist zum Schaden des Betroffenen auswirkte.“ (Schwarz, S. 63)

Zu den Ötztaler Alpen gehört auf Nordtiroler Seite auch das Pitztal und das Kaunertal. Im hinteren Kaunertal, das wusste ich aus Berichten, hat es hinter dem heutigen Ort Feichten noch eine ganze Reihe von Bauernhöfen gegeben, die alle aufgelassen werden mussten. In den „INNSBRUCKER NACHRICHTEN“ vom 11. August 1862 fand ich eine der vielen Nachrichten über die Gründe der Auflassung von Bauernhöfen und von Wiesen.

„Kaunserthal. 8. August. Am letzten Sonntag hatten die zwei letzten Höfe des lang gestreckten Kaunserthales – beim See genannt – eine wahre Schreckensstunde: der nahe Gepatsch-Ferner, der mit seinen riesigen Armen ins Thal herunterlangt, ist diesen ganzen Sommer hindurch im Zurückweichen begriffen. Da geschah es, daß eine sogenannte Fernerstube aufbrach und in wilder Hast stürzte das Element aus dem gesprengten Eiskeller und riß im jähen gewaltigen Sturz ganze Bergwände mit in die Tiefe. Das Gepolter und das Krachen war fürchterlich – und der Schrecken umso größer, da es jetzt klar wurde, daß ein solcher Murbruch eine Thalsperre bewirken (würde) – und daß die ganze hinter der Mure liegende Thalfläche – bei 6000 Klafter der schönsten Wiesenfelder – durch Absperrung des Baches in einen See würde verwandelt werden. Und so geschah es leider. Den Armen bleibt nichts anderes übrig als den heimatlichen Boden zu verlassen …“

Im Sommer 2005 werden wieder einmal weite Teile der Alpen von überaus starken Niederschlägen und von daraus folgenden Muren und Hochwassern heimgesucht. In der Nacht vom 22. auf den 23. August „schotterte", wie es in der Fachsprache heißt, im Gemeindegebiet von Pfunds der STUBENBACH und verwüstete mit Wasser und Muren den Ort Stuben. Insgesamt 80 Gebäude sind betroffen, 40 davon stark. Von der Wildbach- und Lawinenverbauung werden sofort Maßnahmen getroffen. Rund 50.000 Kubikmeter Geschiebematerial werden abtransportiert. Der Schaden inklusive den Räumungs- und Deponiekosten wird auf 12,8 Millionen Euro geschätzt. Einer der gefährlichen Wildbäche wird verbaut. Es wird ein detailliertes Verbauungsprojekt vorgelegt. Rundum und überall muss verbaut und saniert werden: Gigantische Mittel sind erforderlich. Allein die Verbauung des Stubenbaches wird etwa 3,750.000 Euro erfordern.

Und was ist im Paznauntal? Und in St. Anton am Arlberg, wo beispielsweise der Steisbach verbaut werden muss, auch wieder um 1,700.000 Euro.

Was tun außer mit viel Geld verbauen? Beten, Andachten durchführen, die verlobten Prozessionen wieder durchführen? In der Organisation „ALP's", zuständig als Forschungseinrichtung für „NATURGEFAHREN MANAGEMENT" (mit Sitz in Innsbruck), werden die kulturellen Aspekte und Belange nicht berücksichtigt und nicht erforscht. Das wäre aber wichtig im Zusammenhang mit „Bewältigung". Folge großer Elementarereignisse sind vielfach Mutlosigkeit, Resignation, Not, Zwist im Dorf usw. Bestenfalls werden sozio-ökonomische Risikoanalysen vorgenommen. Naturwissenschaftlich fundierte Analysen helfen der Statistik und vielleicht den Gemeinden und der Raumplanung.

Weitere Nachrichten aus Tirol

Ich habe mir im Tiroler Landesmuseum Ferdinandeum, in der dortigen Fachbibliothek tirolbezogener Themen und Publikationen unter anderem auch den „Zettelkatalog" durchgeschaut. Ein dickes Bündel ist zusammengefasst unter den Schlagworten „Bergstürze, Muren, Erdrutsche, Felsstürze". Es ist – allein auf das Land Tirol bezogen – eine ununterbrochene Geschichte der Naturereignisse, in einer unüberschaubaren Fülle. Es ist beinahe unvorstellbar, was da an Zeitungsmeldungen zusammengetragen wurde. Dann schaue ich in die genannten Zeitungen. Und dort überschlagen sich die Schlagzeilen in immer wieder neuen Katastrophenmeldungen. Dasselbe müsste in den anderen Landesarchiven gemacht werden. Dann müsste es vergleichende Analysen geben. Dann müsste es die Sammlung von Bild-Dokumenten geben. Neuerdings werden einschlägige Archive über Internet abrufbar gemacht.

Ich bin erschrocken, was sich allein in den vergangenen 30 Jahren im Lande ereignet hat und was wir (beinahe) vergessen haben. Da habe ich wieder die Nachrichten gefunden vom 26. Juli 1969, als in INZING durch den Enterbach Teile des Ortes verschüttet wurden. Hauptsächlich traf es das dortige Schwimmbad, erst kurz vorher neu errichtet. Es musste der Tod von drei Menschen gemeldet werden. In einer der Zeitungsmel-

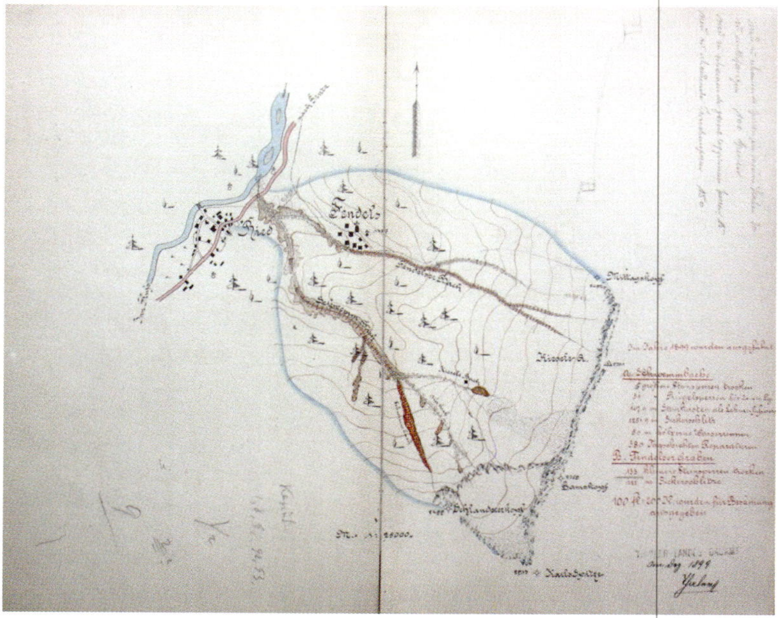

Plan des Fendler Wildbachgebiets.

dungen habe ich den Hinweis gefunden: *„Das Schwimmbad lag in einer gefährdeten Position“.*

Ich habe die Schreckensmeldungen gelesen vom Unglück in FRANZENSFESTE/Südtirol im Sommer 1998. Eine gewaltige Mure stürzt auf die Autobahn und die Bahnlinie. In einem Auto trifft es eine Urlauberfamilie. Fünf Tote. Tagelang ist die Zeitung „DOLOMITEN“ voll von Nachrichten und Bildern.

Dann finde ich die Nachricht von einem Erdrutsch, der am 18. August 1966 über das kleine Bergdorf St. Justina in Osttirol gefahren ist. Neben großen Sachschäden, der Zerstörung von Gebäuden, musste der Tod von 9 Personen beklagt werden, darunter die Angehörigen der Familie Senfter.

Fotos der Wildbach- und Lawinenverbauung von der Fendlermure mit der vermurten Badeanlage und der Straße.

Die Fendlermure mit der vermurten Badeanlage und der Straße.

Tafel in Gedenken an die Überschwemmungen im Jahr 1882 in Welsberg.

Wassermarke an der Außenmauer der Pfarrkirche von Klausen: Erinnerung an die Überschwemmung am 9. August 1921. Dabei wurden die Häuser der Innenstadt bis zum ersten Stockwerk überschwemmt.

Log Pod Mangrtom und Slowenien

Eine überaus dramatische Situation erlebten im November 2000 die Bewohner des kleinen Dorfes LOG POD MANGRTOM in Slowenien, nahe den Grenzen zu Italien und zu Österreich, knapp hinter dem Predil-Pass. Weil sich das Unglück im „Ausland“ ereignet hatte, war z.B. in den österreichischen Medien wenig Presse-Resonanz. Eine gewaltige Mure brach auf einer Breite von mehreren hundert Metern direkt unter der Mangart-Alm los. Beim Dorf Log Pod Mangrtom hat die Mure die Felswände bis in eine Höhe von 20 Meter „abgeschmirgelt“, hat mehrere sekundäre Felsstürze ausgelöst und drunten im Dorf schlimmste Schäden angerichtet. Es sah so schrecklich aus, dass mich bei einem Besuch kurz darauf der Schrecken gepackt hat: Ja, da kann niemand mehr wohnen. Das ist Steinwüste. Und immer neue Massen drohen vom Berg ins Tal zu donnern. Bis zu 40 Meter Tiefe hat sich die Mure hineingegraben, hat Häuser und Menschen weggerissen. Neun Bauernhöfe wurden zerstört. Sieben Tote wurden geborgen.

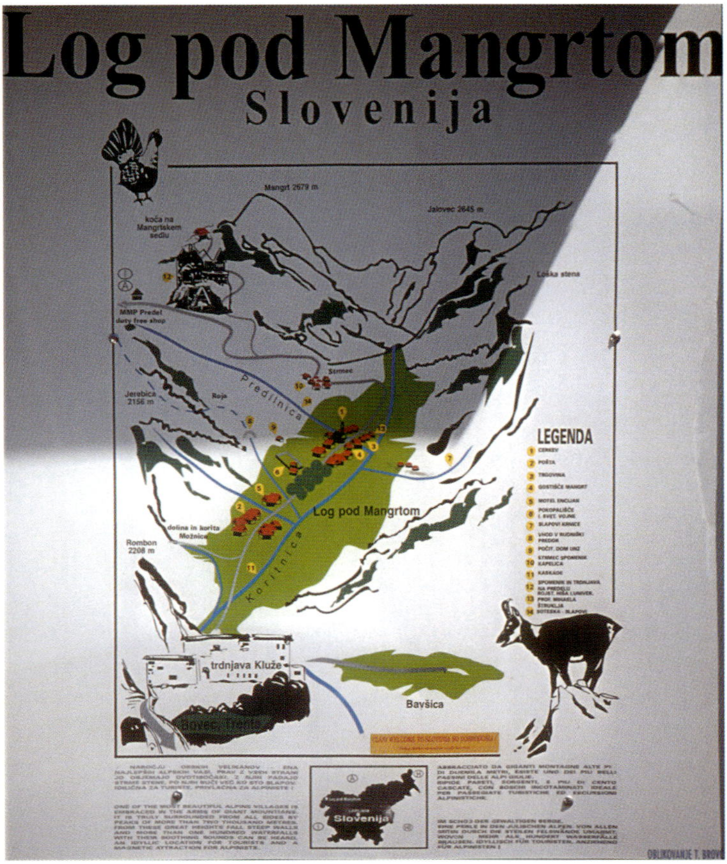

Eine Schautafel zeigt das von der Mure betroffene Gebiet.

Diese Bilder veranschaulichen die gewaltigen Ausmaße der Mure bei Log Pod Mangrtom, November 2000.

Flutkatastrophe verwüstet Slowenien

Trauer nach der großen Flut

Kleine Zeitung 20. bzw. 21.9.2007.

Im September 2007 wurden TEILE VON SLOWENIEN vernichtet. Am 18. September entstanden *„verheerende Schäden"* durch Unwetter. Hunderte Häuser wurden zerstört. *„Chaos herrscht auf den Straßen"*. Mindestens fünf Personen kamen zu Tode. Hauptbetroffen dürfte der Ort Železniki in der Oberkrain gewesen sein. Meldungen bezeugen, es wäre die größte Flut in der Geschichte Sloweniens gewesen. 300 Häuser wurden zerstört. Nach der Flut kam die große Trauer, kam auch die Resignation. Auch das Krankenhaus wurde zerstört. Auch die Kirche wurde betroffen. Mitten hinein brachen die Fluten und rissen die Kirchenbänke heraus. In einer der Zeitungen las ich von einer Frau, die verletzt worden war, die Hab und Gut verloren hatte. *„Aber für ihre Seele – und die der vielen anderen Traumatisierten – gibt es wohl kein Trostpflaster."* (Kleine Zeitung, 21.9.2007)

Paznauntal in Tirol

Im „GEMEINDEBLATT" des Bezirkes Landeck habe ich in der Ausgabe vom 24. Februar 1984 eine Zusammenstellung gefunden: *„CHRONIK über Elementarereignis im Paznaun"*.

Im gefürchteten und schlimmen „Lawinen"-Tal werden auch die WASSERKATASTROPHEN und die BRANDKATASTROPHEN aufgezählt, werden zumindest skizziert. Was sich dort an Wasserschäden und durch Muren im Sommer 2005 ereignet hat, muss auch vergleichend mit den

Zerstörtes Haus nach dem Hochwasser 2005 im Paznaun.

Ereignissen früherer Jahre gesehen und beurteilt werden. So gibt es Nachrichten von Wasserkatastrophen unter anderem aus den Jahren 1662, 1678, 1687, 1725, 1762, 1764, 1831, 1833, 1834, 1846, 1965, 1969. Es entstanden immer wieder große Sachschäden, aber es gab keine Toten. Teilweise mussten (so wie auch im hinteren Kaunertal) Höfe aufgegeben werden. So ist nach den Wasser- und Murkatastrophen von 1831 und 1833 der ganze Weiler Innerversahl verschwunden. Mauerreste von der einstigen Kapelle und vom einstigen Gasthof Innerversahl waren lange Zeit sichtbar, bis sie durch Uferverbauungen der Trisanna verschwunden sind.

Bionnassay und Saint-Gervais-les-Bains

Einige durchaus spektakuläre Muren- und Wasserschäden sind durch Gletscher-Stürze, durch den Ausbruch von Wasserstuben in den Gletschern und durch gestaute Eis-Seen verursacht worden. Die wichtigsten Ereignisse dieser Art in den Alpen habe ich im Buch „Mythos Gletscher" auf den Seiten 28–43 beschrieben.

Es sind vor allem folgende Ereignisse:

In der Nacht vom 11. auf den 12. Juli 1892 sind aus dem GLETSCHER VON BIONNASSAY zwei große „Wasserstuben" geborsten. Mit dem Wasser aus dem bisher gefüllten Hohlraum brach eine gewaltige Menge Eis und Schutt ins Tal. Insgesamt mit einem Volumen von ca. 900.000 Kubikmeter. Im Tal Montjoie hat die Flut zuerst den Weiler Bionnay zerstört. 12 Häuser wurden mitgerissen. 24 Personen starben. Dann stürzten die Fluten und Muren weiter, erreichten den Nobel-Badeort Saint-Gervais-les-Bains. Mit unvorstellbarer Wucht wurde die Badeanlage vernichtet. 71 Badegäste ertranken; nur 36 davon konnten geborgen werden. Anschließend erreichte die Flut den Ort Le Fayet und zerstörte dort 8 Häuser. 12 Personen fanden den Tod. Insgesamt musste der Tod von 130 Personen beklagt werden.

Gletscher und Ferner

Am 30. August 1965 brach ein Teil der Gletscherzunge des ALLALIN-Gletschers im Schweizerischen Wallis in die Tiefe; mit ungefähr zwei Millionen Kubikmeter. Das würde dem Volumen von etwa 500 Einfamilienhäusern entsprechen. Die gewaltige Eis-, Wasser-, Geröll- und Steinmure stürzte auf das Barackenlager der Baustelle für den Mattmark-Staudamm. 88 Bauarbeiter fanden den Tod, 56 Italiener, 23 Schweizer, 4 Spanier, 2 Österreicher, 2 Deutsche und 1 Staatenloser.

Mehrmals in der Geschichte hat der dort befindliche MATTMARK-GLETSCHERSEE Schäden und Verwüstungen verursacht. Nachweisbar geschahen Ausbrüche des Sees in den Jahren 1633, 1680 und 1772. Offenbar immer wieder mit großen Sachschäden, aber nie mit Personenschäden.

Der Gurgler Ferner in einem alten Stich. Aus dem Buch „Nachrichten von den Eisbergen im Tyrol" von Joseph Walcher, 1773. Beim Zusammentreffen des Langtaler Ferners und des Gurgler Ferners bildete sich ein See, die so genannte „Gurgler Lacke".

Mit einer Ausnahme, nämlich dem Tod eines Kleinkindes im Jahre 1678 in den Fluten der Ötztaler Ache, haben sich die mehrmaligen Ausbrüche der Gletscherseen vom GROSSEN GURGLER FERNER & vom VERNAGT-FERNER, beide in den Ötztaler Alpen, teilweise verheerend ausgewirkt. Sachschäden wurden bis in die 120 km entfernte Hauptstadt Innsbruck gemeldet. Zur Abwendung weiterer und schlimmerer Gefahren wurden am Gletscher Messopfer dargebracht, wurde von frommen Patres gepredigt „wider die Sündhaftigkeit" der Menschen.

Vom mächtigen Berg ALTELS bei Kandersteg/Schweiz brachen am 11. September 1895 ca. 1 Million Kubikmeter Eis- und Felstrümmer ab und stürzten auf die sich darunter befindliche Alm. Dabei wurden sechs Menschen, 158 Rinder, 9 Schweine, ein Muli und ein Hund getötet.

Ergänzend müssten vielleicht auch die Tragödien beim Bau von STAUDÄMMEN und von TUNNELS erwähnt werden. Dazu gibt es ja die Beispiele vom Allalin-Gletscher, bei dem während des Dammbaues insgesamt 17 Bauarbeiter verunglückt sind.

Beim Bau der riesigen Staumauer der Grand-Dixence im Wallis sind mehr als 100 Tote zu beklagen. Im „Musik-Teil" weise ich darauf hin, dass beim Bau des St.-Gotthard-Bahntunnels allein aus dem Val Trompia 22 Mineure ums Leben gekommen sind.

„Naturkatastrophen" dieser Art und Dimension sind vielfach auf menschliches Versagen, auf zu geringe Absicherung etc. zurückzuführen. Dann „schlägt die Natur zurück".

> Zu Tal stürzende Berge. Berg- & Felsstürze

Derborence, Dobratsch, Elm, Plurs, Veltlin, Goldau, Salzburg, Köfels, Tschirgant, Flims, Mont Granier etc.

Wir unterscheiden zwischen BERGSTURZ, FELSSTURZ und EISSTURZ.

Demnach ist nach gebräuchlicher Terminologie der BERGSTURZ eine Fels- und Schuttbewegung, die mit hoher Geschwindigkeit aus Bergflanken niedergeht. Bei Bergstürzen verhält sich das Gestein großräumig „wasserähnlich“ und kann sogar an gegenüberliegenden Hängen „aufbranden“. Die Ablagerungsgebiete können Volumina von Millionen Kubikmetern und gewaltige Flächenausdehnungen erreichen.

Weiters gibt es dazu eine Variante, die als BERGRUTSCH bezeichnet werden kann, weil die Fels- und Steinmassen nicht mit großer Geschwindigkeit in die Tiefe „donnern“, sondern hinunterrutschen. Ein besonderes Beispiel dafür ist das Ereignis von 1806 in Goldau/Schweiz.

Bergstürze sind großdimensionierte FELSSTÜRZE mit teils verheerenden Auswirkungen. In den zurückbleibenden Schuttmassen können sich kleinere Seen bilden.

Eine Sonderart von Felssturz ist der EISSTURZ mit weit überhöhter Schadensfläche, da Eis (zusammen mit Schutt) weiter transportiert wird.

Es gibt zu allen Formen und Typen jeweils viele fach- und sachkundige Beschreibungen und Expertisen von Fachleuten.

Ich will aus der überaus großen Fülle exemplarisch und beispielhaft einige Ereignisse herausgreifen und beschreiben. Auf jeden Fall sollte zwischen prähistorischen, historischen und aktuellen Ereignissen unterschieden werden. Es gibt eine Reihe von Geschehnissen, bei denen mehrere Typen zusammenwirken.

Ein Sonderfall und beinahe einzigartig in den Alpen ist die STEINSCHMELZE bei extrem großen Bergstürzen. Eine solche STEINSCHMELZE ist in den Alpen wahrscheinlich nur in einem einzigen Fall eingetreten, nämlich beim Bergsturz von Köfels im Ötztal vor ca. 10.000 Jahren. Ich berichte darüber am Ende dieses Kapitels.

Typische Beispiele für einen Bergsturz sind die beiden historischen Ereignisse von 1714 und 1749 im Gebirgsstock DERBORENCE im Kanton Waadtland in der Schweiz.

Derborence

Hoch im schweizerischen Diablerets-Massiv liegt auf 1449 m ein junger See, einer der jüngsten der Alpen. *„Wo sich heute Lärchen und Föhren im klaren Wasser spiegeln, breitete sich vor 1749 eine Alpenweide mit 40 Hütten und einer Säge aus."* Ein gewaltiger Felssturz, einer der größten in geschichtlicher Zeit, hat am 24. September 1749 die Alm und alle Hütten zerstört und einen Damm aufgeschüttert.

Es ist als Glücksfall zu sehen, dass ausnahmsweise ein Schriftsteller, ein sehr prominenter noch dazu, dem Drama des Bergsturzes eine romanartige Erzählung gewidmet hat: der im französischsprachigen Teil der Schweiz wohnhaft gewesene Charles Ferdinand Ramuz (1878–1947). Neben dem Roman „Das große Grauen in den Bergen" (1926) gilt „Derborence" (1934) als eines der bekanntesten Bücher in der Auseinandersetzung mit Naturgewalten, 1987 in deutscher Übersetzung bei Limmat erschienen:

> „Derborence, das ist zunächst ein Stück Winter, das uns mitten im Sommer entgegentritt, denn der Schatten verweilt dort fast den ganzen Tag, und hält sich noch, wenn die Sonne am höchsten steht. Und man sieht, dass es da nur noch Steine gibt, Steine und nochmals Steine."

14 oder 15 Tote waren zu beklagen. Es wird vermutet, ein „kalbender" Gletscher habe den gewaltigen Fels- und Bergsturz ausgelöst. Die ehemals freundliche und fruchtbare Alm war für alle Zeiten zerstört und vernichtet. Keine Hirten und Hirtinnen leben dort in den kurzen Sommern. Kein Alphorn ertönt. Alles ist still und scheinbar leblos.

> „In früherer Zeit dagegen zogen sie in großer Zahl hinauf, nach Derborence; ja, man versichert, dass es gegen hundert waren, die hinaufzogen. Sie stiegen durch die Schlucht, die sich am anderen Ende der Rhone hin öffnet … Sie brachen gegen Mitte Juni auf mit ihren kleinen braunen Kühen und mit ihren Ziegen. Sie hatten droben zum eigenen Gebrauch viele Hütten aus ungepflastertem Stein mit Schieferdächern gebaut; dort blieben sie zwei, drei Monate … Und darunter fing das Leben wieder an, bei diesen Dächern, die nicht weit voneinander lagen, wie kleine Bücher auf einem grünen Teppich, all diese graugebundenen Deckel; bei den zwei, drei Bächen, die da und dort aufglänzten, wie wenn einer ein Schwert aufhebt; mit roten Tupfen, mit ovalen Tupfen, die sich rings bewegten, und die runden waren die Männer, die ovalen die Kühe.
>
> *Als Derborence noch bewohnt war; bevor der Berg eingestürzt war.*
> Doch jetzt eben ist er eingestürzt."

Es wird geschätzt, dass ungefähr 50 Millionen Kubikmeter ins Tal stürzten:

> „Man sagt: der Berg ist heruntergekommen …

> Die Nachricht geht vorüber, geht weiter, stößt gegen das große Tal vor, das sich auf einmal zweifarbig zwischen den Fichten auftut; die Nachricht purzelt über den steilen Hang und über die Reben hinab auf die Rhone, die einem aufs mal ins Gesicht schlägt mit ihrem weißen Feuer."

Ramuz bewältigt das Szenario literarisch. Er lässt die Menschen des Dorfes teilhaben. Ein alter Hirt bleibt verschollen, überlebt aber, kriecht aus seinem Steinkerker. Es sind die Experten gekommen, die Vermesser und Geografen, die Politiker und viele Neugierige. Bis auf den heutigen Tag bewirbt der regionale Tourismus das Ereignis als attraktive Katastrophe von „gestern".

> „Das war zwei Monate, oder fast zwei Monate, nach dem Bergsturz; so hatten sie alle Zeit gehabt, ihn zu messen, hatten zu diesem Zweck ihr gummiertes Meßband entrollt, auf dem die Klafter mit schwarzen Strichen verzeichnet waren, hatten es flach über die Steine gezogen, zuerst der Länge, dann der Breite nach. Dann kletterte ein Mann bis zur Spitze des Felsblocks, der ihm der höchste zu sein schien, und versuchte so, die Masse zu errechnen, einer von den Angestellten des Katasteramtes: die waren auch nach Derborence heraufgekommen, nach dem Arzt und den Gerichtsbeamten und den Neugierigen …
>
> Man hat das Ausmaß der Verwüstung errechnet, um dann die Pläne des Gemeindelands abzuändern und auf einem der Blätter im Register eine Eintragung über Weiden und fruchtbaren Boden zu ersetzen durch den Vermerk: unverwendbares Land …
>
> Zuletzt kamen dann Herren aus der Stadt und stiegen sogar bis zum Gletscher hinauf, und sie haben ihn abgesucht von oben bis unten, um sicher zu sein, dass kein neuer Riß hinter der Bruchstelle auf die künftige oder gar auf die nahe Gefahr eines zweiten Bergrutsches hindeutete. Aber sie hatten den Eindruck, daß alles an seinem Platz war unter der schönen, glatten und weißen, unzerrissenen Decke, die auf der ganzen, fast glatten Mulde hinter dem Berggrat lag."

Es ist immer noch die einzige mir bekannte literarisch-dichte Bearbeitung eines solchen Natur-Ereignisses in den Alpen.

Es gäbe zahlreiche so genannte „Katastrophen", die in ihrer Wucht und Dramatik bestens geeignet wären, literarisch verarbeitet und gestaltet zu werden.

Es müssten hier die Beschreibungen beispielsweise der Sintflut im Gilgamesch-Epos genannt sein.

Auch die dramatisch-musikalischen Schilderungen von Richard Strauss (1864–1949) in der ALPENSINFONIE müsste ich hier nennen oder die ebenfalls eindrucksvolle dramatisch-musikalische Komposition von Franz Schmidt (1874–1939) im „Buch mit sieben Siegeln" nach der Apokalypse des Apostels Johannes.

Richard Strauss schildert in der Alpensinfonie im Cut 19 ein „Gewitter mit Sturm".

Franz Schmidt lässt überaus dramatisch erklingen, wie beispielsweise im Cut 15 der schreckliche Sturm geschildert wird:

> „Es schwillt das Meer und steiget immer höher und höher noch! Rettet euch in die Berge dort! O welch grauenvolle Finsternis! Die Sonne geht auf, und dennoch wird es nimmer helle! Denn siehe, die Sonne ist schwarz wie ein härener Sack, wie ein Bußkleid ... Rennet und fliehet! O Schrecken! Grauen! Der Tag des Zornes ist da, des Zornes des Herren und des Lammes! Ihr Berge, fallet über uns und verberget, ach, verberget uns vor dem Angesicht des Herrn der Herren! Denn gekommen ist heute der Tag deines Zornes!"

Eine der vielen Beschreibungen der Bergstürze vom ca. 3200 m hohen Gebirgsstock DIABLERETS habe ich auch im Kapitel „Bergstürze" des 1943 von Benesch publizierten Buches „Gewalten der Berge" gefunden.

> „Zu den größten Bergstürzen in der Geschichte der Alpen gehörten die beiden in den Jahren 1714 und 1749 an den 3200 m hohen Diablerets erfolgten. Hier brachen vom Gebirge etwa 50 000 000 cbm Gestein los. Die Steinlawine fuhr fast 6 km weit gegen das Haupttal hinaus und wäre noch viel weiter vorgestoßen, wenn sie nicht vielmal an querübergestellte Abhänge angeprallt wäre, was ihr einen großen Teil ihrer Wucht nahm. Auch sie staute den Fluß zu einem See auf, der heute noch besteht.
>
> An Menschenleben gingen bei diesem Ereignis verhältnismäßig nur wenige zugrunde, weil der Absturz in der Zone der Almweiden erfolgte und die bestehenden Almen größtenteils nicht bezogen waren. Es fanden bei fünfundfünfzig zerstörten Sennhütten nur fünfzehn Menschen den Tod. Bei einer Wiederholung des Bergsturzes im Jahre 1749 wurden zwar noch mehr Hütten zerstört, aber nur fünf Menschenleben vernichtet." (Benesch, S. 188)

Was der Poet und Schriftsteller Charles Ferdinand Ramuz in seinem Roman verarbeitet, hat Benesch über das Ereignis von 1749 dokumentarisch berichtet:

> „Dabei ereignete sich ein ganz merkwürdiger Fall von Lebensrettung.
>
> Ein Senner befand sich im Augenblick der Katastrophe gerade im Käsemagazin. Da kam ein riesiger Felsblock durch die Luft geflogen und schlug die eine Hälfte der Hütte in den Boden. Dabei lagerte er sich so, daß er im Verein mit einem zweiten Block die Hütte vor weiterer Zerstörung schützte. Darüber ergoß sich nun der nachfolgende Gesteinsstrom, so daß der Senner in völliger Finsternis eingeschlossen war. Vor dem Verhungern und Verdursten war der Mann einstweilen bewahrt, denn das Käsemagazin war gefüllt, und auf dem Boden sickerte eine Wasserader durch. Auch drang noch genügend Luft ein.
>
> Nach dem ersten Schrecken versuchte der Mann seinem Kerker zu entrinnen, allein überall stieß er auf Blöcke von so großem Gewicht,

daß er sie nicht fortbewegen konnte. Da kam ihm der Gedanke, dem Wässerlein nachzugraben, das durch weichere Massen einen Ausgang gefunden haben mußte. Tatsächlich gelang es ihm nach unsäglichen Anstrengungen und Leiden wieder ans Tageslicht zu kommen. Dazu hatte er aber drei Monate gebraucht. Seine Kleider waren vollständig zerfetzt, Arme und Beine von den scharfkantigen Steinen zerschunden, und er selbst war fast bis zum Skelett abgemagert, so daß ihn seine Angehörigen nicht erkannten und zuerst für ein Gespenst hielten." (Benesch, S. 188 f)

Ergreifend, dramatisch und poetisch überhöht, dafür umso eindrucksvoller, ist die Schilderung durch Ramuz, wie droben ein Mann auftaucht, einem Gespenst gleich. Dann laufen alle zusammen. Einer von ihnen hat das Gewehr genommen und hat geschossen.

Das ganze Dorf war auf den Beinen. „Nehmt euch in Acht, da treibt sich ein Dieb herum" schrie einer von ihnen.

„Es war jetzt heller Tag; es schien sogar ein schöner Tag zu werden. Der Himmel war ganz rissig, wie trockene Erde; gleichzeitig hob er sich, glitt an den Berglehnen in die Höhe. Man konnte weit hinaus blicken und auch schon weit hinauf in der klaren und reinen Luft, die wie frisch gewaschenes Fensterglas war und durch die aus dem Überrest des nächtlichen Regens, aus runden Tropfen auf den Blättern der Bäume, tausend kleine, vielfarbige Blitze aufschossen. Ein Hahn kräht noch los, mit weit aufgerissenem Schnabel. Und er, er erscheint jetzt dort droben, wie wenn das Krähen des Hahns ihn gerufen hätte; und Nendaz sieht ihn zuerst, dann Dionis; aber sie wissen nicht, was sie sehen.

Zwei-, dreihundert Meter ist er vor ihnen … Da ist er wieder, näher jetzt."

Ramuz stellt die Leser auf eine harte Probe. Er verzögert den Ablauf, unterbricht immer wieder das Entdecken und die geheimnisvolle Erscheinung droben auf der Alm. Es kommt eine große Angst über sie.

„Aber wenn es wirklich die Toten sind, was kann man dann tun, damit sie nicht näherkommen und in die Häuser kommen? Die kennen weder Türen noch Riegel."

Die Dorfleute kennen die alten Sagen, die vor allem in der Gletscherwelt spielen, zumeist im nahen Wallis, wo sie vom Zug der Toten über die Gletscher berichten, die unaufhaltsam an bestimmten Tagen kommen, die durch nichts aufzuhalten sind.

„Ein Mann holt sich eine Heugabel, ein anderer packt einen Stecken, ein dritter nimmt seinen Dreschflegel … Mehrere Frauen sind geflohen, mehrere Frauen verziehen sich zu den Treppen oder zu den offenen Türen …

Und da nun, dort oben, nicht mehr als hundert Meter von ihr entfernt, haben die Leute, die zuschauten, den weißen Fleck wieder gesehen, wie er auftauchte, hinter einem Gebüsch hervor … Man sieht, daß es ein Mann ist oder etwas wie ein Mann, mit einem Bart und ohne Augen. Er hat zwar einen Mund, aber hat er eine Stimme in seinem Mund? Etwas Schwarzes hängt ihm oben über das Gesicht; er ist nackt oder beinahe nackt, mit einem Körper, der die Farbe des Steins hat, mit einem Körper, der wie die Körper der Toten ist …
Aber da begann die Glocke der Kapelle zu läuten …

Und der Pfarrer von Premier, den Justin geholt hat, erscheint jetzt zwischen den Häusern. Er ist weiß und schwarz. Er trägt das Allerheiligste vor sich her, es glitzert … Er kommt am Brunnen vorbei; man kniet nieder; er geht vorwärts, hinter dem Kreuz …"

Ramuz lässt die kultisch-religiös-katholische Seite anklingen. Wie immer bei schrecklichen Ereignissen durch Naturgewalten sucht der Mensch Hilfe außerhalb seiner Lebenswelt. Hilfe und Trost in katholischen Ländern und Regionen anders wie bei alten Völkern in der dritten und vierten Welt. Aber immer mit dem Kult und der jeweiligen „religio". Und der Priester und das gläubige Volk wartet auf Erlösung und Trost. Und sie warten mitsamt dem Geistlichen und seiner Monstranz droben auf der Alm auf die Erscheinung, auf den realen Menschen, der zwei oder gar drei Monate dort überlebt hat.

Da ist er wie ein Geist heruntergekommen. Dann haben sie ihn ins Dorf gebracht. Von weither sind Leute gekommen, ihn zu sehen:

„Und da waren auch solche, die ihn zuerst näher ansahen und sich dann furchtsam abwendeten oder sich hinter anderen, die schon standen, versteckten, und von weitem auf Antoines Gesicht, auf seine Hände, auf seine Beine blickten, auf das, was von seinem Körper noch übrig war unter den zu weit gewordenen Kleidern (wirklich wie die Mannsbilder, die man in die Gärten stellt, um die Vögel zu erschrecken); von weitem auf die beiden Löcher unter seinen Backenknochen blickten, auf seine gesprungenen Lippen, seine gelben, vorstehenden Zähne – ganz und gar ein Toter unter den Lebenden." (Ramuz, S. 95–105)

Ich habe dieses Ereignis bewusst sehr ausführlich zu charakterisieren versucht. Alle Geschehnisse der Derborence im Gebirgsstock der Diablerets im Kanton Waadtland aus dem Jahre 1749 stehen stellvertretend für zahlreiche, ja beinahe zahllose ähnliche und vergleichbare Ereignisse. Sind es „von oben" gekommene, also „unabwendbare" Ereignisse?

Wie hat der Mensch in den vergangenen Jahrzehnten auf bisher noch nie dagewesene Art und Weise, auch mit Einsatz größter Maschinen und Technik, mit Einsatz auch von Luft-Verschmutzung und Zerstörung weiter Teile der Welt, eingegriffen? Welches sind von Menschen gestern und vor allem von heute gemachte Geschehen der Natur?

Unwillkürlich denke ich, denken wir an gewaltige Erdbeben, an Berg- und Felsstürze unvorstellbaren Ausmaßes; auch in den Alpen.

Grafik des Bergsturzes am Dobratsch.

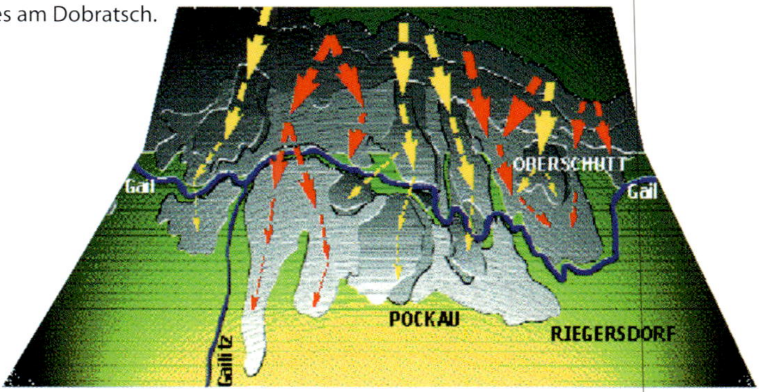

Dobratsch

Eines dieser Ereignisse geschah am 25.1.1348 am DOBRATSCH an der Villacher Alpe (2167 m) im heutigen Bundesland Kärnten. Durch ein Erdbeben ausgelöst, stürzten ungefähr 30 Millionen Kubikmeter Fels und Gestein ins Tal. Die Erschütterungen durch das Erdbeben verbreiterten sich von der venezianischen Ebene bis nach Wien und Basel und waren die bis dahin stärksten seit Menschengedenken. Es wurden mehr als 2000 Tote gezählt. Der gewaltige Bergsturz hatte das Tal gestaut. Durch die aufgestaute Gail entstand kurzfristig ein See, der ausgebrochen ist und weitere Personen getötet hat. Nach halbwegs verlässlichen Angaben sollen es mehr als 5000 Personen gewesen sein.

Durch den Bergsturz wurde ein Gebiet von rund 7 km^2 überschüttet. Der Abt des dem Berge gegenüberliegenden Klosters in Arnoldstein im Gailtal hat das Geschehen beobachtet. Bei einem heraufziehenden Abendgewitter begannen plötzlich die Kirchenglocken zu läuten,

> „die Bäume im Walde schlugen krachend aneinander, und die Gebäude wurden derart gerüttelt, daß die Ziegel von den Dächern prasselten. Da spaltete sich plötzlich der Berg, und unter unbeschreiblichem Getöse fuhr seine ganze Vorderseite zu Tal. Eine ungeheure Wolke stieg daraus empor, breitete sich über das Tal aus und bedeckte es wie bei einem vulkanischen Aschenregen mit einer dicken Staubschicht. Im Kloster, einige Kilometer von dem Berge entfernt, lag der Staub nachher zwei Spannen hoch.
>
> Als sich die Staubwolke verzogen hatte, sah der Berg ganz verändert aus. Er zeigte riesige, helle Felswände und darunter ein mehrere tausend Meter sich hinziehendes Schuttfeld. Von den siebzehn Dörfern, drei Schlössern und neun Kirchen am Fuße des Dobratsch war nichts mehr zu sehen. Die Masse des damals abgestürzten Gesteins wurde auf mehr als 50 000 000 cbm geschätzt. Sie staute den Gailfluß zu einem See, der allmählich so anwuchs, daß er das ganze Untertal bedeckte.“ (Benesch, S. 187 f)

Elm

Ein weiteres Ereignis in geschichtlicher Zeit fand am 11. September 1881 am schweizerischen ELM statt, als sich 10 Millionen Kubikmeter Fels und Geröll gelöst hatten und ins Tal stürzten. 114 Tote waren zu beklagen. Der Elm liegt in den Glarner Alpen. Eine ca. 1000 Meter hohe Felswand stürzte in drei aufeinander folgenden Phasen zu Tal. Das Ereignis wird menschlichem Einfluss zugeschrieben und zwar durch

> „allzu starke Unterhöhlung eines Steinbruchs, in dem der Rohstoff zu Schiefertafeln und Griffeln gewonnen wurde. Die ihrer Stütze beraubten überhängenden Felsmassen bekamen klaffende Spalten, und die vorgeneigte Platte im Hintergrunde des Steinbruchs begann sich zu senken. Wiederholt wurden Arbeiter durch herabstürzende Blöcke erschlagen, die Arbeiten wurden aber erst eingestellt, als höher oben am Berge Klüfte entstanden. Nun kam eine Kommission, die feststellte, daß ein Felssturz wohl einmal zu gewärtigen, ‚derzeit' aber nicht zu befürchten sei.
>
> Nach diesem Gutachten trat wieder Beruhigung ein, und selbst als am Morgen des Unglückstages nach einigen kleineren Felsstürzen der erste große Abbruch erfolgte, floh trotz der deutlichen Warnung des Berges niemand. Nur wenige Eingeweihte erkannten die Gefahr an klaffenden, stets sich erweiternden Sprüngen und stellenweise eine Breite von 2 bis 3 m erreichten. Durch die Steinbrucharbeiten im großen Maßstab war hier eine künstliche Böschung erzeugt worden, die die natürliche, der Gesteinsart entsprechende an Steilheit weit übertraf. Dieser tiefe Eingriff in die Natur sollte sich furchtbar rächen …
>
> Eine riesige Gesteinsmasse fiel in sich zusammen, schlug auf den Unteren Vorsprung des Berges beim Steinbruch mit solcher Wucht auf, daß er zersplitterte und wie eine Flüssigkeit auseinanderspritzte. Augenzeugen konnten unter der springenden Lawine hindurch im Hintergrunde deutlich Häuser und Bäume unterscheiden. Nach dem Aufschlagen der rasenden Masse schoß der Steinstrom geradeaus weiter gegen die andere Bergwand und stürmte dort 100 m hoch empor. Dabei ereilte er eine größere Anzahl von Flüchtenden, die sich hoch am Berge in Sicherheit gewähnt hatten, und zermalmte sie.
>
> Kaum fünf Minuten darauf erfolgte der dritte und größte Bergsturz. Beobachter der Bewegung bemerkten plötzlich, wie sich hoch oben an der Tschingel, wie der dahinterliegende höhere Berg genannt wird, Spalten öffneten und die Luft so schnell einsogen, daß die am Rande stehenden Bäume wie ein wogendes Ährenfeld durcheinander geschüttelt wurden. Dann senkte sich die 1000 m hohe Wand und brach in Stücke. Ein unbeschreibliches Donnern und Dröhnen erhob sich, der ganze Berg fiel in sich zusammen. An seinem Fuß stieg eine riesige grauschwarze Wolke zerstäubten Schiefers empor. Im Nu schoß eine ungeheure Steinlawine gegen das Tal, bäumte sich an der gegenüberliegenden Bergseite hoch und fuhr dann in das un-

Darstellung des Bergsturzes vom Elm am 11. Sept. 1881.

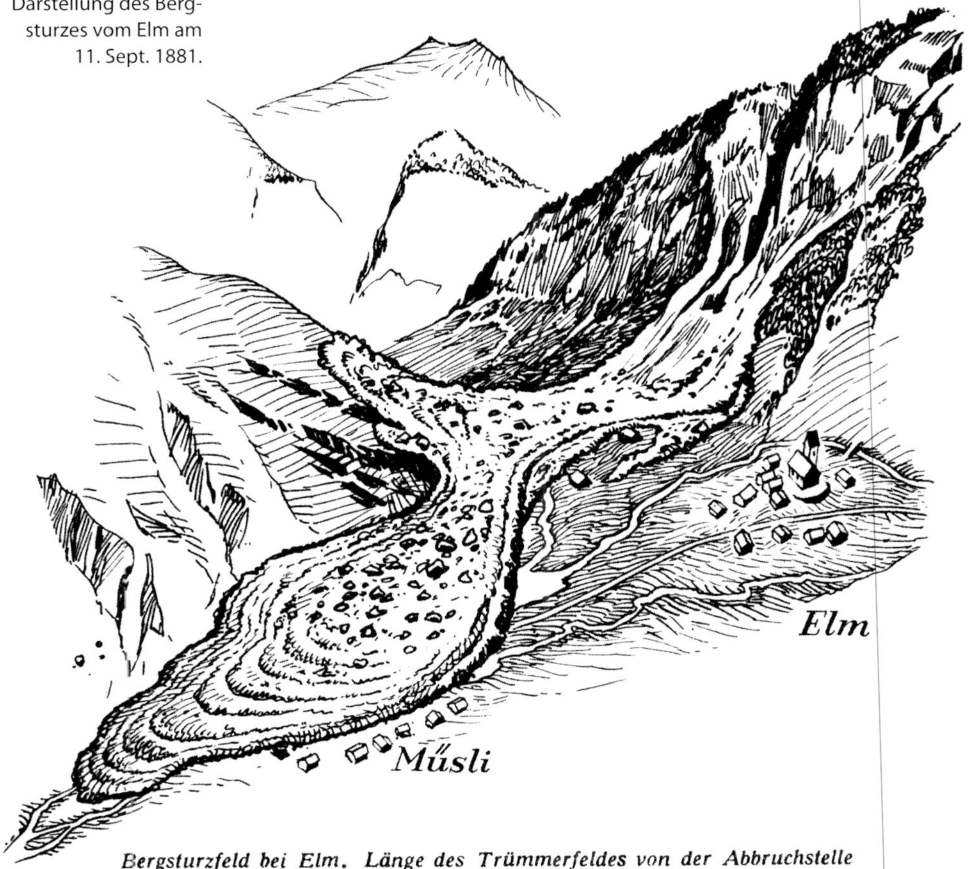

Bergsturzfeld bei Elm. Länge des Trümmerfeldes von der Abbruchstelle bis zur Zunge 2 km, größte Breite 650 m

glückliche Haupttal hinaus. Noch bevor sie es erreichte, sah man die Häuser wie bei einem Erdbeben wanken, dann wirbelten Dächer wie dürre Blätter durch die Luft, dann ganze Holzhäuser. Hinterher raste eine schwarze Wolke ins Tal. Sie rollte ‚wie der Rauch aus einem Geschütz' heran und schoß mit Blitzesschnelle am Boden hin. Was sich unter ihr abspielte, hat kein Überlebender gesehen.

Als sich der Staub verzogen hatte, sah man einen ungeheuren Steinstrom daliegen, scharf abgegrenzt und flach wie ein Lavastrom, der kilometerweit in das Tal hinausgeflossen war. Er war vollkommen trocken und hatte sich dennoch auf fast ebenem Boden mit unglaublicher Schnelligkeit fortbewegt. Das hatte die ganz unvorstellbare lebendige Kraft bewirkt, die auf dem feuchten, weichen Ackerboden wie auf einem Schmiermittel dahinglitt. Der Untergrund wurde dabei so tief eingepflügt, daß die Grundfesten einer eisernen Brücke ganz herausgewühlt wurden, während sich die Brücke selbst hoch aufbäumte und in Stücke brach. Im weichen Boden blieb der Steinstrom schließlich mit einem Ruck stecken.

Die Steinlawine trieb die am Bergfuß aufgestiegene schwarze Schieferwolke vor sich her und diese wieder die klare Luft des Tales, alles streng in der Schußrichtung. So fuhr die Wolke im Haupttale wie ein schwarzes Ungeheuer, kaum zwei Häuser hoch, nur mehr am Boden dahin, in so engen Grenzen, daß zur Seite keine nennenswerten Verwüstungen angerichtet wurden, ja nicht einmal Felstrümmer lagen.

Ein Augenzeuge, der den Vorgang bis zur Hauptkatastrophe mit der Uhr in der Hand beobachtet hatte, wurde an der Grenze des Stromes vom Luftdruck erfaßt, in die Höhe gehoben, zwei- bis dreimal kopfüber gedreht und dann sanft auf einen Wiesenboden hinaufgetragen. Er sah noch seinen Schwiegersohn mit dem Kind auf dem Rücken fliehen, dicht hinter ihm die Frau, die einem fremden Kinde helfen wollte. Da hob der Sturm den Mann samt dem Kinde in die Luft und auf eine Wiese hinauf, während von der Frau keine Spur mehr zu sehen war. Eine andere Frau floh mit ihren beiden Kindern. Das eine wurde ihr aus der Hand gerissen und zermalmt, sie selbst wurde mit dem anderen auf dem Arme vom Orkan auf einen Berghang hinaufgetragen und blieb unversehrt.

Im ganzen fielen dieser Naturkatastrophe einhundertfünfzehn Menschenleben zum Opfer.

Man fand aber nur wenige Leichen, und diese ganz verstümmelt und zerstückelt. Die Menge des abgestürzten Gesteins wurde auf 10 000 000 cbm geschätzt." (Benesch, S. 193–197)

In der von Pfister herausgegebenen Dokumentation „Am Tage danach" hat Hans Peter Bläuer einen Beitrag verfasst, der den Titel „Der Bergsturz von Elm am 11. September 1881" hat, mit dem Untertitel „Ursache und gesellschaftliche Bewältigung einer menschengemachten Naturkatastrophe".

War es eine menschengemachte, von Menschen verursachte Katastrophe und was hat sich begleitend dazu in der Presse, in der Öffentlichkeit, in der Politik, im Hinblick auf die so genannte Solidarität und in der dörflichen Identität abgespielt? Wie in anderen vergleichbaren Fällen, beispielsweise der Überschwemmung des Martelltales im August 1987, wurde die Frage nach der Schuld gestellt, ist aber mehr oder weniger offiziell und amtlich, aber auch gerichtlich abgewürgt worden. Nicht viel anders geschah es nach dem September 2005, als im Ötztal ein 700-Tonnen-Betonkübel aus einem in hartem Akkord eingesetzten Hubschrauber auf die Seilbahn stürzte und es neun Tote gab. Keine Verurteilung des Hubschrauberunternehmers? Keine Verurteilung der zum Akkord treibenden Seilbahngesellschaft?

Am Beispiel „ELM" hat Hans Peter Bläuer die Geschichte rund um Schuld und scheinbarer Unabwendbarkeit analysiert. Zum Beispiel:

> „Jegliche Stützelemente wurden kurzerhand herausgesprengt, die sich häufenden Unfälle und Veränderungen am Berg einfach ignoriert. Als dann doch einmal die Frage aufgeworfen wurde, ob man den Schiefer nicht lieber unterirdisch abbauen sollte, befand der damals als ‚Sachverständige' herbeigezogene Kantonsingenieur, der selber noch nie ein modernes Bergwerk gesehen hatte, der unterirdische Bergbau sei kostspieliger und gefährlicher. Deshalb sollte man weiterfahren wie bisher. Durch Hinzuziehung unsachverständiger Sachverständiger wurden damit von der Elmer Gemeinde, die als Betreiberin des Bergbaus auftrat, die Risiken des Schieferabbaues falsch eingeschätzt; ein Motiv war die vermeintliche Beruhigung der Bevölkerung …"

Fach- und sachkundige Leute hatten die Gefahr gesehen und richtig eingeschätzt, so auch der damalige Kreisförster Marti mit aller Bestimmtheit:

> „‚Da hinauf gehe ich nicht mehr und schicke auch keine Arbeiter hinauf. Ich erwarte einen Bergsturz jeden Tag, und wenn ich zu befehlen hätte, ließe ich sofort alle Häuser im Untertal räumen und die Bewohner müßten fliehen.'
>
> Aber er wurde vom Kantonsförster und dem Gemeinderat und Bergführer Heinrich Elmer, dem bergkundigsten Mann Elms, seiner Ängstlichkeit wegen fast verspottet und konnte sich nicht durchsetzen."

Konsequenz und Folge: Es gab den gewaltigen Bergsturz und 114 Tote.

Es gab unter der Bevölkerung – wie auch bei vergleichbaren Ereignissen – eine Art

> „psychischer Infektion oder Hypnose. Man wehrt sich gegen die Angst und redet sie sich aus. Die Ängstlichen werden verspottet. Man zwingt sich die Einsicht in die Bedeutung der Vorzeichen weg und wiegt sich in eine Verneinung der Gefahr ein …"

Und es wurde, wie auch andernorts niemand zur Verantwortung gezogen,

> „niemand auch nur beschuldigt, geschweige denn angeklagt. Und das, obwohl den Zeitgenossen die Zusammenhänge bei dieser allein durch menschliches Fehlverhalten verursachten Katastrophe sehr wohl bekannt waren …" (Bläuer)

Nach der menschlich verursachten Katastrophe erfolgte mit allen Mitteln der Medien und des Mitleids eine Spendensammlung. Für die Bewohner von Elm scheint es eine Genugtuung gewesen zu sein, wie sie mitansehen und miterleben konnten, dass die ganze Schweiz auf die armen Leute von Elm geschaut hat und dass es Geld gegeben hat. Das hat wiederum die IDENTITÄT der Bewohner gestärkt bzw. wieder hergestellt. Als dann auch noch die Glarner Regierung in ihrem Hilfsaufruf von einem „unverschuldeten Unglück“ und von einer „reinen“ Naturkatastrophe sprach, ergab sich nach Ansicht von Hans Peter Bläuer ein „fatal-widersinniger Tatbestand“. Und das passte wieder vorzüglich zum Klischeebild der *„braven Bergbewohner, die sich tapfer gegen die Unbill der Natur wehren“.* Das war und ist eine merkwürdige *„Unschuldsrethorik, gepaart mit den Berichten über das Leid der Elmer … und die Spendensammlung ergab ein erfolgreiches und über alle Erwartungen hinausgehendes Ergebnis.“* (Bläuer)

Dieses dramatische Ereignis von ELM im Schweizerischen Kanton Glarus hat unter anderem auch H.A. Berlepsch in seiner Dokumentation „Die Alpen in Natur- und Lebensbildern“ im Kapitel „Bergstürze“ geschildert. Diesem Ereignis widmet er die Seiten 65–70. *„Alle waren sicher, daß der Berg kommt“,* lese ich dort auf Seite 68. Berlepsch nennt den Augen- und Ohrenzeugen. Es ist der Lehrer Wyß. Dort erfahren wir auch, dass Wald und Häuser und Menschen zum „guten Teil“ nicht durch den Sturz selbst vernichtet wurden,

> „sondern durch den vorhergehenden Luftdruck, der nach dem Berichte der Augenzeugen die Behausungen förmlich auseinandergerissen, zersplittert habe, so daß die Dächer durch die Luft flogen und das Gebälk wie dürres Laub fortgeweht wurde … Fast alle, wie sie da waren, wurden emporgehoben, durch die Luft gewirbelt und geschleudert und zurückgeworfen in das chaotisch niedersausende Gewirr von Felsblöcken, in dem wahrscheinlich nur noch des Leibes äußere Gestaltung ihren Untergang fand, indem jedenfalls durch das gewaltsame Emporschleudern der Erstickungstod in der mit Sand und Staub geschwängerten Wolke, die vom Tschiggelberge sich daherwälzte, bereits eingetreten war. Einige wenige überlebten diese grausige Luftfahrt, wissen aber nichts davon zu erzählen, indem sie alsbald die Besinnung verloren und erst wieder zu sich kamen, nachdem sie irgendwo wieder den festen Boden unter ihren Füßen hatten.“ (Berlepsch, S. 68–70)

Das alles erinnert an die schrecklichen Lawinenstürze, die ich in meinem Buch „Mythos Lawine“ beschrieben und skizziert habe. Immer sind es die vergleichbaren, sich immer wieder wiederholenden Mechanismen zwischen Schadensereignis und Katastrophen-„Bewältigung“.

Es sind Elementar-Ereignisse. Von Menschen gemacht, mitverursacht oder fatal als Naturereignis hingenommen.

Das Ereignis von Elm hat den Schweizer Schriftsteller und Kabarettisten Franz Hohler angeregt. In der Publikation „DIE STEINFLUT“ hat er das Geschehen im Jahre 1998 literarisch verarbeitet.

Plurs

Wieder einmal – ebenfalls in geschichtlicher Zeit – ereignete sich ein gewaltiger BERG- UND FELSSTURZ in PLURS nahe dem heutigen Chiavenna knapp an der Grenze zum schweizerischen Bergell.

Ein ganzer Berg stürzte zusammen und begrub ein ganzes Dorf. Es gab 2430 Tote zu beklagen. Auch dazu und darüber gibt es zahlreiche Literatur. In Pfisters Buch „Am Tag danach" berichtet, dokumentiert und analysiert Rosmarie Zeller in ihrem Beitrag „Wahrnehmung und Deutung von Naturkatastrophen in den Medien des 16. und 17. Jahrhunderts" am Beispiel der Schweiz auch die grausam-brutale Szenerie von Plurs. Das alles geschah am 3. September 1618. An diesem Tag gab es den bergsturzartigen Hangrutsch von Plurs/Piuro, einem bis zu diesem Tage „wohlhabenden Ort mit zahlreichen Palazzi". Nach einigen Angaben kamen dabei mehr als 900 Bewohner ums Leben. Zeitgenössische Stiche dokumentieren den Zustand vor und nach dem 3. September. Das Ereignis wird in zeitgenössischen Berichten und Dokumenten als ein *„trauriges Exampel Göttlicher Ungnade und Zorn-Eifers"* bezeichnet. Der Ort war weitum bekannt und berühmt wegen der Herstellung von Kochgefäßen aus Lavec oder Speckstein. Berichte von Augenzeugen fehlen. Aber ein Experte namens Fortunatus Sprecher von Bernegg war als Kommissar der Regierung in Chur – die Gegend gehörte damals noch zu Graubünden –, hat auftragsgemäß die Stätte besucht und einen ausführlichen Bericht verfasst. Der gewaltige Bergsturz, wie er allgemein in der Literatur beschrieben wird, hat in zahlreiche illustrierte Einblattdrucke, Flugschriften und Klagegedichte Eingang gefunden. Bei Anbruch der Nacht stürzte der Berg ab, brach zusammen, staute den Bach auf und verursachte den Tod vieler Menschen. Einige Berichte sprechen von 1500 bis 2000 Toten. Dem Bergsturz war ein mehrtägiger intensiver Regen vorausgegangen. Der Absturz wird auf drei Millionen Kubikmeter geschätzt.

Das Ereignis wird nicht sosehr isoliert als einzelner Unglücksfall gesehen, sondern – wie könnte es anders sein – als „ZEICHEN GOTTES". So heißt es in einem zeitgenössischen Bericht:

> „O dass grossen Jammer und ellendsda so vil hundert Persohnen undergangen: o lassendt unns beten, doch gantz inbrünstig, daß Gott seinen grossen Zorn stille, und uns nach unseren verdienen straffe, sondern mit den augen seiner barmhertzigkeit ansehe, und vor weiterem unfall gnädig behüte. Amen." (zitiert nach R. Zeller, S. 211)

Zeitgenössische Quellen und vor allem Flugblätter berichten auch davon, wie die ehemals reiche Ortschaft im Bergell *„so schnell wie ein Pfeil abgeschossen wird"*. Der zeitgenössische Berichterstatter vergleicht die Katastrophe sogar mit dem biblischen Sodom und Gomorrha. Dort wird auch aus der Bibel zitiert, bei Jesaja 5,25, wo es heißt:

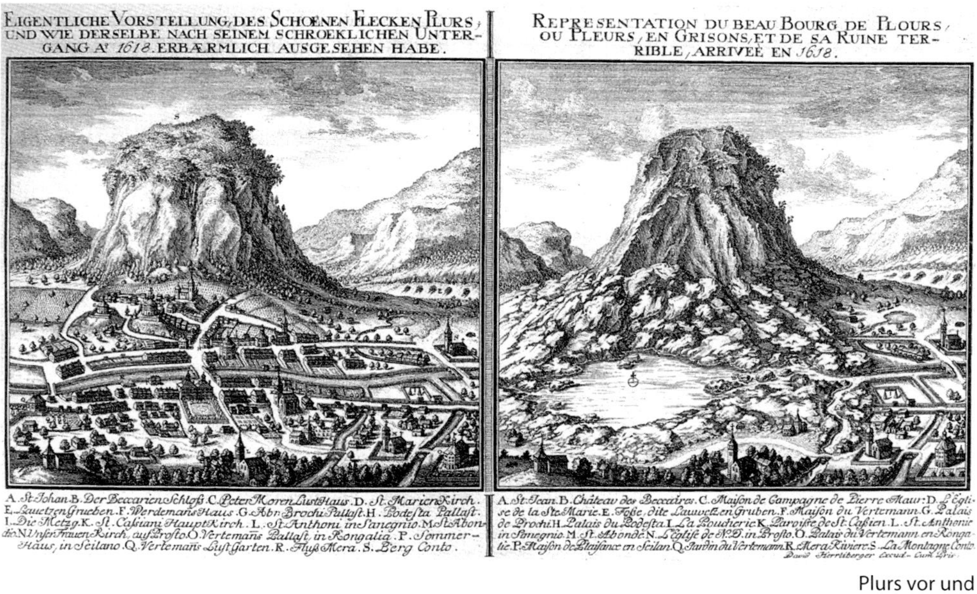

Plurs vor und nach dem Bergsturz von 1618, dargestellt in einem Stich von Matthäus Merian (1593–1650).

> „Darum ist der Zorn des Herrn entbrannt über sein Volk, und er reckt seine Hand wider sie und schlägt sie, daß die Berge beben und ihre Leichen sind wie Kehricht auf den Gassen".

Auch in der „Topographia Helvetica" des Matthäus Merian enthält eines der Bilder die Darstellung von Plurs mit allen Gebäuden vor der Katastrophe, mit insgesamt 93 Nummern; genau und präzise dargestellt mit den Palästen und Kirchen. Ein weiteres Bild stellt den ehemals reichen und wohlhabenden Ort mit den Folgen der Zerstörung dar.

Es gab sogar Berichte in mehrsprachigen Versionen auf Deutsch, Italienisch, Französisch und Englisch, im Jahre 1618 war dann in Augsburg eine italienisch-deutsche Flugschrift erschienen. In einem zeitgenössischen Klagelied hören und lesen wir:

> „Wie werden nur die Kinderlein
> ihren Eltern zugeloffen sein
> Bey ihn hilff zu erwerben/
> so war derselben Trist gar schmal/
> weil sie verdurben allzumahl/
> versancken in die Erden" (Zeller, S. 212)

Auch Josef Nussbaumer erwähnt und beschreibt den berühmten Vorfall in seiner Dokumentation „Die Gewalt der Natur. Eine Chronik der Naturkatastrophen von 1500 bis heute" im Kapitel „Bergstürze und Lawinen". Dabei sollen – laut Nussbaumer – 1000 bis 2500 Menschen ums Leben gekommen sein (Nussbaumer, S. 204).

Kreuz in Gedenken an die Hochwasser- und Murenkatastrophe im Veltlin am 28. Juli 1987.

Veltlin

Weitere in geschichtlicher Zeit erfolgte Berg- und Felsstürze gab es am 28. Juli 1987 im Veltlin. 40 Millionen m^3 stürzten zu Tal und stauten es. Dabei kamen 53 Menschen ums Leben. Im Kapitel „Nachts kam der Berg. Muren & Hochwasser“ habe ich mehr zur diesem Naturereignis geschrieben.

Randa und Goldau

In RANDA in der Schweiz stürzten im Jahre 1991 ca. 30 Millionen m^3 zu Tal und richteten großen Schaden an. Die „Steinflut“ von Randa im Mattertal, Kanton Wallis, vom 18. April, und dann wieder vom 9. Mai 1991 hat die Bahn- und Straßenverbindung von und nach Zermatt unterbrochen und den Fluss Vispa zugeschüttet und aufgestaut. Es gab erfreulicherweise keine Toten.

Ebenfalls in der Schweiz, und zwar in Goldau, ereignete sich am 2. September 1806 ein gewaltiger Bergsturz. Ein ganzes Dorf wurde von 40 Millionen m^3 Fels verschüttet. 457 Menschen wurden dabei getötet. DER GOLDAUER BERGSTURZ war nach Meinung einschlägiger Forschung die „größte Naturkatastrophe auf dem Gebiet der heutigen Schweiz“. Neben den 457 Toten gab es den Verlust von 323 Stück Vieh und die Zerstörung von drei Dörfern mit zusammen ca. 330 Gebäuden zu beklagen. Die Schweizer Zeitschrift „MONTAGNA“ hat in ihrer Ausgabe vom November 2006 aus Anlass des 200-jährigen Gedenkens einen umfangreichen und sehr informativen Bericht veröffentlicht. Daraus bringe ich einige Zitate:

Der Bergsturz von Goldau im Jahre 1806 – 2 Darstellungen aus dem Staatsarchiv.

„Nach einer längeren Regenperiode löste sich am Grippen (Roßberg), 1568 m über Meer, am 2. September 1806 eine bis zu hundert Meter dicke Nagelfluhmasse. Sie rutschte nicht sanft, sondern donnerte innerhalb kurzer Zeit mit großer Geschwindigkeit auf den darunterliegenden geneigten Ton- und Mergelschichten bis ins Gebiet von Goldau (Höhenunterschied über tausend Meter) ab. Nach strenger Definition ist es nicht ein Bergsturz mit freiem Fall der Hauptmasse durch die Luft, sondern ein Bergrutsch."

Die unvorstellbar große Masse von geschätzten 30 Millionen Kubikmetern ist durch einen schweizerischen Vergleich einigermaßen vorstellbar.

> „Bezüglich Volumen ist dies vergleichsweise etwa so viel wie das berechnete Ausbruchmaterial des im Bau befindlichen Alptransit-Tunnels Gotthard, der Kiesbedarf der schweizerischen Bauindustrie während eines einzigen Jahres oder etwa ein Zehntel des Volumens des künstlich geschaffenen hochalpinen Stausees ‚Lac des Dix' im Val d'Hérémence VS."

Das Ereignis hatte nur einige Minuten gedauert. Es wurde dabei eine Fläche von etwa 6,6 km^2 verschüttet. Die Dörfer Röthen, Busingen und Goldau gingen unter. Es entstand ein überaus bemerkenswerter Nebeneffekt:

> „Der Luftdruck und die Steinwelle erzeugten am nahen Lauerzersee eine Flutwelle, welche die Insel Schwanau, das Dorf Seewen und sogar Brunnen (Gemeinde Ingenbohl) überflutete."

Das würde sogar dem heute gebräuchlichen, aus dem Japanischen stammenden Begriff des TSUNAMI entsprechen. Im Gletschermuseum in Luzern habe ich im April 2008 das Büchlein „Der Goldauer Bergsturz 1806" erworben. Es ist die Nummer 89 der Schwyzer Hefte, erschienen im Jahre 2006 als „Geschichte der Naturkatastrophe und Betrachtungen 200 Jahre danach", ausgestattet mit einer Vielzahl an Bildern und auf den 111 Seiten mit vielen interessanten Angaben. In diesem Büchlein wird auf Seite 28 konkret auf den TSUNAMI hingewiesen:

Titelseite des Büchleins „Der Goldauer Bergsturz 1806".

> „Der Lauerzer See wurde ungefähr zu einem Sechstel seiner Wasseroberfläche aufgefüllt. Durch den vorangehenden Luftdruck entstand eine hohe Flutwelle, einem Tsunami gleich, welche die Insel Schwanau überspülte und sich nach Seewen ergoß …"

Es gibt eine annähernde Berechnung der Geschwindigkeit der Sturzmassen: Sie dürfte bei 60 bis 200 Meter pro Sekunde betragen haben. Augenzeugen berichteten, sie hätten zwischen den niederstürzenden Felsmassen Feuer beobachtet. Es könnte hier – im Vergleich zum Bergsturz von Köfels – beim Absturz und der gigantischen, kaum vorstellbaren Geschwindigkeit eine derartige Reibungshitze entstanden sein, dass die Steine geschmolzen sind. Das ist in Köfels inzwischen nachgewiesen.

Wie bei einer Staublawine hat in Goldau der Luftdruck auch mehrere Kinder durch die Luft gewirbelt. Die meisten Opfer, so wird vermutet, starben durch den Luftdruck. Es wurde auch in Goldau – ebenso wie in Köfels – lange Zeit ein Vulkanausbruch vermutet. Es war aber nachweisbar ein gewaltiger Bergsturz.

Der Arzt Dr. Karl Zay (1754–1816) hat in seinem „Schuttbuch" als unmittelbarer Experte den Vorgang beschrieben. Einige Teile daraus sind im oben genannten Büchlein auf den Seiten 21, 22, 24 und 25 wiedergegeben. Hier ein kleiner Auszug:

> „Die untern Wälder fangen ebenfalls an sich allgemach zu bewegen, und Tannenbäume in unzähliger Menge schwanken hin und her. Ganze Scharen Vögel lüften mit Schnelligkeit ihre Flügel, und richten unter bangem Geschrey ihren Flug westlich gegen den Rigi hin …
>
> Getöse, Krachen und Geprassel erfüllt wie tief brüllender Donner die Luft – erschüttert jedes lebende Ohr und Herz, und tönt im Widerhall von tausend Bergesklüften noch grässlicher …
>
> Ein grässlicher, rötlich brauner Staub erhebt sich in Nebelgestalt von der Erde, hüllt die Mord- und Zerstörungsschwangere Lawine in trübes Dunkel ein, und läuft in düstrer Wolke wie vom Sturmwind gewirbelt vor ihr hin, Berg und Thal sind nun erschüttert – die Erde bebt – Felsen zittern – Menschen erstarren beim Anblick dieser fürchterlichsten aller fürchterlichen Szenen – Vögel in ihrem Flug gehindert, fallen auf die Stätte der Verheerung nieder – Häuser, Menschen und Vieh werden schneller als eine aus dem Feuerrohr losgeschossene Kugel über die Erde hin und selbst durch die Luft fortgetrieben.
>
> Die aus ihrer Ruhe aufgeschreckte und wild gemachte Wasserfluth des Lowerzer Sees bäumt sich wie Felswände auf, und fängt im Sturmlauf auch ihre Verheerung an. Das letzte Angstgeschrey der vom unvermeidlichen Tode bedrohten Goldauer durchheult noch einen Augenblick die dunkle Schreckensgegend" (Der Goldauer Bergsturz, S. 22–25)

Als „Bilanz der Katastrophe" nennt das Büchlein analog den Pfarren und Orten die jeweiligen Toten, die zerstörten Häuser und die Zahlen der Geretteten.

Der Bergsturz hat binnen weniger Minuten eine vormals blühende Landschaft *„in eine Trümmerwüste verwandelt und es brauchte Jahrzehnte, bis das Gebiet wieder besiedelt werden konnte. Goldau und Röthen verschwanden ganz von der Landkarte und wurden bis 30 Meter hoch verschüttet"* (Der Goldauer Bergsturz, S. 30)

Außer den 457 Menschen wurden auch 185 Horn- und 209 Stück Schmalvieh, also rund 400 Tiere getötet. Der Bergsturz zerstörte 5 Kirchen und Kapellen, 102 Häuser sowie 220 Ställe und Scheunen.

Als Teil der „Katastrophen-Bewältigung" sind im Büchlein einige Angaben zu finden. Überhaupt hat der Goldauer Bergsturz als das größte in geschichtlicher Zeit in der Schweiz stattgefundene Katastrophenereignis und als eines der größten in den gesamten Alpen überhaupt, eine Produktionsflut an Bildern, literarischen Texten und Musikstücken ausgelöst.

Im „Goldauer Bergsturz" wird unterschieden in „BERGSTURZ-LITERATUR" auf den Seiten 75, 76, 77 und 78, in „BERGSTURZ-BILDER" auf den Seiten 79–83 und auf den Bereich „DER BERGSTURZ in der MUSIK" auf Seite 83.

Innerhalb der Literatur wird auf eine spezielle Gattung verwiesen und mit dem Namen „BERGSTURZPREDIGTEN" versehen:

„Als literarische Eigentümlichkeit gibt es noch einige kulturgeschichtlich interessante Bergsturzpredigten. Die berühmteste wurde vom Einsiedler Pater Isidor Moser am 8. September 1806 gehalten, nachdem er selber das Katastrophengebiet aufgesucht hatte. Darin hält er fest, dass man wegen des Unglücks nicht an der Güte Gottes zweifeln solle, da es schon immer solche Katastrophen gegeben habe und dass Gott ein unverdorbenes Volk, also die Goldauer, vor der Sittenverderbnis der Französischen Revolution vorzeitig erlöst habe. Seine Botschaft wurde in mehreren Auflagen sogar gedruckt. Über den Bergfall gab es auch Predigten reformierter Pfarrherren, so etwa diejenigen des Berners David Müslin oder Salomon Vögelins aus Zürich, welche mahnten, demütig die Herrschaft Gottes über die Natur anzuerkennen …" (S. 78/79)

Im Bereich MUSIK gibt es unter anderem eine von einem Deutschen namens A. von Hofmann komponierte Kantate, die bereits im Dezember 1806 in Basel erschienen ist.

Sehr bemerkenswert ist eine Oper unter dem Titel „DER BERGSTURZ". Sie wurde 1812 in Wien vom österreichischen Kaiser in Auftrag gegeben. Komponist ist Joseph Weigl (1766–1846). Weigl war ein begabter und sehr fleißiger Komponist, der viele Werke hinterlassen hat, darunter 20 Opern. Seine Oper „Der Bergsturz" bezieht sich konkret auf den Goldauer Bergsturz. Wie im Büchlein über den Bergsturz berichtet wird, war Weigl ein Patenkind von Joseph Haydn. In der Oper musste gemäß Regieanweisung der Rossberg herabstürzen. Es gab zwar eine Uraufführung am 19. Dezember 1812 im Wiener Theater am Kärntnertor, da aber der Bergsturz nicht realisierbar war, schien die Oper gänzlich zu verschwinden.

Anlässlich der Erinnerung an den vor 200 Jahren erfolgten Bergsturz wurde die Oper vom 26. August bis 6. Oktober 2006 im „Mythen-Forum Schwyz" aufgeführt. Das ebenfalls im Jahre 2006 in Goldau errichtete Museum hat in seinem Bestand einen Klavierauszug. Die Bergsturzoper erzählt die Geschichte einer Familie, die sich auf die Hochzeit der Tochter vorbereitet. Der Bergsturz reißt sie aus allen

Träumen und Planungen. Nur durch ein Wunder kann die Familie gerettet werden.

Diese Rettung wird als Zeichen Gottes gewertet. Die Oper endet mit einer Lobeshymne auf die Herrlichkeit Gottes.

Interessant im Kontext zu meinem Buch über „Naturkatastrophen und deren Bewältigung" ist die folgende Beschreibung der durch das schreckliche Unglück ausgelösten Hilfswelle und der möglichen Ursachen der Katastrophe:

> „Dieses Unglück löste erstmals eine Solidarität und Spendensammlungen in der ganzen Schweiz aus. Allgemein akzeptierten auch Theologen die naturwissenschaftliche Begründung des Unglücks. Im Gegensatz zu früher wurde diese Katastrophe nicht mehr als Strafe und Vergeltung Gottes für schuldhaftes Verhalten der Menschen interpretiert."

Das ist eine sehr frühe Erkenntnis und Einsicht, und ist möglich in der vergleichsweise „aufgeklärten" Schweiz.

Das seit dem Jahre 1906 bestehende Bergsturz-Museum in Goldau ist von Ostern bis Oktober geöffnet. Das von mir mehrfach erwähnte Text- und Bildmaterial stammt aus dem Büchlein, das inzwischen laut dem aktuellen Katalog der SCHWYZER HEFTE (mit Stand vom 30.4.2008) leider vergriffen ist. Anfragen können an den Verlag Schwyzer Hefte, Kollegiumstraße 28, CH 6430 Schwyz, gerichtet werden

Die authentische und zeitgenössische Schilderung des Goldauer Bergsturzes durch den Arzt Dr. Karl Zay im „Schuttbuch" erinnert in der Dramatik an Schilderungen aus der „APOKALYPSE", also der „GEHEIMEN OFFENBARUNG" des Heiligen Johannes, bekannt auch unter dem Titel „Das Buch mit sieben Siegeln". In der Fassung, die der Komponist Franz Schmidt (1874–1939) für seine Komposition unter dem Titel „das buch mit sieben siegeln" verwendet hat, bricht mit dem Gesang des Chores die Katastrophe los:

> „Die Erde wankt! Es schwankt der Boden! Entsetzen! Wehe!
>
> O seht, der Mond ist rot wie Blut!
>
> O fürchterlicher Sturm! Schreckliches Brausen! Es fallen die Bäume! Es brennet der Wald! Ach, wie glühet die Luft!
>
> Seht! Die Sterne fallen auf die Erde! Sie fallen wie die Früchte des Feigenbaumes, den der Sturm rüttelt.
>
> Welch grausiger Hagel!
>
> Es schwillt das Meer und steiget immer höher und höher noch!
>
> Rettet euch in die Berge dort! O welch grauenvolle Finsternis! Die Sonne geht auf, und dennoch wird es nimmer helle! Denn seht, die Sonne ist schwarz wie ein härener Sack, wie ein Bußkleid. Und der Himmel schwindet, er schwindet dahin. Rennet und fliehet!

O Schrecken! Grauen! Der Tag des Zornes ist da, des Zornes des Herren und des Lammes! Ihr Berge fallet über uns und verberget, ach, verberget uns vor dem Angesicht des Herrn der Herren! Denn gekommen ist heute der Tag seines Zornes! O sagt, wer kann da bestehen?“ (Cut 15, entnommen der CD-Produktion TELDEC, 2000, www.teldec.com in der Interpretation: Wiener Philharmoniker und Wiener Singverein, Dirigent: Nikolaus Harnoncourt. Diese Interpretation erscheint mir unter mehreren die beste zu sein.)

Es kann auch der Bezug zum Gilgamesch-Epos hergestellt werden. Zum Vergleich könnten auch einige der weltweit verbreiteten SINTFLUT-Sagen herangezogen und zitiert werden.

Das Schreckens-Szenario muss überwältigend und einzigartig grausig und grausam gewesen sein. Es verwundert nicht, dass die Prediger aus der machtvollen Sprache der Apokalypse, des Gilgamesch-Epos und den Sintflutsagen schöpfen können.

Wie die vielen Aktionen und Gedenkveranstaltungen im Jahre 2006 bewiesen haben, bleiben die schrecklichen Ereignisse wie eingebrannt im Bewusstsein der Menschen. Auch nach 200 Jahren ist die Erinnerung nicht ausgelöscht. Das Trauma bleibt. Es bleibt auch deswegen, weil sich abwechselnd in vielen Regionen der Welt und auch im Alpenraum schreckliche Naturereignisse wiederholen. Die von kritischen Experten im Rahmen des dramatischen Klimawandels prognostizierten Szenarien führen uns in eine möglicherweise apokalyptische Zukunft. Es werden demnach ganze Bergtäler unbewohnbar. Was folgt noch?

Salzburg

Am 16. Juli 1669 brachen vom SALZBURGER MÖNCHSBERG gewaltige Felsmassen auf die Stadt. Es wurden 230 Tote gezählt.

Ein aktueller BERGSTURZ ereignete sich am 10. April 2008 im Salzburger Pinzgau. Auf die Straße zwischen den Ortschaften Lend und Dienten stürzten „wie von Geisterhand“ (so in der Zeitung „DIE PRESSE“ vom 11. April 2008) Felsbrocken, Erdmassen, Geröll und Bäume zu Tal und verschütteten die Dientner Landesstraße. Es gab keinen Personenschaden. Auch keine Autos waren betroffen. Das abgestürzte Material wird auf ca. 5000 Kubikmeter geschätzt.

„Das war eine Straße: wenn Berge zu rutschen beginnen“ hieß eine Schlagzeile unter dem Foto der verschütteten Straße.

Die Presse, 11.4.2008.

Riesiger Bergsturz verschüttet Straße

SALZBURG. *Im Salzburger Pinzgau stürzten am Donnerstag knapp vor Mittag – ohne Vorwarnung – 5000 Kubikmeter Fels und Erdreich auf die Dientner Landesstraße.*

Salzkammergut

Durchaus gefährlich, weil nicht abschätzbar und technisch kaum bewältigbar, ist im Bereich des Traunsees in Oberösterreich, nahe der Stadt Gmunden, der HANG-RUTSCH vom GSCHLIEFGRABEN. Dort gab es vor allem im März 2008 für die Bewohner der Siedlung „Unterm Stein" dramatische Stunden und Tage. Mehrere Häuser mussten – offensichtlich dauerhaft – evakuiert werden. Sogar die deutsche Wochenzeitung „DIE ZEIT" hat den Geschehnissen unter dem Titel „Jeder Zentimeter schmerzt" in der Ausgabe vom 27. März 2008 im Österreich-Teil auf Seite 14 einen längeren Beitrag gewidmet.

Ebenfalls im Salzkammergut ereigneten sich zahlreiche Fels- und Bergstürze. Im instabilen Gebiet der so genannten Hallstätter Zone befinden sich auch die Salz-Berge mit den Bergwerken Hallstatt und im Gebiet des SANDLING zwischen Bad Goisern und Bad Aussee. Ohne Personenschäden ist der große Bergsturz von 1920 abgegangen. Der ZWERCHWAND-Bergsturz bei BAD GOISERN hat zuletzt in den Jahren 1974–1983, vor allem aber im September 1978 und dann im Februar und März 1981 infolge einer „BERGZERREISSUNG" etwa 130.000 Kubikmeter Tressensteinkalk mit bis zu hausgroßen Steinblöcken herabstürzen lassen.

In der mustergültig-heimatkundlichen Zeitschrift „TRAUNSEER" erschien in der Ausgabe Juli/August 2007 der Beitrag „Der Zwerchwand-Bergsturz bei Bad Goisern" von Dr. Harald Lobitzer aus Bad Ischl:

> „Der Bergsturz löste im ausgelaugten Haselgebirge sowie insbesondere in den hangabwärts anstehenden tonig-mergeligen Zlambachmergeln einen mehr als 1,5 km langen und bis zu 45 m tiefen Schlammstrom aus, der sich im März 1982 talwärts wälzte und den Goiserer Ortsteil Lasern bedrohte. Die von der Massenbewegung Stambach/Zwerchwand betroffene Fläche beträgt 31,6 ha. Die Stambachmure zerstörte etwa 6 ha Wald.
>
> Im Laufe der Stambach-Zwerchwand-Massenbewegungen wurden nach mehreren Felsstürzen etwa 8–11 Millionen Kubikmeter Gesteinsmaterial bewegt, wovon mehr als 70.000 Kubikmeter Feinmaterial vom Stambach in die Traun transportiert worden sein dürften." (Lobitzer, S. 24)

Nach wie vor sind dort sehr instabile Verhältnisse. Das gilt für die gesamte Region des Haselgebirges der Hallstätter Zone. Wie Harald Lobit-

Die Zeit, 27.3.2008.

Jeder Zentimeter schmerzt

Die Kameras sind weg, der Hang rutscht weiter. Seit drei Monaten kämpft eine oberösterreichische Gemeinde gegen einen Berg zer präzise und sachkundig berichtet, handelt es sich um eine spektakuläre Besonderheit:

> „Die Hallstätter Zone zählt weltweit zu den am kompliziertest gebauten geologischen Einheiten, wobei die ältesten Gesteine vom salzführenden Haselgebirge des Ischler Salzbergs aus der jüngeren Perm-Zeit (ca. 255 Millionen Jahre vor heute) repräsentiert werden." (Lobitzer, S. 22)

Dolomiten und Schweiz

> „KLIMAWANDEL raubt EIGER die OSTFLANKE"

war Anfang Juli 2006 in mehreren Zeitungen als Schlagzeile zu lesen.

Am Eiger sind zwei Millionen Kubikmeter Fels in Bewegung geraten. Fast stündlich donnern Felsbrocken herab und lassen von der 300 Meter tiefer liegenden Zunge des Grindelwaldgletschers riesige Staubwolken aufsteigen. Da drohte ein gewaltiger Bergsturz. Und zugleich sollte es, von nationalen und internationalen Medien aufbereitet, ein gigantisches Naturspektakel werden. Sozusagen auch als Touristenattraktion verkaufbar. Die zwei Millionen Kubikmeter Fels würden dem Volumen von 2000 Einfamilienhäusern entsprechen. Es hatte sich ein 250 m langer Spalt aufgetan, der täglich um vier Zentimeter zunahm.

Als Ursache für die neue Instabilität wurde der Klimawandel angegeben, konkreter die Folge des Rückzuges des Permafrostes.

Der große, der riesige Bergsturz ist dann nicht erfolgt. Es gab aber eine Reihe von mächtigen und gewaltigen Abstürzen. Für die Kletterer war der Berg an diesen Stellen längere Zeit versperrt.

Ähnliches konnten wir von anderen Berg- und Eisstürzen lesen; so auch vom Matterhorn, wie auch von der Bliggspitze in den Ötztaler Alpen.

Im Oktober 2007 wurde in den nationalen und internationalen Medien von einem medial sehr wirksamen FELSABBRUCH IN DEN DOLOMITEN berichtet. Unterhalb des 2698 m hohen Einserkofels in den Sextener Dolomiten brach am 12. Oktober 2007 ein zapfenförmiger, großer Felsbrocken los und stürzte in das Fischleinbodental. Das ganze Tal bis hinaus in die Touristenstation Sexten wurde in eine riesige Staubwolke

Tiroler Tageszeitung, 6.7.2006.

Am Eiger sind zwei Millionen Kubikmeter Fels in Bewegung

Klimawandel raubt Eiger die Ostflanke

gehüllt, mehr als auf zwei Kilometer Länge. Autos und Häuser wurden mit einer weißlichen Staubschicht bedeckt. Es gab keine Personenschäden. Lediglich einige Wanderwege mussten vorübergehend gesperrt werden.

Es wurde errechnet, dass der riesige Fels mit Ausmaßen von 20 Meter Höhe, 30 Meter Breite und 100 Meter Länge einem Volumen von ca. 60.000 Kubikmetern entsprach.

In den Berichten über diesen glimpflich abgelaufenen Felsabbruch wurde auch darauf hingewiesen, dass durch das Ansteigen der Nullgradgrenze immer höher hinauf in die Berge die Stabilität massiv und bedrohlich abnehmen würde.

Der Einserkofel ist übrigens einer der berühmten „Sonnenuhr-Berge“, neben dem Zehner, dem Elferkofl und dem Zwölfer. Ähnliche „Sonnenuhr-Berge“ gibt es im Toten Gebirge, als „Stundenberge“ oberhalb von Hallstatt und oberhalb des Bergdorfes Rojen, einem Seitental des obersten Vinschgau. Ich habe auf diese „Berg-Sonnenuhren“ bereits in meinem Buch „Mythos und Kult in den Alpen“ auf den Seiten 166 und 167 hingewiesen. Also wäre es durchaus möglich, einen vielleicht sogar „kultischen“ Zusammenhang herzustellen.

Im Bereich der DOLOMITEN kommt und kam es immer wieder zu Berg- und Felsstürzen.

Sie sind teilweise in die Sagen-Welt eingeflossen. Doch die Katastrophen selbst sind reale Fakten, wie beispielsweise der Felssturz im Juni 2004, als bei Cortina D'Ampezzo ein gut 50 Meter hoher Fels abbrach, einer, der zur Gruppe der „Fünf Türme“ gezählt wird.

Auf einen weiteren Bergsturz möchte ich hinweisen, der sich im September 2004 im Ortlermassiv ereignete. Es brachen vom Thurwieser rund zwei Millionen Kubikmeter Fels ins Tal.

Ein weiterer Bergsturz soll noch aus der Schweiz genannt werden. Es geschah am 30. September 1512 in BUZZA DI BIASCA im Valle di Blenio.

Die abbrechenden Gesteinsmassen stauten einen See auf. 1515 brach der Damm und verwüstete das Tal bis hinunter zum Lago Maggiore.

Der Felsabbruch am Einserkofel in den Sextener Dolomiten. Die Aufnahmenserie stammt von der Wetterkamera der Helmbahnen.

Sexten schrammte bei Felssturz nur knapp an Katastrophe vorbei

Bei einem gewaltigen Felsabbruch am Einserkofel in Sexten donnerten am Freitagvormittag rund 60.000 Kubikmeter Dolomit-Gestein in die Tiefe.

Felsabbruch in den Dolomiten

ITALIEN. *Ein Felsbrocken donnerte von einem Dolomiten-Gipfel ins Tal, das in einer Staubwolke versank. Verletzt wurde niemand.*

Die Presse, 13.10.2007 und Tiroler Tageszeitung, 13.10.2007.

Ein mächtiger Bergsturz ereignete sich in der BRENTAGRUPPE in Italien im Jahre 1882. Einer der Riesentürme des gewaltigen Crozzon brach ab, mit geschätzten 400 Metern in der Höhe und etwa 100 Metern im Durchmesser.

> „Kein Mensch hat dieses überwältigende Drama der Alpen gesehen, denn es spielte sich in einer regnerischen, nebeligen Nacht ab. Aber das markerschütternde Getöse, das Dröhnen des Bodens und das lang verhallende Donnern zwischen den Bergen schreckte die Bewohner des Dörfchens Santa Maria di Campiglio aus dem Schlaf und sie glaubten, daß der Weltuntergang gekommen sei." (Benesch, S. 190 f)

Benesch berichtet noch von weiteren Bergstürzen. Einer davon ereignete sich am SCHWARZEN MÖNCH im Berner Oberland. Es geschah am 26. Mai 1895. Da vernahmen die Bewohner von Lauterbrunnen ein rasch anwachsendes Donnern und Dröhnen. Dann sahen sie eine riesige graugelbe Wolke. Ein großer Fels war abgebrochen und ins Tal gedonnert. Auf eine Länge von 3 Kilometer war das Tal mit Steinblöcken, Steinen, Erde und Schlamm überschüttet. Auch bei diesem Ereignis gab es keine Personenschäden. Drei Stunden lang war die Luft mit Staub und Brandgeruch erfüllt, *„und dieser Staub war so fein, daß er durch geschlossene Türen und Fenster in die Wohnungen drang. Er bedeckte nachher das ganze Tal mit einer dicken Schicht."* (Benesch, S. 191)

Rundschau, 31.8.2005 und Tiroler Tageszeitung 24.8.2005.

BH Waldner will Klarheit über 500-Kubik-Koloss

Durch tragisches Unglück sind in Längenfeld-Winkle die Ängste gestiegen

(GeSch) Ein riesiger Stein tötete am letzten Dienstag in Längenfeld-Winkle einen 29-jährigen Tischler. Bei einigen Bewohnern des Ortsteils steigt nun die Angst. Nur wenige Meter von der Absturzstelle entfernt lauert nämlich der 500-Kubik-Koloss, über den die RUNDSCHAU kürzlich berichtete. Nun hat sich BH Raimund Waldner eingeschaltet. Er will Klarheit darüber, ob der Stein abstürzen kann und Menschenleben gefährdet sind.

Arbeiter in Längenfeld getötet – Einsatzkräfte und freiwillige Helfer im Dauereinsatz

Begraben von Geröllmassen

Reißende Bäche und Muren lösten im Ötztal Großalarm aus

Ein Mann in Längenfeld wurde von Steinlawine getötet – Enorme Schäden in Umhausen und Niederthai

Tirol

Vom knapp 3070 Meter hohen LUIBISKOGL im Hauerkamm der Ötztaler Alpen brach im Jahre 1999 buchstäblich der Gipfel ab.

Oberhalb des Sägewerkes der Familie Kuprian in HUBEN, Gemeinde Längenfeld, brach der Felsen ab und verwüstete die gesamte Anlage.

In prähistorischer und frühgeschichtlicher Zeit haben im Bereich der Alpen einige dramatische Berg- und Felsstürze stattgefunden:

(1) Vom Berg TSCHIRGANT bei Imst bzw. Roppen-Sautens-Haiming brachen um 1000 vor Christus, also vor ca. 3000 Jahren, gewaltige und unvorstellbare 180 bis 240 Millionen Kubikmeter ab. Das würde ungefähr bis zu 500 Millionen Tonnen entsprechen. Durch diesen Bergsturz wurde die gesamte Landschaft nachhaltig geprägt. In dieser Zeit müssen wir uns eine erste intensivere Siedlungstätigkeit vorstellen.

Aber schon einige Jahrtausende vorher, wahrscheinlich vor rund 9000 oder 10.000 Jahren waren vom TSCHIRGANT gewaltige Felsmassen abgestürzt. Wie Helmut Heuberger und andere Forscher feststellen

Felssturz auf das Sägewerk des Elmar Kuprian in Huben bei Längenfeld.

Ein weiterer Felssturz zerstört die Zimmerei Klotz in der Winkle hinter Huben im Ötztal. Dabei wird ein Arbeiter getötet, der einzige Tote bei den vielen Hochwasser- und Murschäden des Jahres 2005.

Die „weiße Wand" am Tschirgant.

konnten, stürzte der Berg auf den noch vorhandenen, aber schnell zurückweichenden ÖTZTAL-Gletscher.

Das Inntal bis weit über Imst hinauf wurde aufgestaut. Von Personenschäden ist nichts bekannt. Es muss aber angenommen werden, dass es in dieser Zeit zwischen Imst und dem heutigen Haiming sowie weit in das Ötztal hinein bereits erste Siedlungen und zumindest die zeitweise Anwesenheit von Menschen gegeben hat. Durchaus möglich, dass dabei einige hundert oder sogar tausende Menschen den Tod fanden.

Die Bergsturzmasse bedeckt – noch heute sichtbar – eine Fläche von 13 km^2 und entspricht dem Roppener sowie dem Sautener und Haiminger „Farchat", also den immer noch weitläufigen Föhrenwäldern. In diesem Bereich sind GEO-LEHRPFADE eingerichtet worden. Auf einigen Schautafeln werden die Natur-Ereignisse geschildert und erklärt. Von Prof. Mostler von der Universität Innsbruck gibt es eine dazu populär verfasste Broschüre.

Man hatte lange Zeit vermutet, der Bergsturz wäre durch einen Meteoriten-Einschlag ausgelöst worden. Eher war – wie neuerdings angenommen wird – ein Erdbeben Auslöser der Ereignisse.

Nach wie vor gilt der TSCHIRGANT vor allem mit der bis heute sichtbaren Abbruchstelle, „WEISSE WAND" genannt, als gefährliches „Monster". Kürzlich sagte mir ein bekannter Naturkundler, das Ereignis könne sich morgen oder erst in tausend Jahren wieder ereignen.

Das wurde mir auch von der Organisation ALP's in Innsbruck angedeutet; ebenso von der Stelle der Wildbach- und Lawinenverbauung in Imst.

Just an der Mündung der Ötztaler Ache in den Inn, also in der überaus sensiblen und gefährlichen Zone, plant eine Betreibergesellschaft, eifrigst unterstützt von den Anliegergemeinden Sautens, Roppen und Haiming sowie vom Ötztal-Tourismus, ein „zeitgemäß-touristisches“ Monsterunternehmen namens ADVENTURE DOME.

Vergeblich hat eine regionale Bürgerinitiative dagegen opponiert und der Tiroler Landesumweltanwalt schwerwiegende Bedenken angemeldet. Ich habe dazu im ÖTZTAL-ARCHIV eine umfangreiche Dokumentation angelegt.

Um ein Vielfaches größer und dramatischer müssen wir uns den legendären Bergsturz von KÖFELS im Ötztal vorstellen. Es handelt sich „massenmäßig“ um den größten Bergsturz in Österreich. Es ist sicherlich auch einer der größten in den gesamten Alpen; vielleicht der zweitgrößte. Ein Berg mit ungefähr 3000 m Höhe stürzte zusammen. Je nach Messdaten stürzten ungefähr zwei bis drei Milliarden, also ungefähr 2000 bis 3000 Millionen Kubikmeter ins Tal. Das entspricht einem Gewicht von bis zu 7 Milliarden, also 7000 Millionen Tonnen. Der Köfels-Bergsturz dürfte sich vor etwa 8700 Jahren, also um ca. 6700 v. Chr. ereignet haben.

Nach neuen Forschungen und Erkenntnissen waren diese gebirgigen Regionen bereits besiedelt. Im hinteren Fundustal wurde durch ur- und frühgeschichtliche Forschungen nachgewiesen, dass es dort um 7500 v. Chr., also genau in der (angenommenen) Zeit des Bergsturzes, Almnutzung gegeben hat.

Der Bergsturz ist eine Berühmtheit in der einschlägigen Wissenschaft. Im Jahre 1895 wies der aus dem Ötztal stammende Pfarrer Adolf Trientl, der auch überaus belesen und naturkundlich gebildet war, darauf hin, dass es im Bereich von Köfels Bimssteine gäbe. Der bekannte Tiroler Archäologe und Schriftsteller Adolf Pichler initiierte und trieb die weitere Forschung voran. Es wurde festgestellt, dass bei diesem Bergsturz ca.

- 2000 bis 3000 Millionen, also 2 bis 3 Milliarden Kubikmeter Gestein zu Tal gestürzt und dabei
- Geschwindigkeiten von 150 bis 200 km/h entstanden waren. Infolgedessen entstand eine so
- große Hitzeentwicklung, dass der Gneis schon nach 100 Meter Wegstrecke zu schmelzen begann. Dabei hatte sich eine Temperatur von ungefähr
- 1700 Grad entwickelt.

Der harte Gneis ist geschmolzen. Der Kalk wurde durch die Hitze in Brantkalk und Kohlendioxyd zerlegt. Es entstand also der Bims-Stein, eigentlich bekannt als „schaumig erstarrtes Gesteinsglas“ in Lava-Strömen bei Vulkanausbrüchen. Deswegen wird immer wieder und bis in die Gegenwart zäh daran festgehalten, der Bimsstein von Köfels wäre als Folge eines gewaltigen Meteoriteneinschlages oder sogar eines Vulkanausbruchs entstanden.

Noch Jahrzehnte nachher kamen und kommen Forscher und Interessierte nach Köfels, um dort nach Bimssteinen zu suchen. Inzwischen vergebens.

Durch den Bergsturz entstand zwischen Umhausen und Längenfeld eine Barriere, der „Tauferberg". Dahinter wurde die Ötztaler Ache gestaut. Der See ist erst ab ungefähr 1000 nach Chr. abgeflossen und allmählich ausgetrocknet.

Es könnte auch noch erwiesen werden, dass es sich beim Köfler Bergsturz tatsächlich um den zweitgrößten Bergsturz der Alpen handelt.

Flims

Der FLIMSER-Bergsturz in der Schweiz, der vor ungefähr 10.000 Jahren, also etwa um 8000 v. Chr. erfolgt ist, gilt bis dato als größtes Ereignis dieser Art in den Alpen; nicht aber in Europa und schon gar nicht weltweit. Es wird geschätzt, dass der Bergsturz von Köfels eine Dimension von 2,2 km^3 Bergsturzmasse hatte. Der Flimser Bergsturz hatte jedoch eine geschätzte Bergsturzmasse von 12 bis 15 km^3. Abgestürzt sind 12.000 bis 15.000 Millionen Kubikmeter. In Köfels waren es hingegen „nur" ca. 2000 Millionen, also 2 Milliarden Kubikmeter.

Mont Granier

Der Bergsturz am Mont Granier in Savoyen 1248 war eine der verheerendsten Naturkatastrophen der gesamten Alpen in geschichtlicher Zeit. Ein ausführlicher Bericht erschien in der Zeitschrift „L'ALPE" Nr. 1, „Gens de l'alpe", November 1998 (Übersetzungen aus dem Französischen: Barbara Haid).

Wertvolle Hinweise über diese Katastrophe lieferte der Franziskaner Bruder Salimbene di Parma:

> „Zwischen den Städten Grenoble und Chambéry befindet sich eine Meile von Letzterer entfernt eine Ebene namens Vallée de Savoie. Sie wird von einem sehr hohen Berg überragt, der eines Nachts herabstürzte und das gesamte Tal auffüllte. Die Zerstörungen erstreckten sich auf eine Fläche von einer Meile mal eineinhalb Meilen. Es gab hier sieben Pfarren, die alle zugedeckt wurden. Viertausend Menschen fanden den Tod. Somit erfüllte sich das, was im Buch Job 14:18 und 14:19 steht: ‚Zerfällt doch ein Berg und vergeht, und ein Fels wird von seinem Ort versetzt; Wasser wäscht Steine weg, und seine Fluten flößen die Erde weg: aber des Menschen Hoffnung ist verloren.'"

Martin d'Opawa, ein Dominikaner aus Polen, schreibt in seiner Chronik von 1272–1274:

> „Ein großer Berg wurde von anderen abgetrennt, drang mehrere Meilen durch ein Tal, erreichte schließlich andere Berge und verschüttete alle Dörfer des Tals mit Erde und Geröll."

Der 1933 Meter hohe Mont Granier bildet das nördliche Ende der östlichsten Kette des Chartreuse-Massivs und befindet sich einige Kilometer von Chambéry entfernt.

In einer Nacht Ende November 1248 (die Dokumente liefern kein exaktes Datum) ereignete sich ein gigantischer Bergsturz. Geologisch lässt sich die Katastrophe leicht erklären: Das Kalkgestein des Gipfels ist von einem Netz an Tunnels mit Wasserläufen durchzogen. Die außergewöhnlich große Wassermenge in diesem Jahr erreichte wohl die Mergelschichten am Fuße des Berges und führte damit zum Einsturz. Ein leichtes örtliches Erdbeben, wie es häufig in den Alpen vorkommt, führte möglicherweise zum Einsturz. Durch das Einsinken des Bergfußes stürzte ein Teil des Berges in einer riesigen Mure mit großem Getöse zu Tal. Das Ausmaß der Mure wird auf 500 Millionen Kubikmeter geschätzt. Die von Geröll bedeckte Fläche betrug 24 km^2. Die Zahl der Opfer variiert je nach Quelle: von 7000 bis 10.000 bei Matthieu Paris, 5000 bei Martin d'Opawa und dem Dominikaner Géraud de Frachet, 4000 bei Bruder Salimbene di Parma, 1000 (diese Zahl dürfte am realistischsten sein) in der Chronik der Dominikaner von Erfurt in Thüringen. Darüber hinaus gab es viele tote Tiere, doch laut Matthieu Paris *„kann man deren Zahl nicht schätzen"*.

Über die Ursache der Katastrophe wurde viel geschrieben, manche vermuten ein örtliches Erdbeben. Doch viele Chronisten sprechen vom „Zorn Gottes", was auch in einigen Legenden belegt ist.

Diese Katastrophe ist jedoch nicht die einzige, die sich im Mittelalter in den Alpen ereignete. Marius d'Avenches schreibt in seiner in der zweiten Hälfte des 6. Jahrhunderts verfassten Chronik über einen Bergsturz im Jahre 563, bei dem der Berg Tauredunum in der Diözese Wallis einstürzte und Dörfer in der unmittelbaren Umgebung zerstörte. Felsmassen stürzten auch in den Genfer See und eine Flutwelle zerstörte in Folge auch am See liegende Dörfer und Kirchen und tötete in Genf viele Menschen.

- 1176 wurde im Aostatal die Ortschaft Donnas durch einen Bergsturz zerstört.
- 1227 ereigneten sich starke Erdbeben in den Südalpen mit 5000 Toten.
- In der Nacht vom 14. auf den 15. September 1219 brach ein natürlicher Damm des Lac d'Oisans und das Wasser verwüstete Grenoble.
- 1284 kam es im Aostatal zu einem Hochwasser des Buthier in Verbindung mit einem Eisgang im Ruitor-Massiv.
- 1449 zerstörte ein verheerendes Hochwasser der Dora Baltea wieder Aosta und Quart.
- Chambéry wurde zweimal in Folge überschwemmt: 1348 und 1349. (vgl. L'Alpe Nr. 1 „Gens de l'alpe", November 1998)

Norwegen und Peru

Nur außeralpin in einem anderen Teil Europas ereignete sich ein noch viel größerer Bergsturz als die bisher beschriebenen. Das war vor ca. 8000 Jahren in STOREGGA in Norwegen; mit angeblich dem Zehnfachen wie in Flims und dem fast hundertfachen wie in Köfels. Die Auswirkungen waren auch in Schottland und Island bemerkbar. Durch diesen Bergsturz entstand „untermeerisch" ein gewaltiger Tsunami.

Von den Auswirkungen auf Menschen und ihre Kultur durch die prähistorischen Bergstürze von Köfels, vom Tschirgant und von Flims wissen wir wenig oder nichts. Hingegen ist bekannt, wie sich einer der weltweit größten Bergstürze ausgewirkt hat.

Am 31. Mai 1970 stürzten in Yungay/Peru infolge eines Erdbebens Stärke 7,8 Richterskala vom Huascaran etwa 60 Millionen m^3 Eis und Fels ab und töteten über 60.000 Menschen.

Weitere Nachrichten aus den Alpen

Zum Vergleich nenne ich noch ein paar als „FELSSTÜRZE" deklarierte Ereignisse in den Alpen:

- Ein mächtiger Eissturz von 500.000 km^3 stürzte vom Mattmark in Saas-Almagell im Wallis/Schweiz zu Tal. 88 Menschen starben.
- Seit 1993 brachen von der Bischofsmütze im Land Salzburg Felsen zu Tal. Ein größeres Ereignis gab es am 22. September 1993. Ein 200 m hoher Pfeiler stürzte in die Tiefe. Es gab keine Toten.
- Vom Eiblschrofen in Schwaz/Tirol brachen am 10. Juli 1999 ungefähr 150.000 m^3 Gestein in den darunterliegenden Bergwald und bedrohten einen Ortsteil. 250 Bewohner mussten evakuiert werden.
- Vom Dents du Midi im Val d'Illiez im Wallis stürzten am 30. Oktober 2006 ca. 1 Million Kubikmeter Gestein ins Tal. Es gab keine Personenschäden.

> Tsunami. Von Drachen & Flutwellen

Longarone, Goldau, Val de Bagnes, Vernagtferner, Grimming, Lauffen, Gadria-Hund etc.

Spätestens nach dem weltweit größten TSUNAMI vom 26. Dezember 2004 mit mehr als 230.000 Toten in 8 asiatischen Ländern, aber auch mit Auswirkungen in Ost- und Südafrika, ist dieser Begriff allgemein bekannt geworden.

Der Begriff TSUNAMI ist von japanischen Fischern geprägt worden. Vom Fischfang zurückgekehrt, so wird berichtet, hätten sie im Hafen alles verwüstet vorgefunden, obwohl sie auf offener See keine Wellen gesehen und gespürt haben. Riesenwellen durch einen TSUNAMI bilden sich zumeist kurz vor dem Strand. Der Begriff bedeutet im Japanischen Hafenwelle aus „tsu" = Hafen und „nami" = Welle.

Erst durch mehrere TSUNAMIS zwischen 1945 und 2004 wurde der Begriff weltweit bekannt, auch für wissenschaftliche Publikationen. Sie erreichen, wie auch das Beispiel vom Dezember 2004 zeigt, Geschwindigkeiten von bis zu 800 km/h. Vielfach, aber nicht immer, werden sie durch Erdbeben ausgelöst.

In neueren Forschungen und Überlegungen wird vermutet, dass ein gewaltiger TSUNAMI auch der Auslöser für die biblische SINTFLUT gewesen sein könnte.

Was hat das alles mit den Alpen und dem Festland zu tun? Inzwischen gilt der aus dem Japanischen entnommene Begriff auch für ERDRUTSCHE und BERGSTÜRZE, wenn sie in einen See stoßen. Solche Vorfälle hat es mehrmals gegeben; aber erst seit 2005 unter diesem Namen und Begriff.

In der Lituya Bay in Alaska entstand am 9. Juli 1958 durch einen Erdrutsch ein TSUNAMI, der auf dem gegenüberliegenden Uferhang in einen engen Fjord stürzte und der das Wasser in eine Höhe von bis zu 520 m hinaufspülte. (vgl. www.extremescience.com)

Bei einem Felsabsturz im Jahre 1936 in den Lovatn-See in Norwegen ist eine 70 Meter hohe Flutwelle entstanden. Dabei wurden auch zwei Dörfer zerstört. Durch einen weiteren Felsabsturz und einen darauf folgenden TSUNAMI gab es wiederum große Sachschäden.

Dass am 1. November 1755 die portugiesische Hauptstadt Lissabon durch ein Erdbeben zerstört wurde, ist ja allgemein bekannt. Aber erst durch einen TSUNAMI stürzten die Wassermassen über die Stadt. Ca. 60.000 Menschen wurden getötet: Die Mehrzahl durch den TSUNAMI.

Aufgrund neuer Forschungen weiß man, dass es vor etwa 8000 Jahren im Mittelmeerraum eine gewaltige TSUNAMI-Katastrophe gegeben hat. Durch einen Bergsturz vom Ätna stürzten Fels- und Steinmassen in das Meer. Es bildeten sich bis zu 50 Meter hohe Wellen. Dadurch gab es große Zerstörungen, die sogar bis nach Ägypten gereicht haben sollen. Die Flut, so wird neuerdings berechnet, habe sich mit der unvorstellbaren Geschwindigkeit von 725 km/h bewegt. Es wurden ca. 25 Kubikkilometer Gesteinsmassen ins Meer geworfen.

Es ist überliefert und inzwischen durch vergleichende Forschungen bekannt geworden, dass es auch in den ALPEN mehrfach TSUNAMIS gegeben hat.

Ich unterscheide vier größere und wichtige Gruppen von alpinen TSUNAMIS:

1. Einmal die in geschichtlicher wie vorgeschichtlicher Zeit erfolgten und nachgewiesenen TSUNAMIS, wobei mehr oder weniger große Fels- und Steinmassen, vermischt mit Geröll, Erde, Bäumen usw. – also durch Bergsturz, Felssturz oder Mure – in einen See stürzen, dort bewirken, dass die Wassermassen infolge Luftdruck oder Schubmasse den See leeren und durch die ausbrechenden Wassermassen eine Flutwelle entsteht. Diese überschüttet dann mit teilweise unvorstellbarer Gewalt und Geschwindigkeit die darunterliegenden Gegenden, Häuser, Dörfer, Menschen usw.
2. Ein zweiter Typus sind von den Gletscherbergen abbrechende Eismassen, die in einen sich darunter befindlichen See stürzen, eine Flutwelle erzeugen und dann Schaden anrichten.
3. Die dritte Gruppe umfasst die als TSUNAMI zu bezeichnenden Flutwellen, die einen See zum Ausbruch bringen; sie sind aber weder geschichtlich noch vorgeschichtlich belegt, aber in vielen SAGEN aus dem Alpenraum und aus anderen Regionen der Welt überliefert. Alle diese Vorgänge haben einen zweifellos historischen Kern. Dieser „TSUNAMI"-Typus könnte noch unterschieden werden in
   a. solche Ereignisse, die mehr oder weniger „natürlich" entstanden sein könnten oder die
   b. infolge Verwünschung, Verhexung und andere „Maßnahmen" hervorgerufen wurden.
4. Eine vierte Gruppe lässt sich aus den LINDWURM- bzw. DRACHEN-Sagen ableiten. In Seen hausen riesige Tiere, die gefüttert und gemästet werden, die in den bewohnten Gegenden Schrecken und Angst verbreiten und mitunter nur durch List überwältigt werden können. In allen Fällen kommt es zum vom Drachen verursachten gewaltsamen Durchbrechen der Dämme und zum gewaltsamen Ausbruch der Wassermassen.

In den Alpen habe ich Beispiele für alle vier Hauptgattungen gefunden. Bemerkenswert dabei sind die Methoden und Möglichkeiten, wie der Mensch diese Gefahren bewältigen, verdrängen oder verhindern will. Offenbar hat es viele solche elementare Ereignisse gegeben, die sich in der mündlichen Überlieferung für offenbar „alle Zeiten" festgenagelt haben.

Es sind „unabwendbare", also nicht durch menschliches Tun verhinderbare Ereignisse, vergleichbar zum Beispiel mit den LAWINEN. Dazu und darüber habe ich unter anderem in meinem Buch „MYTHOS LAWINE. Eine Kulturgeschichte" geschrieben.

Jetzt zu einigen mir bisher aus der Forschung und den Recherchen bekannt gewordenen Beispielen; ohne den Anspruch auf Vollständigkeit zu erheben, aber beschränkt auf den ALPENRAUM:

Obwalden

(1) Am 18. November 1601 ereignete sich im Zentrum des Kantons OBWALDEN in der Schweiz ein Erdbeben mit acht Toten. Durch das Erdbeben wurde ein Erdrutsch ausgelöst, der zu einer vermutlich 4 Meter hohen Flutwelle im Vierwaldstätter-See führte. In der Stadt Luzern sind dabei beträchtliche Schäden entstanden. Es handelt sich dabei um den wahrscheinlich größten, durch Augenzeugen gut dokumentierten TSUNAMI des Alpenraumes.

Longarone

(2) Am 9. Oktober 1963 brachen vom Monte Toc in den bellunesischen Alpen, ca. 100 km nördlich von Venedig, geschätzte 48 Millionen Kubikmeter Steine, Felsen und Geröll in den erst kurz vorher fertig gestellten Staudamm von Vajont. Alles stürzte in gewaltiger Dimension in den Stausee. Die Flutwelle schoss über den Staudamm und löschte mehrere Dörfer aus.

Dieses Ereignis ist allgemein unter dem Begriff LONGARONE bekannt und berühmt geworden. Der gleichnamige Hauptort des Tales, Longarone, wurde komplett ausgelöscht. Insgesamt starben – je nach unterschiedlichen Angaben – zwischen 1900 und 2500 Menschen. Dabei hat der Staudamm als neues Wunderwerk der Technik gegolten, hochgepriesen als die „höchste Bogenstaumauer Europas". Der Staudamm hat den Berg- und Felssturz heil überstanden und wird heute als Touristenattraktion viel besucht und bestaunt.

Goldau

(3) Am 2. September 1806 ereignete sich der GOLDAUER BERGSTURZ in der Schweiz. Geschätzte 30 Millionen Kubikmeter Fels und Geröll stürzten zu Tal und gelangten zum Teil in den Lauerzersee. Dort erfolgte eine mächtige Flutwelle, *„einem TSUNAMI gleich"*. Ich habe den Goldauer Bergsturz im Kapitel „ZU TAL STÜRZENDE BERGE" näher beschrieben.

Val de Bagnes

(4) Im Jahre 1595 und dann wieder am 16. Juni 1818 stürzten Teile des GIETROZ-Gletschers im hintersten VAL DE BAGNES im Kanton Wallis/Schweiz über eine 700 Meter hohe Felswand in die Tiefe. Unten hatte sich bereits vorher ein Eisdamm gebildet. Dahinter war ein See entstanden, der ca. 2 km lang, 200 Meter breit und ca. 60 Meter tief war. Genau beschrieben ist die Katastrophe von 1818. Ich habe dazu und darüber in meinem Buch „Mythos Gletscher", im Kapitel III „Von Gletscher-Katastrophen in den Alpen" auf den Seiten 23–27 berichtet. Der gestaute Gletschersee ist durch die niederbrechenden Eismassen ausgebrochen.

> „Am 16. Juni ereignete sich die Katastrophe. Der See brach durch. Die durch den Bruch des Eisdammes ausgelöste Flutwelle aus Wasser, mitgerissenen Bäumen und Felsbrocken fegte alles hinweg. Dabei wurden 270 Gebäude, Ställe und Wohnhäuser zerstört. Alle Brücken und Wege durch das Tal wurden weggeschwemmt und 44 Personen kamen in den Fluten um." (Haid, Mythos Gletscher, S. 25)

Es wurde geschätzt, dass etwa 18 Millionen Kubikmeter Wasser als gewaltige Flutwelle durch das Tal gestürzt sind. Innerhalb von 30 Minuten war der See trocken.

Viel schlimmer war das Ereignis von 1595. Dabei sollen bei einem ähnlichen Ereignis insgesamt 160 Tote zu beklagen gewesen sein.

Aber auch schon wesentlich früher, vermutlich um das Jahr 580 n. Chr., hat es eine solche Katastrophe gegeben, die angeblich so dramatisch war, dass im Haupttal die wichtige Bischofsstadt Martigny so zerstört wurde, dass der Bischofssitz nach Sion verlegt werden musste.

Ungefähr an der Stelle des ehemaligen Eisdammes befindet sich jetzt eine überaus mächtige und massive Betonmauer.

Ötztaler Alpen

(5) Ein dem Val de Bagnes vergleichbares Ereignis hat sich mehrmals, besonders aber in den Jahren 1600, 1678, 1845 und 1848 in den ÖTZTALER ALPEN, und dort am und durch den VERNAGTFERNER zugetragen. Aber nur das Ereignis von 1678 ist durch Sage, mündliche Überlieferung und zusätzlich durch Akten mit einem TSUNAMI in Zusammenhang zu bringen. In den oben genannten Jahren, aber auch schon in früheren Jahrhunderten, hat es sich zugetragen, dass der aus einem Seitenzufluss kommende Vernagtferner in das Haupttal, also das Rofental, vorgestoßen ist, dort mit einer Eiswand das Wasser zu einem See gestaut hat und dass es mehrmals zu einem Ausbruch des Sees, verbunden mit einer Flutwelle, kam.

Es wird berichtet, dass ein als „Hexer" verschrieener junger Mann, stammend aus dem Zillertal, namens Thamann Jöchl, den Ausbruch des Sees

„bewirkt" haben soll. Wie im Gerichtsakt von Meran aus dem Jahre 1680 nachzulesen ist, wurde ihm beim Prozess vorgeworfen, er habe das Wasser ausgehen lassen. Das habe er mit einem „Stabele", also einem Holzstab, bewirkt. Er wurde zusammen mit einigen anderen Angeklagten, die teilweise auch der „Wettermacherei" bezichtigt worden waren, verurteilt, hingerichtet und dann öffentlich und im Beisein einer großen Menschenschar am Rande der Stadt Meran verbrannt. Ich habe diese „Geschichte" in meinen Roman „SIMILAUN" eingearbeitet (vgl. Haid, Similaun, S. 132–135, S. 188–191).

Weder eine Mure, noch ein Berg- oder Felssturz, noch ein Drache hat eine dem TSUNAMI-Stoff zuordenbare Katastrophe ausgelöst, sondern ein „Hexer", ein „Zauberer", ein „Malefiz-Bua".

Mattmark

(6) Nicht einem „Hexer", sondern einer „Hexe" wird ein weiteres Ereignis zugeschrieben, das auch als „TSUNAMI" definiert werden könnte. Es ist die im Kanton Wallis sehr bekannte und in mehreren Varianten überlieferte Sage von der MATTMARK-HEXE. Wie dazu unter anderem Reinhard Walter in seiner Sammlung „Walliser Sagen" auf Seite 206 beschreibt, soll sich Folgendes zugetragen haben:

> „Früher brach der Mattmark-See von Zeit zu Zeit aus und richtete im ganzen Tale großen Schaden an. Das letzte Mal wurden allein in Zen Meiggern sieben Scheunen voll Heu vom Wasser weggeführt.
>
> Es stand eine Hexe im Verdacht, den See ausgelassen zu haben. Einige starke Männer gingen in ihr Haus, um sie zur Rede zu stellen. Man überraschte sie beim Rosenkranzgebet. Jedes Mal, wenn sie ein Körnlein durch die Finger gleiten ließ, sagte sie: ‚Tschapla, schy leentmi scho lo gah'. Die Männer packten sie jetzt: ‚Du bist eine heitere Beterin, diesmal mußt du mitkommen'.
>
> Vor Gericht gestand sie: ‚Ich habe den Mattmarksee ausgelassen und im Lötschental den größten Schaden angefacht: die große Tämbachlawine gebrochen! Es war zwar schön, darauf bergab zu fahren, aber am schönsten war es, auf einem Besenstiel mit dem Wasser vom Mattmarksee bis in den Genfersee zu reiten.'
>
> Auf dem Wege zum Richtplatz in Visp mußte man sie rücklings aufs Pferd setzen. Sonst hätte man sie bei Eisten nicht durchs Tal gebracht, und sie hätte die Gegend verhext." (Walter, S. 206)

Grimming und Lauffen

(7) In einer steirischen Sage, DER LINDWURM VOM GRIMMINGBODEN, wird vom Ausbruch des Sees und einer darauf folgenden, aber kleinen Flutwelle berichtet.

Mir liegt die Sage in verschiedenen Varianten vor; auch mit dem Titel „Die Lindwurm-Sage" im Buch „Sagen aus dem Salzkammergut" von

Der Grimming.

Jolanthe Hasslwander. Hier die Wiedergabe aus dem Buch „Was die Heimat erzählt. Das Ausseerland und das Ennstal von Mandling bis Liezen", herausgegeben von Franz Brauner:

> „Der Lindwurm vom Grimmingboden
>
> Einst war im hintersten Grimmingboden, wo der Grimmingboden aus dem Herrenloch entspringt, aus ausgedehnter See, in dem ein gewaltiger Lindwurm hauste, der die ganze Umgebung in Angst und Schrecken versetzte.
>
> Eines Tages entstand ein furchtbares Unwetter mit anhaltendem Wolkenbruch, so daß sich in kurzer Zeit das Seebecken mit riesigen Wassermassen füllte, die alles weithin überschwemmten. Schließlich durchbrachen die angesammelten Fluten mit furchtbarer Gewalt die wilde Felsenklamm der ‚Schlursen' und rissen den Lindwurm mit. Tosend und schäumend wirbelte das Wasser zu Tal, entwurzelte Bäume, lockerte Felsen und schleuderte den hilflosen Lindwurm von einer Felsenwand zur anderen. Als die tobenden Wassermassen das Ennstal erreichten und nun ruhiger dahinflossen, blieb der tote Lindwurm bei Untergrimming liegen. Das Fleisch des Ungeheuers verweste ziemlich rasch, verpestete aber weithin die Luft. Die Knochen aber waren so fest, daß das riesige Skelett des Tieres noch viele Jahre lang erhalten blieb." (Brauner, S. 49)

Konkreter auf den Sagenstoff im Zusammenhang mit dem TSUNAMI nimmt die „Lindwurm-Sage" in der Nach-Schöpfung durch die Schriftstellerin Jolanthe Hasslwander Bezug. In der 5. Auflage vom Jahre 2002 erzählt sie:

> „In dem so schön gelegenen Hochtal Hinterberg soll sich dereinst zu Füßen des Grimmingriesen ein stiller See ausgebreitet haben. Vereinzelte sumpfige Wiesen und da und dort moorige Strecken zwischen Mitterndorf und Tauplitz gelten noch heutzutage als Beweis für den früheren Bestand eines ausgedehnten Sees.
>
> Damals, in jenen fernen Jahrhunderten, hauste hoch oben über dem Kulm in einer niedrigen Waldhütte eine verwitterte Hexe, die von den meisten Menschen gemieden wurde. So lebte sie nur in Gesellschaft ihrer gescheckten Katze und eines kohlschwarzen Hahnes zurückgezogen von der übrigen Welt. Selten bekam einer die Alte zu sehen! Bloß ab und zu stieß ein Jäger auf sie, wenn die eben Beeren und Schwämme suchte oder Kräuter für ihre Zaubertränke sammelte; denn dafür fanden sich in verschwiegener Nachtstunde immer mehr Käufer bei ihr ein.
>
> Eines Tages trug es sich nun zu, daß der schwarze Hahn ein arges Geschrei und Geflatter begann und vor den Augen der Hexe, die eiligst herbeigehumpelt war, ein großmächtiges Ei legte.
>
> Als die Alte das sah, lachte sie schadenfroh vor sich hin, nahm das Ei sorgsam in ihre Hütte mit und betreute es beim Herdfeuer wie einen kostbaren Schatz sieben Wochen lang. Nach dieser Zeit trug sie es im frühen Morgendämmern an einem Freitag vor ihre Hüttentür und wartete mit funkelnden Augen das Weitere ab. Und denk dir nur: Als die ersten Sonnenstrahlen auf das Ei fielen, erglühte es in rosenfarbigem Schein; dann krachte und splitterte es auseinander – und heraus kroch ein kleiner Lindwurm! Der dehnte und reckte seine Glieder, schaute ein wenig um sich und wälzte sich dann langsam und träge zum See hinunter.
>
> Die Hexe blickte ihm nach, solange sie ihn sehen konnte, und rieb sich mit hässlichem Grinsen zufrieden die Hände. Jetzt würden es die Menschen in weitem Umkreis zu büßen haben, dass gar viele von ihnen ihr nachgeschimpft und Steine auf sie geworfen hatten! Zur rechten Zeit, fand sie, wurde das Hahnenei gelegt; der Lindwurm würde sie nun rächen – und das war nur gut so!
>
> Und richtig: der kleine Lindwurm begann sogleich sein unheilvolles Werk, indem er alles verschlang, was er im See aufstöbern konnte. Sämtliche Tiere und Wasserpflanzen fielen seinem Heißhunger zum Opfer; und als er jegliches Leben im See ausgetilgt hatte, fraß er sogar den Schlamm, um sich zu mästen. In kurzer Zeit war er zu einer erstaunlichen Größe herangewachsen und bildete den Schrecken der ganzen Gegend.
>
> Schließlich fand das Untier im See nichts mehr, was ihm hätte zur Nahrung dienen können; so wühlte er sich voll Gier durch den Damm, der die umliegenden Siedlungen vor den Wassern des Sees beschützte. Da stürzte der Damm ein, die hoch gehenden Fluten suchten sich mit Getöse einen neuen Weg und rissen Wald, Wiesen

und Gehöfte mit sich. Aber auch der gefräßige Lindwurm wurde von dem mächtigen Wasserschwall erfaßt und ins Ennstal geschwemmt, wo er endlich elend ums Leben kam. Als der Schuppenpanzer und das Fleisch von ihm abgefallen waren, da hatte sein nacktes Knochengerüst allein noch eine Größe, daß darunter zwölf Rinder bequem Platz fanden." (Hasslwander, S. 27 f)

Eine dritte Variante entnehme ich einer Sammlung des Volkskundlers Karl Haiding, die er im Buch „Der Grimming in der Volkserzählung" veröffentlicht hat. Haiding bringt die Sage vom LINDWURM in Verbindung mit der Talenge „Durch den Stein":

> „Früher soll es hier keinen Einschnitt im Fels gegeben haben, denn dieser reichte vom Grimming hinüber zum westlich anschließenden Gebirgsstocke. Ein Lindwurm hatte sich allmählich durchgenagt und damit auch dem Fluß den Weg gebahnt. Manche behaupten, daß man heute noch im Pass Stein an den Felsen die Spuren der Zähne sehen könne. Die meisten Lindwurmsagen beziehen sich jedoch auf das Gebiet östlich vom Grimming. Auf den hinteren Grimmingböden, in jener Gegend, wo der Grimmingbach seinen Lauf beginnt, lag einst ein See, in dem ein Lindwurm hauste. Bei einem Wolkenbruche brach der See aus den Ufern, die Wassermassen durchbrachen die Felsenklamm und rissen den Lindwurm mit, der in Unterburg zwischen Grimming und Pürgg verendete. Noch lange waren seine Rippen in der Größe eines Torbogens zu sehen.
>
> Genauer ist die Größe des Lindwurms angegeben, der aus einem See in der Klachau stammte. Der Lindwurm durchbrach den Felsdamm zwischen Grimming und Pürgg, so daß sich die Flut bis ins Ennstal ergoß, wo das Tier umkam. Unter dem Gerippe konnten zwölf Kühe Unterstand finden.
>
> Noch in der Gegenwart weiß man von dem Lindwurm, der sich zwischen Grimming und Burgstall durchfraß. Nach einem anderen Bericht war einst der Felsen zwischen der Klachau und Unterburg so hoch, daß sich dahinter ein See bildete. Der Lindwurm zerschlug den Felsen, brach aus und verursachte bei der Ortschaft Untergrimming eine Überschwemmung. Mit einem Ochsenfuhrwerk führte man Kalk herbei, als der Lindwurm die Ladung fraß, kam er um. Noch lange lagen die Knochen herum.
>
> Auch die Sage von der drohenden Gefahr, die im Berge lauert, gibt es für den Grimming. Dieser soll voll Wasser sein, in dem ein Lindwurm haust. Bricht das Untier aus dem Grimming hervor, so wird das ganze Ennstal überschwemmt und zu einem See." (Haiding, S. 19)

Ich kann mich gut daran erinnern: Knapp nach Ende meines Volkskundestudiums ab 1972 habe ich mehrere Monate lang ein Praktikum im Landschaftsmuseum Schloss Trautenfeld gemacht. Karl Haiding war der Direktor des Museums. Meine Arbeit bestand unter anderem darin, für den Chef seine Tonaufnahmen der von ihm rund um den Grimming gesammelten Sagen zu transkribieren. Das habe ich mit größtem Interesse getan. So sind mir diese und andere Sagen aus dieser spannungsreichen und sehr sagenreichen Landschaft rund um den mächtigen Koloss des Grimming in guter Erinnerung.

(8) Die LAUFFENER LINDWURMSAGE kann mit einem TSUNAMI in Verbindung gebracht werden. Sepp Attenbichler hat in der Sammlung „Sagen aus dem Salzkammergut" auch diese Sage veröffentlicht. Der altbekannte Wallfahrtsort zwischen Bad Ischl und Goisern besitzt als besonderes Charakteristikum die Stromschnelle des Flusses Traun. Dort stürzt am „Wilden Lauffen" die Traun über einen Felsabsturz. Der Autor Attenbichler hat aus der Sage eine interessante Liebes-Geschichte gestaltet:

> „Die Menschen in der Gegend von Lauffen wurden einst von einem bösen Lindwurm mit gespaltener Zunge und messerscharfen Zähnen beherrscht. Zum Schutz wurde an der Engstelle der Traun eine Kirche errichtet und das Ungeheuer in das Höllenloch abgedrängt. Dort schlief er mitunter wochenlang. Erwachte es jedoch, war die Gefährlichkeit des Lindwurms sehr bedrohlich. Er suchte nämlich in seinem Heißhunger mit feurigem Atem seine Opfer und verschlang sie. Viele Leute wallfahrteten bis zum Höllenloch, brachten Weihegaben und Futter vor die Höhle, damit er nicht gezwungen war, sie zu verlassen und neuerlich Unheil anzurichten. Schließlich kamen die Lauffener zur Überzeugung, daß der Lindwurm endgültig vernichtet werden müsse. Unter Vorsitz des Schulzen forschten die Bürger, wie es gelingen könne, ihn zu töten. Sie beschlossen, einen Ochsen hungern zu lassen, bis er abgemagert sei, ihm um die Hörner einen Sack mit Lindwumfutter und einen zweiten mit ungelöschtem Kalk um den Leib zu binden. Da aber vor Angst niemand freiwillig wagte, den Ochsen zur Höhle des Lindwurms zu treiben, wurde das Los geworfen, und dieses traf ausgerechnet den Schulzen selbst. Seine Frau und die älteren Kinder hielten den Gatten und Vater fest und ließen ihn nicht ziehen. Zuletzt verließ den Schulzen selbst der Mut, so daß er zum Gespött der Leute wurde und die Ausführung verschoben werden mußte. Die jüngste Tochter Maria hatte sich in Horst, den Sohn einer ledigen Magd verliebt. Der Jüngling war stark und zeigte gute Sitten, doch er wurde wegen seiner geringen Herkunft vom Schulzen des Hauses verwiesen. So zog er durch die Wälder, stieg auf die Berge und schlich an Flüssen entlang, bis er sich mit seiner geliebten Maria an einem geheimen Platz traf. Als er von der noch nicht durchgeführten Lindwurm-Tötung hörte, zeigte er sich sogleich bereit, selbst den Ochsen dem Lindwurm entgegen zu treiben. Zwar erschrak Maria heftig, doch sie versuchte nicht, ihren heldenmütigen Horst abzuhalten. Also besorgte er sich ein langes Seil, band das eine Ende an einen Baum und wand das andere um seinen Leib. Hierauf trieb er den Ochsen mit einem Stock bis zum Höhleneingang, während die Leute zurückblieben und ihm mit banger Sorge nachblickten. Unvermittelt schnellte der Lindwurm in seiner gewaltigen Länge mit markerschütterndem

Die früher von den Schiffern gefürchtete Stromschnelle (Katarakt) am „Wilden Lauffen" im Salzkammergut.

Gebrüll aus dem Loch und riß den Ochsen mit seinen dolchartigen Krallen nieder. Horst war nun zwischen Höhlentor und Lindwurm eingezwängt. Er stieß mit voller Kraft mit seinem Stock, der mit einer scharfen Eisenspitze versehen war, gegen den Panzer, doch der prellte ab. So zwängte er sich am Seil beim Leib des Lindwurms vorbei, wurde aber vom giftigen Atem getroffen, so daß er ohnmächtig wurde. Beherzte Leute näherten sich und zogen Horst am Seil an sicheren Ort. Er erwachte alsbald, hatte keinen größeren Schaden erlitten und wurde von seiner Maria umarmt.

Der Lindwurm hatte nun den Ochsenleib in die enge Höhle hineingezogen und dort in Stücke gerissen und war dabei, diese zu verschlingen. Krachen und Knacken der Knochen waren zu hören und dann ein Gebrüll, daß der Fels wackelte. Später vernahm man gieriges Schlürfen von Wasser, der ungelöschte Kalk hatte offensichtlich seine Wirkung getan. Noch schlug das Untier mit dem Schwanz und wand sich in Schmerzen, doch allmählich wurde es ruhiger. Nach dem heftigen Getöse, das bis zum Einbruch der Dunkelheit anhielt, waren nur noch gurgelnde Laute zu vernehmen, die sich mit den Stimmen der Nacht vereinten. Bereits am nächsten Morgen floß aus dem Höhlenloch ein übel riechendes Rinnsal vom toten Leib des Lindwurms in Richtung Lauffen und brachte eine tödliche Krankheit." (Attenbichler, S. 95 f)

In der Haiding-Variante vom Grimming-Lindwurm kommt zum zweiten Mal die Erwähnung vor, dass das Untier mit ungelöschtem Kalk gefüttert worden war. Dieses Motiv finden wir in vielen Sagen, immer wieder. In der Lauffener Lindwurm-Sage fehlt der konsequente Schluss. Das Untier müsste, schrecklich wild geworden vom vorher ungelöschten Kalk, ganz schrecklich gewütet und um sich geschlagen haben, sodass es den Damm des aufgestauten Flusses durchschlug und sich die Wassermassen durchs Tal hinaus ergossen; als Flutwelle. Ich habe viele Lindwurm-Sagen erforscht und habe entsprechend viele Varianten gefunden. Aber immer wieder wird vom Lindwurm im Wasser oder im See berichtet und immer wieder auch vom Bändigen und vom Töten. Im Fall des Lindwurms von Lauffen ereignet sich keine Wasser-Katastrophe, sondern es kommt die Pest. Die Sage berichtet weiter, Horst wäre zuerst von Übelkeit befallen worden, dann wurden seine Hände schwarz und *„am ganzen Körper wölbten sich schwarze Beulen. Nach großer Qual starb er an der Pest"*. (Attenbichler, S. 96) Sodann wütete beinahe flächendeckend die schreckliche Pest, auch in Bad Ischl und Goisern. Hunderte Menschen starben. Ganze Gehöfte wurden menschenleer. *„Die neun Überlebenden aus Ischl beschlossen verzweifelt, in einer Bittwallfahrt zur Gottesmutter in der Lauffener Kirche zu ziehen. In Laufen trafen sie noch sieben lebende Menschen …"* (Attenbichler, S. 97)

Ähnliches berichtet die Sage in der Variante, die im „Heimatbuch des Marktes Lauffen", verfasst von Friedrich Kienast, auf Seite 92 dargestellt wird. Wir können ohne viel Phantasie auch die Seuche der Pest zu den „Naturkatastrophen" rechnen.

Wie das mit dem ungelöschten Kalk war oder gewesen sein könnte, das berichtet eine Sage aus Südtirol.

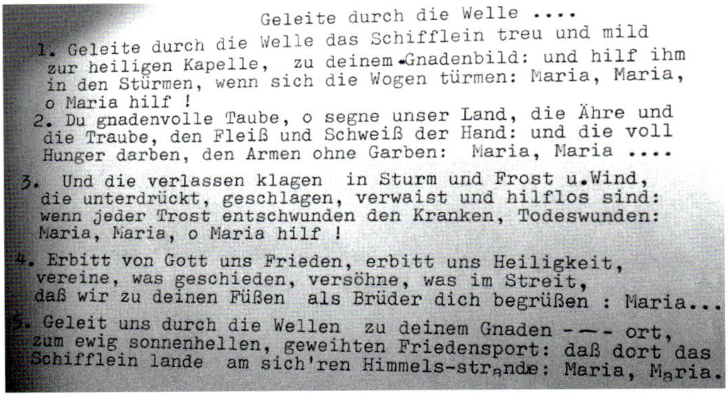

Geleite durch die Welle ....

1. Geleite durch die Welle das Schifflein treu und mild zur heiligen Kapelle, zu deinem Gnadenbild: und hilf ihm in den Stürmen, wenn sich die Wogen türmen: Maria, Maria, o Maria hilf !
2. Du gnadenvolle Taube, o segne unser Land, die Ähre und die Traube, den Fleiß und Schweiß der Hand: und die voll Hunger darben, den Armen ohne Garben: Maria, Maria ....
3. Und die verlassen klagen in Sturm und Frost u.Wind, die unterdrückt, geschlagen, verwaist und hilflos sind: wenn jeder Trost entschwunden den Kranken, Todeswunden: Maria, Maria, o Maria hilf !
4. Erbitt von Gott uns Frieden, erbitt uns Heiligkeit, vereine, was geschieden, versöhne, was im Streit, daß wir zu deinen Füßen als Brüder dich begrüßen : Maria...
5. Geleit uns durch die Wellen zu deinem Gnaden -—- ort, zum ewig sonnenhellen, geweihten Friedensport: daß dort das Schifflein lande am sich'ren Himmels-strande: Maria, Maria.

In der Wallfahrtskirche Lauffen.

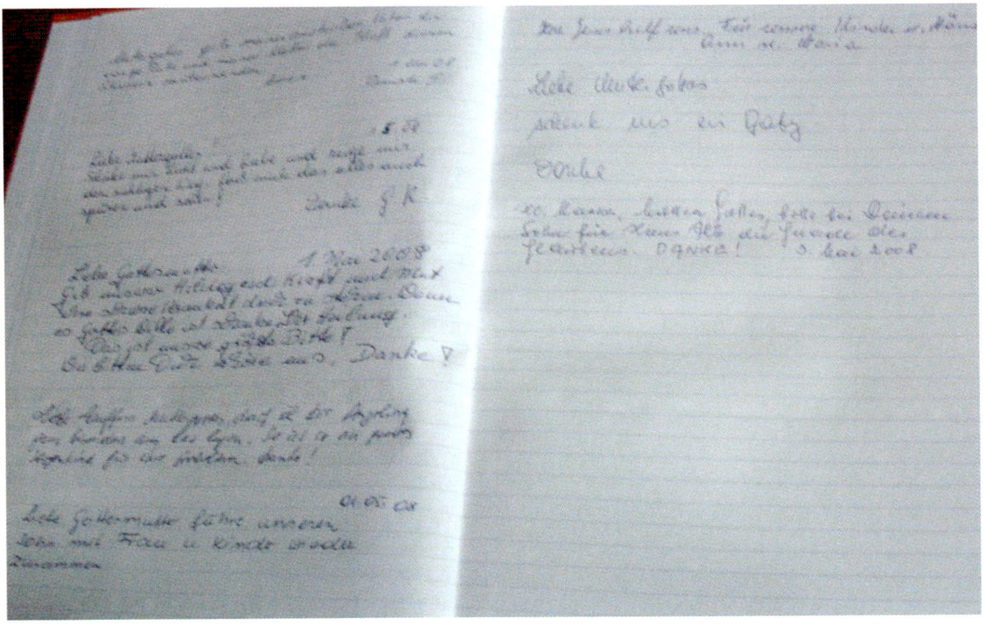

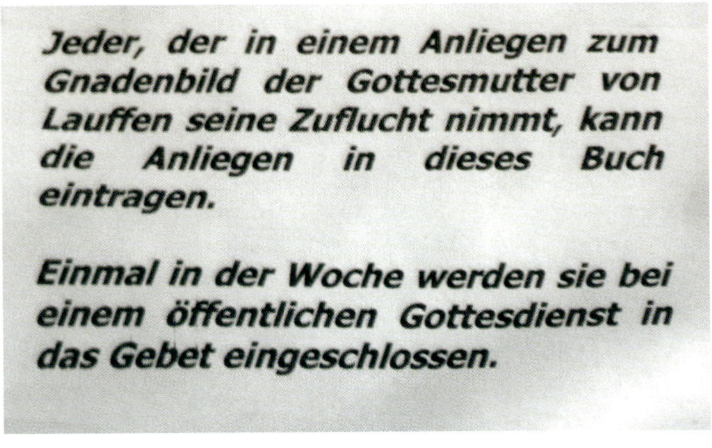

Gadria-Hund

(9) Es ist die Sage vom GADRIA-Hund. Vor mir liegen zwei Fassungen der Sage, einmal nacherzählt von Robert Winkler aus dem Vinschgau und das zweite Mal in den „Südtiroler Sagen", nacherzählt und ausgewählt von Bruno Mahlknecht. Die fünfte, neu bearbeitete Auflage ist 2004 bei der Athesia in Bozen erschienen. Hier übernehme ich die vollständige Fassung in der Nacherzählung des Sagenforschers und Sagensammlers Johann Adolf HEYL. Ich habe aber die Sage vom „Gadria-Hund" in die Sammlung „Sagen und Geschichten aus den Ötztaler Alpen" hineingenommen. Diese Sagensammlung habe ich als Band 1 der Schriftenreihe des ÖTZTAL-Archiv in der Edition Löwenzahn herausgeben können.

Es ist eine eindrucksvolle und lange Geschichte daraus geworden:

„Der Gadriahund

In alten Zeiten war zwischen Laas und Schlanders noch keine Bergmuhr abgegangen, und man sah noch prächtig von einem Dorfe zum andern. Auch das Gadriathal war noch nicht, sondern an dessen Stelle oben im Gebirge ein wunderschöner See, so reich an köstlichen Forellen und andern schmackhaften Fischen wie kein anderer See im Lande. Das Wasser war aber auch klar wie Kristall, und um den See herum breiteten sich fruchtbare Almweiden aus, auf denen zahlreiche Viehherden weideten. Aber der See barg in seinen Tiefen den Keim des Verderbens.

Als so eine Zeitlang hingegangen war, saßen die Hirtenbuben einmal am See, warfen Steine ins Wasser und freuten sich, wie sie Ringlein schlugen, eins schöner als das andere.

Da auf einmal tauchte ein gar possierliches Thierlein aus dem See, wie sie noch kein so seltsames gesehen hatten, kroch nicht weit von ihnen ans Land und purzelte drollig umher. Die Büblein hatten ihre Kurzweil mit dem Ding, schauten ihm zu und wollten es zuletzt näher betrachten. Bevor sie jedoch in seine Nähe kamen, lief das Thierlein wieder dem Wasser zu und tauchte unter. Am nächsten Tage sahen sie es wieder und so öfters, aber es wurde immer größer, und sie erzählten unten im Thale, was sie oben gesehen hatten. Doch die Leute lachten über ihre Rede und hießen sie dumme Buben.

Einige Zeit darauf wollte der Fischer ein gutes Schock Fische angeln und zu Quatember auf den Markt bringen, denn er hatte lang keinen ordentlichen Fang mehr gemacht. Als er nahe beim See war, sah er, daß ein großes Thier hervorkroch und auf ihn zutrabte. Erschrocken warf er Stange und Butte weg und lief, was er nur konnte, zum Dorfe hinab. Und er brachte großen Lärm ins Land von einem gewaltigen Ungethüm, das oben auf dem Berge hause und gewiß das Almvieh fressen werde, wenn sie nicht dazuthäten. Die stärksten Männer zogen darauf wider das Unthier aus und stiegen auf den Berg, bis sie an den See gelangten. Da erblickten sie einen Drachen von ungeheurer Größe, der auf sie losstürzen wollte und wüthend durch die Luft schnob. Die Leute flohen entsetzt durch den nahen Wald davon, und es gelang ihnen noch, dem Würger zu entrinnen. Jetzt giengen den Leuten die Augen auf; sie hatten es sich nicht erklären können, weshalb der Fischer seit einiger Zeit wenig oder gar keine Fische mehr aus dem See hervorangelte und das Almvieh nicht mehr zu diesem Wasser zu bringen war. Da war große Noth im Lande, und sie wussten keinen Rath, sollten sie mit Sack und Pack schleunigst aus der Gegend fortziehen oder dem Ungethüm ihre schönen Herden zum Fraße überlassen. Da sagte der Klügste unter ihnen: ‚Geht nicht der Gemeindehirt mit seinem Löffel heute da, morgen beim Nachbar zur Kost und macht im ganzen Dorf seine Runde, und wenn das Jahr um ist, hat er doch bei keinem ein großes Loch in den Schüttkasten gezehrt? Wir wollen's mit dem Drachen auch so halten.' Die Bauern lobten ihn seines klugen Rathes wegen und machten unter sich aus, daß sie alle die Reihe herum den Drachen verköstigen sollten, jeder eine Woche. Dabei blieb es auch, und das Unthier erhielt jegliche Woche ein Paar wohlgemästeter Hammel, womit es sich auch zufrieden gab.

Es war aber ein armes Bäuerlein im Dorfe, das auch mitzinsen mußte, wie die anderen, und schwer an seinen Sorgen trug. Und als das Jahr herum war, kam die Reihe wieder an ihn, und er hatte doch nicht mehr als zwei Schafe im Stall. ‚Das Teufelskunter', sagte er im Ärger, als er die Thiere herausnahm, um sie dem Drachen zu geben, ‚das Teufelskunter frisst mir das letzte bisschen Armut aus dem Stall. Aber wart', ich werde dir den Braten salzen, daß du vor Durst den See aussaufen sollst.' Und er schlachtete die Schafe, nahm die Eingeweide heraus und schoppte in die Höhlung soviel ungelöschten Kalk, als nur hineinging. Darauf nähte er das Loch wieder zu und strich das Fell schön glatt, so daß jedermann über die wohlgemästeten Thiere sein Verwundern haben mußte. Er ließ auch den Drachen, damit er seine Schafe mit umso größerer Gier verschlinge, ein paar Tage länger warten, als gewöhnlich. Hierauf warf er sie ihm zum Fraße vor. Die Wirkung blieb auch nicht lange aus; der Kalk verursachte bald im Leibe des Unthiers einen wahren Höllenbrand, so daß es grimmig schnob und rasend um sich schlug. Davon entstand ein so furchtbares Getöse, daß man es weit thalauf und thalab hören konnte. Weil es an einem schönen Sommertag war, befanden sich viele Bauersleute theils auf der Alm zur Heumahd, theils in den benachbarten Wäldern der Holzung wegen. Alle liefen sie erschreckt zusammen und gegen den See, woher das Tosen kam. Wie versteinert vor Entsetzen standen sie am Ufer; der Himmel war blau, keine Luft regte sich, und trotzdem sang der See ein schaurig Sturmlied. Welle auf Welle schoß heran, und in der Mitte drehten sich die Wasser in rasenden Wirbel. Die Wogen wühlten an den Ufern und schlugen dann und wann in wüthendem Anprall ins Land herein, den schneeweißen Gischt hoch emporspritzend. Es war, als wollte das rebellische Element alle Fesseln sprengen. Die Bauern vermochten sich dieses Toben nicht zu erklären, als auf einmal der Drache aus des Wassers Grund emportauchte und sich unter wuchtigen Schlägen mit dem Schwanze mehrmals im Kreise herumdrehte, daß die Uferdämme erzitterten. Dann fuhr das Ungeheuer brüllend vor Qual in die Höhe, stemmte sich, mit Todeswuth zu neuem Streiche ausholend, gegen den felsigen Damm und stierte mit weitklaffendem Rachen auf die Bauern am Ufer, die voll Entsetzen davonstoben. Der furchtbaren Wucht vermochte aber der Damm nicht mehr zu widerstehen; er bebt, wankt, und mit donnerndem Schwalle brechen die Wogen, alles verheerend, samt dem Drachen zur Tiefe hernieder, Dörfer, Weiler und Höfe bis herab zur Töll im Schutte begrabend. Das Ungethüm selber ward vom unwiderstehlichen Anprall in die Felskluft an der Töll eingezwängt, die Wasser hinter sich stauend, und mußte unter schauerlichem Röcheln nach gräßlichen Zuckungen da verenden. Erst geraume Zeit darnach drängte die Gewalt des Wassers die Leiche des Drachen aus der von Blut und Gift verpesteten Kluft hervor und trieb das Unthier die Etsch hinab ins Meer.

Der Bauer, der den Drachen getödtet, aber auch so großes Unheil über Land und Leute gebracht hatte, konnte nach seinem Tode keine Ruhe finden und muß als Gadriahund dafür büßen.

In herrlichen Sommertagen, wenn die Bauern von Laas und Umgebung daran gehen, ihre Ernte heimzubringen, zieht manchmal ein unscheinbares Wölklein über das Gadriathal herüber, und ehe man es ahnen möchte, kommt schon der Hagelschauer herniedergeprasselt. Alsbald läßt sich unheimliches Rauschen und Rollen oben in den Bergen vernehmen, mächtige Felsblöcke und riesige Erdschollen lösen sich ab und stürzen, entwurzelte Bäume mit fortreißend, in das Thal hinab. Jetzt ist der Gadriahund los. Das Thal ist mit Geschiebe vollgefüllt, und der schwarze Hund setzt sich auf den Kopf des vordersten Murschubes und leitet die verderbenbringende Schuttmasse ganz nach seinem Belieben ins Etschthal hinaus. Geräth die Muhr aber ins Stocken, so kehrt der Hund bellend und heulend in sein Revier zurück, denn aus eigener Kraft vorwärts bringen kann er sie nicht.

Auch die Holzarbeiter im Walde fürchten sich vor dem Gadriahund. Es ist ein alter Brauch, daß die Holzhauer in die gefällten Baumstämme drei Kreuze einhauen; thun sie es nicht, dann wehe ihnen. Der schwarze Hund ist sogleich zur Stelle, setzt sich unter fürchterlichen Drohungen auf den Stamm und schaut die Arbeiter mit seinen feurigen Augen so gräulich an, daß ihnen das Herz im Leibe erstarrt. Dabei sperrt er seinen gierigen Rachen weit auf, als wollte er sie mit Haut und Haar verschlingen. Gar mancher von den Graubärten der dortigen Gegend lässt sich's auch heute nicht nehmen, selbst den Gadriahund wiederholt gesehen zu haben." (Sagen und Geschichten aus den Ötztaler Alpen, S. 196–200)

Plawenner Drache

(10) Eine Variante zum „Gadria-Hund" ist der PLAWENNER DRACHE aus der Nachbarschaft, nämlich aus dem kleinen Seitental des Oberen Vinschgau mit dem Örtchen Plawenn, hier in der Fassung von Bruno Mahlknecht. Es ist kein direkter Bezug zum TSUNAMI gegeben, wohl aber ein interessanter Bezug zur Tötung des Drachen mit ungelöschtem Kalk und zum gewaltsamen Verschwinden bzw. Ausbrechen eines Sees mitsamt den Folgen:

> „Im Plawenner Berg war einst ein See. Darin hauste ein fürchterlicher Drache, dem man jährlich eine bestimmte Menge Vieh zum Fraß geben mußte, damit er nicht wild werde und die ganze Gegend verheere.
>
> Da kam ein Bauer, der einen Ochsen für dieses Untier hergeben sollte, auf einen guten Gedanken. Er schlachtete den Ochsen, nahm die Eingeweide und Innereien heraus, füllte die leere Bauchhöhle mit ungelöschtem Kalk, nähte wieder alles zu und brachte das Tier zum See, wo er es auf dem Ufer so aufstützte, daß man glauben konnte, es handle sich um einen lebenden Ochsen, der da stehe. Und es dauerte nicht lange, da schoss der Drache schnaubend auf den Ochsen los und verschlang ihn mit Haut und Haar.
>
> Als das Untier dann Durst bekam und Unmengen Wasser soff, da kam dieses mit dem ungelöschten Kalk im Bauch des vermeintlichen Ochsen zusammen. Der Kalk begann zu glühen und verbrannte schließlich den Drachen von innen heraus. So war das Oberland von diesem schrecklichen Ungeheuer befreit." (Mahlknecht, S. 32)

Putterer-See

(11) Weitere Sagen im Zusammenhang mit dem mehr oder weniger geheimnisvollen Verschwinden und Entstehen von Seen sowie der Anwesenheit von Drachen oder von drachenähnlichen Ungeheuern können in vielen Regionen und Ländern gefunden werden.

Ein geheimnisvoller See ist der PUTTERER-See bei Aigen im Ennstal/Steiermark. Der angeblich dort lebende Drache wird in lokalen Aktionen zum „Loch Ness", so auch im Rahmen eines Konzerts am 30. Juni 2007.

Das Gebiet des Sees – früher auch Tangelsee genannt – war vorher eine blühende Alm. Einer dort tätigen Sennerin wurden außergewöhnliche Kenntnisse und Fertigkeiten zugeschrieben. Die Kühe gaben die weitaus beste Milch, die Buttererträge waren außergewöhnlich. Bald wurde sie als Hexe verschrien. Es kam ein Unwetter. Die anderen Sennerinnen zündeten die Wetterkerze an. Die „Rote", also die rothaarige „andere" Sennerin, ließ sich nicht erschrecken. Unvermittelt hatte sich ein großer See gebildet. Die vermeintliche „Hexe" wurde in Irdning vor Gericht gestellt, verurteilt und auf dem Scheiterhaufen verbrannt. Statt des Drachen hatte durch

Sündhaftigkeit die vermeintliche Hexe die Entstehung des Sees bewirkt. Aber es wird kein Aus- oder Durchbruch des Sees überliefert. Auch keine Flutwelle mit großen Schäden. (vergleiche die Regionalzeitung des Ennstales, „DIE WOCHE" vom 28. Juni 2007)

Brennsee und Afritzer See

(12) Zwei andeutungsweise in meine „TSUNAMI"-Geschichten hineinpassende Sagen habe ich in Kärnten gefunden. Der BRENNSEE und der AFRITZER SEE waren früher ein großer zusammenhängender See. Dort wohnte eine Nixe. Oben am Mirnock hauste ein Drache. Der war in die schöne Wasserfrau verliebt, die den Drachen aber immer wieder abwies. Der Drache wurde zornig, besonders als er sah, dass seine Nixe sich mit einem Fischer im Schilf vergnügte:

> „Da schlug er so heftig gegen die Felsen, daß große Brocken davon absprangen und in den See fielen. Die Nixe und der Fischer wurden darunter begraben. Auch der Drache wurde nach dieser Katastrophe nie wieder gesehen.
>
> Der Schilf- und Wiesengürtel zwischen Brennsee und Afritzer See galt lange Zeit als unheimlicher Ort."

Der bekannte Kärntner Sagenforscher Georg Graber hat diese Sage in seinem Buch „Sagen aus Kärnten", Seite 6 f, veröffentlicht.

Uri-See

13) Ein weiterer Drache soll im URI-SEE in der Nähe des Bezirks-Hauptortes Reutte gehaust haben. Dort stand in früheren Jahrhunderten eine Schmiede, die sehr gute Erträge brachte. Die Frau des Schmiedes *„war so gottlos, dass sie eines Tages das Söhnchen, als es in den Straßenkot gefallen war, nicht mit einem Tuch, sondern mit einer Brotkrume abtrocknete. Darüber war der Himmel derart erzürnt, daß er den See entstehen und die Schmiede darin versinken ließ. Die frevelhafte Frau aber mußte ihre Sünden fortan als Drache abbüßen."*

Ich habe diese Geschichte, die nur andeutungsweise mit einem TSUNAMI in Verbindung stehen kann, im Wander-Buch „Allgäu. Sagen und Mythen entdecken" von Dieter Buck auf Seite 124 gefunden.

Calanca-Tal

(14) Im abgelegenen und wirtschaftlich sehr benachteiligten CALANCA-Tal im schweizerischen Kanton Graubünden hat es – wie in vielen Ländern und Regionen Europas – grauenvolle Hexenprozesse gegeben. Eine dieser Hexen habe *„mit einem Stecken das Wasser bestimmter kleiner Seen geschla-*

gen … im Namen des Teufels, damit das Wasser heraustrat und in Mesocco Güter und Land, Heu, Getreide und Früchte des Bodens zerstörte …"

Im spannend zu lesenden Buch „Frauen-Leben im Calancatal" hat Verena Meier diese Sage veröffentlicht. Das Buch ist als Extraausgabe der Zeitschrift „Notizie della Calanca" 1989 in CH-6546 Cauco erschienen.

Im Buch „Mythologische Landeskunde Graubünden" habe ich im Band I auf Seite 158 den knappen Hinweis auf eine Sage mit einem Drachen und einem See gefunden, aufgezeichnet und im Dialekt abgedruckt:

> „Die Aaltä hend erzellt: Im Platisbruch (einem Steinbruch) sei en See und a Drach dri. Es khunnt döt menggsmool Wasser ussi, und im Winter hangend Iszepfa am Stainbruch".

Genfer See

(15) Von einer sehr alten Geschichte habe ich im Buch von Berlepsch „DIE ALPEN" einen interessanten Hinweis gelesen, und zwar im Kapitel über Bergstürze, wo nachzulesen ist, dass im Jahre 563 der Berg Taurentunum über Bouveret in den GENFER SEE gestürzt sei, *„und habe dadurch eine Grundwelle erzeugt, und diese habe am jenseitigen Ufer bis weit ins Land hinein alle menschlichen Ansiedlungen, deren Bewohner und ihre Landkulturen vernichtet."* (Berlepsch, S. 50)

Das ist der Fall einer konkreten TSUNAMI-Katastrophe in den Alpen.

Einen weiteren konkreten Hinweis auf einen möglichen TSUNAMI gibt uns der verdienstvolle Sammler und Forscher Christian Caminada in seinem überaus spannenden und kulturgeschichtlichen Standardwerk „Graubünden. Die verzauberten Täler. Die urgeschichtlichen Kulte und Bräuche im alten Rätien" (in mehreren Auflagen, u.a. bei Desertina erschienen). Caminada berichtet vom mehrmaligen Vorkommen eines Drachen in Verbindung mit einem See oder einem anderen Gewässer. Drachen treten auch als „Wettermacher" auf.

Trun

(16) In TRUN, dem wichtigsten Wallfahrtsort der Surselva im Kanton Graubünden, hat Caminada folgende Geschichte gehört. Unter dem Punttegliasgletscher sei ein gewaltiger Drache:

> „Wenn dieser sich kehre, dann überlaufe das Wasser der Ferrera, des Dorfbaches, wodurch die Bachrüfe zu Tal stürze, um das Dorf zu zerstören. Bis jetzt habe die St. Theodors-Glocke das Dorf, das tatsächlich öfters in Gefahr gewesen ist, schützen können. Tatsache ist es, daß der Ortsname Trun mit dem Worte ‚drun', ‚dargun', ‚dragun' sich berührt, und Tatsache ist es, dass Sedrun im Tavetsch seine Dorfbachrüfe ‚drun', ‚dargun' nennt – ‚il drun vegn', der Drache, kommt …" (Caminada, S. 237 f)

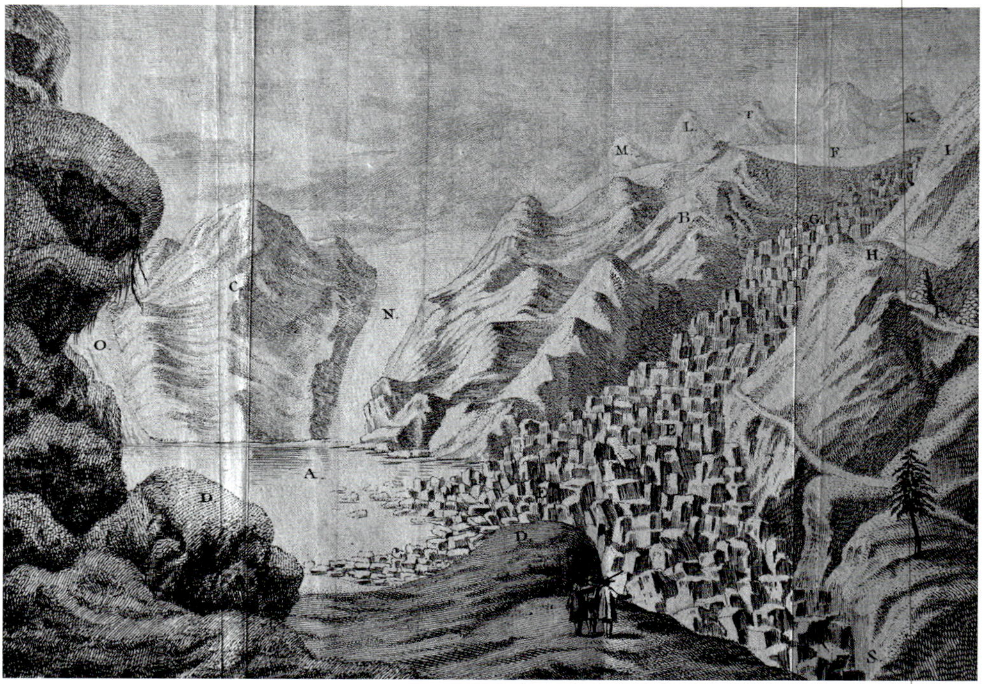

Der Vernagtferner mit dem aufgestauten See in einem alten Stich von ca. 1773. Aus dem Buch von Joseph Walcher „Nachrichten von den Eisbergen im Tyrol".

Vernagtferner

(17) Schließlich will ich nicht versäumen, auf eine mögliche TSUNAMI-Verbindung ins hinterste Ötztal hinzuweisen. Erstens hat mir der inzwischen verstorbene Pater Josef von Vent berichtet, unter dem VERNAGTFERNER liege ein großer See, der irgendwann ausbrechen und großen Schaden im Tal anrichten könne und zweitens wird in Chronik und Sage überliefert, dass ein „Malefiz-Bua" den Ausbruch des durch den Vernagtferner eingeschlossenen Sees im Jahre 1678 durch Zauberkünste bewirkt haben soll. Unter dem Ferner also der See und unten im Rofental der durch den Gletscher gestaute See, der tatsächlich im Jahre 1678, aber auch in den Jahren 1600, 1845, 1858 sowie in weiteren Jahren zwischen 1600 und 1848 mehrmals ausgebrochen ist und große Schäden angerichtet hat; bis hinaus in das mehr als 110 Kilometer entfernte Innsbruck. Es kann durchaus auch eine Verbindung zum „Hexenmeister Doris" von Vent hergestellt werden oder zum „weißen Schindwurm", ebenfalls von Vent. Die Sagen, die im Buch „Sagen und Geschichten aus den Ötztaler Alpen" (Verlag Löwenzahn, Innsbruck 1997 bzw. „Ötztal-Archiv", Band I) auf den Seiten 115–119 nachlesbar sind, erwähnen nicht direkt die Verbindung zwischen See, Seeausbruch und der nachfolgenden Flutwelle. Es bleibt der weiteren Fantasie überlassen, mögliche Verbindungen herzustellen.

> Tot im See. Ertrunken & begraben

Hallstätter See, Königssee, Traunsee etc.

Hallstätter See

39 Einwohner von Obertraun, welche am 18. März 1822 in 7 Plätten auf der Rückfahrt von einem Leichenbegängnis in Hallstatt, von einem Sturm überrascht wurden, ertranken:

Am 18. März 1822 ist dieses Unglück geschehen. Bis in die Gegenwart ist es im Bewusstsein der regionalen Bevölkerung geblieben, ist sogar elementarer Bestandteil ihrer Tradition und Überlieferung. An das Unglück erinnert eine Votivtafel. Es ist das Grubkreuz am südlichsten Punkt der Grubhalbinsel des Hallstätter Sees. Die immer wieder wach gehaltene Erinnerung daran ist auch Teil einer versuchten „Bewältigung".

In der „Hallstatt-Chronik. Vom Beginn der Besiedelung bis zum Jahre 1994. Mit 554 Abbildungen" wird darüber berichtet. Und es werden die Namen aller Toten aufgezählt.

Die gewichtige Chronik hat Hans Jörgen Urstöger „nach Originalchroniken und Veröffentlichungen über Hallstatt" verfasst und sie 1994 im Verlag des Museumsvereins Hallstatt veröffentlicht. Dort lesen wir:

> „Es war die Anna Hinterin, geb. Edlingerin, lutherische Schullehrerin zu Obertraun am benannten Tag begraben worden und am gleichen Tag wurde auch die in Obertraun verstorbene Witwe Eva Stimizerin begraben. Es war von Goisern der Pastor zur Beerdigung alhie und

Votivtafel in Lauffen: „Ferdinand Sidler ist hier im 12. Lebensjahre den 13. Juli 1887 ertrunken."

Votivbild aus Mariastein, 19. Jh. Öl/Holz, 33 x 25 cm, beschriftet: „Hier ist das Andenken an den Untergang eines Schif / wo mehrere Personnen ir leben enden missen und Joseph / Schwarzenberger durch Helf Gottes und Maria errettet iß."

hat nach dessen im Betthaus eine Leichen-Predigt gehalten. Um halb vier Abends wurde di gehaltene Andacht im Betthaus beendet. Nun machten sich die Obertrauner zum nach Hause fahren bereit – sie waren mit 21 Fuhren zu dieser Beerdigung herüber gefahren – aber es zeigte sich schon ein von unten herauf finsteres Gewölbe mit den Zeichen eines starken Windes. Allein 8 Fuhren waren geschwind bereit, abzufahren und glaubten noch eher hinüberzukommen, die übrigen ließen sich von den nahen Zeichen des Windes abschrecken. Als die abgefahrenen Fuhren zur Mitte des Sees kamen, überfiel sie der gewaltige Unterwind so jäh und so stark, daß alle angestrengte Mühe vergebens war. Eine Fuhr ergab sich geschwind und ruderte der Amtshaus Schifflende zu und wurde glücklich gerettet. Die übrigen kämpften noch eine kleine Weile, aber vergebens, den sie mußten dem nunmehr furchtbareren und heftigeren Wetter unterliegen und den nahen Tod vor Augen sehen – Gott sey ihnen gnädig –, 39 Menschen, Männer, Weiber und Kinder mußten durch die unerbittlichen Wellen im See den Tod finden, 5 Menschen wurden mit Leben gerettet, 7 Menschen von den Ertrunkenen wurden durch die Wellen ans Land geworfen, welche allhier mit großem Leidwesen sind begraben worden." (Urstöger, S. 139/140)

Das Unglück hat im *„ganzen Reich gewaltiges Aufsehen und Mitgefühl für die Hinterbliebenen"* erregt. Der Kaiser ließ höchstpersönlich den Hinterbliebenen eine *„außerordentliche Gnadenunterstützung zukommen."* (Urstöger, S. 140)

Votivbild aus dem Jahr 1729 über eine „wundersame Errettung aus Seenot".

Schiffsunglücke allgemein

Neweklowsky hat über „die Schifffahrt und Flößerei im Raume der oberen Donau" im OÖ Landesverlag/Linz im Jahre 1952 eine umfangreiche und überaus verdienstvoll-genaue Dokumentation publiziert. Im 10. Abschnitt beschreibt er „Schiffsunfälle":

„Manches Schiffsunglück und mancher Schiffmannstod sind uns in Marterln, mancher noch gut und wenigstens nicht ganz bös verlaufene Schiffsunfall in Votivtafeln überliefert …

Auch in Wallfahrtsbüchern wird von solchen Unfällen berichtet, wie z.B. von jenem, dem Herr Johann Troyer von Aufhaim am 11. Mai 1640 bei Anget am Inn, als ihn ein ‚erschröcklicher Sturmwind' an die spitzigen Felsen antrieb, nur deshalb entging, weil er und die Schiffleute sich zu irgend einer Wallfahrtsstätte verlobten. Ganz große Unfälle ereigneten sich mitunter, wie schon erwähnt, mit Wallfahrerschiffen." (Neweklowsky, S. 407)

Wilhelm Tell und das Schiffsunglück am Vierwaldstätter See.

Votivbild des Johann Schweißgut, 1. Hälfte 19. Jh. Öl/Holz, 34 x 54 cm (Elbigenalp, Widum), beschriftet: „Johan Eus. Schweißgut v. Elbigenalp, war in großer Gefahr auf dem Wolfgang-See (in ober Österreich) machte Gelübde auf diesen Ölberge u. entging der großen Gefahr im Octr. 1800. Auf dem Schiffe waren 20 Personen, am Leben blieben noch 7 Personen u. 13 fanden das Grab im See, wobei aus Lechtal v. Bach Frz. Scheidle, Eug. Kohler, Jos. U. Karl Knitel waren.

Königssee

Von einem dieser eindrucksvoll-erschütternden Ereignisse anlässlich einer Wallfahrt wird vom Jahre 1688 auf dem Königssee in Bayern berichtet. Fromme Wallfahrer aus einigen Orten Salzburgs, vor allem aus Maria Alm, Saalfelden, Taxenbach, Dienten usw., pilgern nach alter Tradition über das „Steinerne Meer" zum Königssee. Eine Erneuerung und Aktualisierung der Wallfahrt gab es nach der Pestzeit knapp nach 1600. Zum Dank dafür, dass sie den „schwarzen Tod" überlebt hatten, nahmen sie die beschwerliche Wallfahrt auf sich. Und dann dieses schreckliche Unglück! Der Chronist und Heimatforscher Wilhelm Schwaiger aus Maria Alm hat eine umfangreiche Sammlung über die Wallfahrt zum „Heiligen ohne Haut" (Bartholomäus) verfasst. Dort wird berichtet, die frommen Wallfahrer hätten am Königssee ein „baufelliges Schiff" bestiegen und

> „ist das schiff gleich nach unbesonnenen abstoßen der schiffsleith gesunken, und über 70 personen ertrunken, so alle mit großen mitleiden der Pertalsgadner in ihrigen neyen freithoff ehrlich begraben worden …"

Das „unbesonnene" Handeln brachte den Tod von mehr als 70 Personen, alle aus Salzburger Orten, 34 aus Saalfelden und Leogang, 14 aus Alm, 11 aus Zell am See mit Maishofen, 8 aus Taxenbach und 1 Person aus St. Georgen.

Zuerst also die Pest und dann der schreckliche Tod im Wasser. Wie sie die Pest, also den „schwarzen Tod", überstanden haben und wie es zur Erneuerung der Wallfahrt kam, berichtet ebenfalls Wilhelm Schwaiger. Drüben im Salzburgischen, in Maria Alm, hätten sie in der Totenstille der Dörfer weit über das Gebirge hinweg das Klingen eines Glöckleins gehört. Das haben sie als himmlisches Zeichen gedeutet. Es hätte vom Königssee herüber geklungen. Sie gelobten, fortan alle sechs Jahre den weiten Weg über das Steinerne Meer zu nehmen.

Das gilt bis in die Gegenwart. Auch wenn es immer wieder ein Auf und Ab gegeben hat, wurde das Gelöbnis aufrechterhalten. Einer der eifrigsten Pilger, Josef Herzog, ist nachweisbar 65-mal den weiten und beschwerlichen Weg gegangen, 1880 als Vierzehnjähriger und zuletzt 1944. Eine neuerliche Wiederbelebung gab es ab 1951. In den letzten Jahren pilgerten bis zu 2000 Personen zum „Heiligen ohne Haut".

Ich habe schon in meinem Buch „MYTHEN DER ALPEN" auf den Seiten 150 bis 154 die Wallfahrt beschrieben. Sehr spannend sind dabei die unscheinbaren und die kaum beachteten Elemente dieser Wallfahrt. Sie ist sicherlich Jahrhunderte alt. Wahrscheinlich wurzelt sie auf urgeschichtlichen, also vorchristlichen Kulten. Darauf hindeuten können einige Flur- und Bergnamen an diesem „Wallfahrtsweg", das „Tote Weibl" (2088 m), ein „Betstein" sowie ein „Heiratsstein", vor allem aber – hier im Zusammenhang mit dem Wasser – eine „Wunderquelle". Klar ist dabei, dass es sich um ein uraltes Quell-Heiligtum handeln könnte bzw. müsste. Das wiederum kann durch überlieferte Sagen bestätigt werden.

Traunsee

Nicht weit vom Hallstätter-See entfernt ist der Traunsee. Dort weht immer wieder „DER GEFÜRCHTETE VICHTAUERWIND".

Er kommt von Südwesten über das Tal der Vichtau, bricht durch und erreicht den See, wo er vor allem Segler und Fischer mit ihren Booten überrascht. Ich habe in der Zeitschrift „Der Traunspiegel" in der Ausgabe vom Oktober 2007 den Bericht mit der Schlagzeile „Der gefürchtete Vichtauerwind" gefunden. Dort wird von Alexander Savel, dem Herausgeber der beispielhaften Kulturzeitschrift „Traunspiegel", beschrieben, was sich in den Jahren 1677,

1680, 1854, 1857 und 1910 am See ereignet hat. Eine der schlimmsten Katastrophen ereignete sich am 6. Oktober 1857, bei der zehn Menschen ums Leben gekommen sind. Savel zitiert aus der Chronik von Dr. Ferdinand Krackowizer über die Geschichte der Stadt Gmunden:

> „Der auf dem Traunsee nachmittags wütende Sturm brachte das mit 22 Personen besetzte und mit allerlei Frachten schwerbeladene Marktschiff des Müllers Josef Loidl in Rinnbach auf der Höhe der Lainaustiege zum Kentern, wobei nicht nur die gesamte Ladung zu Grunde ging, sondern auch zehn Personen ihr Leben einbüßten."

Ein anderes Unglück durch den Sturm, durch den gefürchteten Vichtauwind, hatte sich drei Jahre vorher, also 1854, und zwar am 30. Juni, ereignet. Dazu schrieb der Chronist:

> „Ein äußerst heftiger Orkan brach weiters ganz unvermutet um die Mittagszeit des 30. Juni 1854 los und überraschte eine Gruppe von Fischern (24 Personen), die mitten auf dem See mit Schwebfischen beschäftigt waren. Infolge des Bemühens, die kostspieligen Netze zu bergen, fanden neun Personen den Tod in den Wellen, während die übrigen nur durch die todesmutigen Anstrengungen der wackeren Bewohner von Traunstein und Traunkirchen gerettet werden konnten. Für die Hinterbliebenen der Verunglückten sammelte ein Hilfskomitee in Gmunden 2900 Gulden. Ein Bildstöckl in der Weyerstraße bewahrt die Erinnerung an dieses große Unglück."

Am 26. April des Jahres 1677 wütete ein Sturm so schlimm, dass die Salzfuhren aus Hallstatt kenterten und die Besatzung ums Leben kam. „Von einer weiteren Katastrophe berichtet ein Bildstock auf der alten Straße zwischen Ebensee und Traunkirchen" (Savel, S. 15).

Es wird von Alexander Savel auch berichtet, was sich im Jahre 1680 zugetragen hat:

„Als am 17. Juni 1680 Mathias Kriechbaum, Amtsmaurermeister zu Ebensee, Anna Maria Lindauer, Wirtin zu Langbath, Thomas Pollhammer und Maria Eder von Gmunden und Ort nach Hause schifften, wurden sie bei diesen Sonnsteineck von einem heftigen Sturmwind überfallen, ihr mit Fässern beladenes Fahrzeug stürzte und alle fanden in den tobenden Wellen ihr Grab. Der Wirt Adam Lindauer hat zum Denkmal dieses für ihn höchst betrübten Ereignisses 1680 diese Säule erbauen lassen. Renoviert wurde sie von Grunde aus durch wohltätige Beiträge im Jahre 1828. Sie dient als Grenzpunkt der Pfarreien Ebensee und Traunkirchen zu Land und zu Wasser, dann als Markung auf festen Lande zwischen k.k. Steuer- und Comissariatsbezirken Ebensee und Ort. Im Originaltext erneuert 1988."

Das „schlimmste Ereignis", so berichtet Alexander Savel, hat sich durch den Vichtauerwind am 31. Juli 1910 zugetragen:

„Dabei sind fünfzehn junge Menschen im Alter zwischen 16 und 24 Jahren ums Leben gekommen, als sie auf der Heimfahrt vom Hoisn-Wirt waren und vom Vichtauerwind überrascht wurden. Eine Grabstätte am Friedhof von Traunkirchen erinnert an dieses Unglück."

Es ist mir dann gelungen, diese Tafel im Friedhof von Traunkirchen zu finden. Deutlich sichtbar und sehr eindrucksvoll ist dort zu lesen, wer diese jungen Leute waren und in welchem Alter sie gestorben sind.

Gedenktafel an die 15 Toten des Schiffsunglücks am Traunsee.

> Lothar, Kyrill & Paula. Wind & Sturm. Zerstörte Wälder und Häuser

In den Alpen ist es immer wieder sehr „bescheiden" geblieben. Die Wirbelstürme, Taifune und Tornados haben uns verschont. Wirbelstürme in Begleitung großer Sturmfluten haben in anderen Weltgegenden gewütet; immer wieder und mit hierzulande unvorstellbaren Auswirkungen. Allein die Wirbelstürme vom 12. November 1970 in Bangladesch brachten den Tod von bis zu einer Million Menschen und jene vom 29. April 1991 wiederum bis zu 500.000 Tote.

Wirbelstürme bewirken Flutwellen, Erdbeben lösen Flutwellen, Tsunamis und Bergstürze aus. Wie das Beispiel vom Frühjahr 2008 in China zeigt, lösen Erdbeben auch Dammbrüche aus, bringen Millionen Obdachlose, bewirken unvorstellbares Elend.

Da können und müssen wir von harmlosen Stürmchen in den Alpen reden. Es sind vergleichsweise keine Katastrophen im globalen Sinn, sondern sich immer wiederholende Natur-Ereignisse. Aber die Schadensereignisse werden größer. Die Weltaufmerksamkeit steigt. Am Beispiel ALPEN: Generell steigt die Sensibilität der Bevölkerung, steigen auch die Angst und die Sorge. Mit dem KLIMAWANDEL, der nachweisbar zu etwa 80 % menschenbedingt ist, steigt die Zahl der wissenschaftlichen Gutachten, der Kongresse, des Medieninteresses und zeichnen oft apokalyptische Szenarien. Die geringste Sensibilität zeigt der harte Massentourismus der Alpen. Nach wie vor wird bis in die sensibelsten Regionen hinauf gebaut und „erschlossen" und zerstört.

Der Sturm „Kyrill" hinterließ im Salzkammergut große Schäden. Links: am Grundlsee im steirischen Salzkammergut. Rechts: am Hallstätter See.

Die über weite Teile der Schweiz und Österreich in den Jahren 1999, 2007 und 2008 hinwegfegenden Stürme haben ansatzweise die Macht der Natur gezeigt. Es ist offensichtlich erst der Beginn.

Zuerst war es am 26. Dezember 1999 der Orkan LOTHAR, der vor allem über die Schweiz fegte. Wie in der „Chronik Schweizer Naturkatastrophen" nachlesbar ist, hat der Sturm allein rund 500 Millionen Schweizer Franken Schaden an Gebäuden verursacht. Am schwersten betroffen waren der Kanton Bern und der Kanton Nidwalden. Es gab keine Toten.

In der Nacht vom 18. auf den 19. Jänner 2007 fegte der Sturm KYRILL über weite Teile der Alpen. Er hinterließ vor allem verheerende Spuren an den Wäldern sowie an Gebäuden. Bei einer Geschwindigkeit von ca. 150 km/h blieb er vergleichsweise bescheiden. Es gab keine Todesopfer zu beklagen.

Warum ist es im dritten hier beschriebenen Fall der unmittelbaren Gegenwart eine Frau? Der Jännersturm vom 27. Jänner 2008 bekam den Namen PAULA. „Schönste Wälder verwüstet", „Sturm zerstörte Millionen Bäume", „200 Millionen EURO Schaden" sind einige der Schlagworte in den Zeitungen. Auch durch PAULA gab es keine Toten. Wer aber die zerstörten Wälder gesehen hat, kann sich leicht oder eher ausmalen, was sich in anderen Gegenden der Welt abgespielt hat.

Mehrmals wird in der inneralpinen Literatur und der Geschichte von Naturereignissen auf schreckliche SCHNEESTÜRME hingewiesen, bei denen vor allem Tiere beim Ab- und Übertrieb getötet wurden und manchmal auch Menschen zu Schaden kamen. So wird im Ötztal zumindest in der Sage berichtet, dass bei einem Schaftrieb über das mehr als 3140 m hohe GURGLER EISJOCH einstens über tausend Schafe und zehn der elf Treiber zugrunde gegangen sind. Es lässt sich nicht feststellen, ob dies konkret so vonstatten ging und wann es geschehen sein könnte.

Sicher ist hingegen das Jahr 1844 mit einem Schneesturm, wiederum mit Schafen über das Gurgler Eisjoch, mit dem Tod von ungefähr 200 Schafen und einem Hirten:

> „O Mander, husch, husch!
>
> Jährlich zieht von Schnals herüber Mitte Juni eine Herde von über 1000 Schafen auf die große Alm zu Gurgl auf die Weide und kehrt im September wieder dahin zurück. Einmal sind Schnalser in Hemdärmeln nach Gurgl gekommen, um ihre Schafe wieder heimzuholen. In der Nähe von Obergurgl begegnete ihnen eine alte Hexe, die war im warmen Sonnenschein mit dickwollenem Wintergewand angethan und zitterte vor Kälte, daß ihr Mund nur so papperte. Als sie die Schnalser sah, hauchte sie in die dürren Hänge und rief: ‚O Mander, husch, husch!' Die Schnalser lachten. Am anderen Tage gieng der Schaftrieb richtig über den Ferner, wurde aber von einem Schneesturm überfallen, und 1300 Schafe gingen zugrunde nebst den Schnalsern, die dabei waren, bis auf zwei der letzteren." (Sagen und Geschichten aus den Ötztaler Alpen, S. 114 f)

> Fischbach-Geschichten aus dem Ötztal

Im Jahre 1762 schreibt Franz Stippler aus Längenfeld im Ötztal (1748–1778), einer meiner Ururururgroßonkel, eine Chronik von Naturereignissen, insbesondere des Ötztals:

> „Von Fehrner Hinter Roffen. Von Fehrner in Langthal Hinter gurgl.
> Von Fischpach zue Lengenfeldt u von Wiethenpach zue Sölden.
> der nachkombenten Welt auch einen ganzen ehrsamben ötzthal absonderlich
> den Löbl Khirchspill Lengenfeld ist guet mainendlich Vorzaichthl Worden
> Als Wie Volgt".

Werner Kopp aus Hall hat im Tiroler Landesarchiv die Chronik entdeckt, hat sie Seite für Seite fotografiert, mit dem Computer bearbeitet, in die „neue" Sprache übersetzt und als Hauptteil einer großformatig-aufwändigen Publikation in sehr geringer, aber sehr bibliphilen Ausstattung herausgegeben. Obiger Text lautet also:

> „Vom Ferner hinter Rofen Vom Ferner im Langtal hinter Gurgl Vom Fischbach zu Längenfeld und vom Wüthenbach zu Sölden der nachkommenden Welt absonderliches vom ehrsamen ganzen Ötztal dem löblichen Kirchspiel Längenfeld ist gut aufgeschrieben worden wie folgt".

Das „Erlebnis Fischbach" lautet zum Start in der Transkription durch Werner Kopp:

> „AC 1678 den 17. Tag im Juli, ist morgens gar früh, eben in jener Stunde, als der Ferner ausgebrochen war, der Fischbach mit jämmerlichen Muren und Wassergröße angekommen. Weil der Grieserbach mächtig murte, und oberhalb des Gotteshauses in der Kircharche einen Durchbruch machte, brachte er die Kirche samt dem Turm in äußerste Gefahr. Der Priester mit dem Höchsten Gut, konnte kletternd über die Friedhofmauer entkommen. Er hat sich 2 Tage unter freiem Himmel in der Puit, bei dem Berg aufgehalten. Auch hat es die Friedhofmauer eingerissen und 12 Tote hinweggenommen. Wie auch in den nachfolgenden Häusern eine Seite eingefüllt wurde, so das obere Wirtshaus, das nächste Haus bei der Kirche und das untere Bäckerhaus. Die anderen gemauerten Häuser sind auch etwas beschädigt worden, aber das Holzwerk hat gehalten, weil es ineinander gebaut war, so ist das Plündern (ausräumen) nicht nötig gewesen. Die anliegenden Güter sind mit sehr viel Schotter und Steinen bedeckt worden. Es war dazumal ein großes Elend und niemand konnte we-

> gen des Fernerausbruchs zu Hilfe kommen. Nur von Gries und Burgstein hat man viel geholfen das liebe Gotteshaus zu retten. Auch ist ein Durchbruch hinter der oberen Mühle, in das Puitl geschehen, sodaß man meinte, allhier nicht mehr wohnen zu können. Aus Kummer, die Rettung zu spät ergriffen zu haben, weil die Voreltern das Holz bei dem Fischbach wenig beachteten, das in der Not der beste Schatz wäre, wie es die unteren drei Gemeinden getan haben. Darüber sind die Gemeinden in Streit geraten. Da hat die löbliche Obrigkeit einen Vergleichsbrief gemacht und verordnet, daß das Wasser auf den alten Runst kommen soll, in der Dornau, dort wo der Pluiel steht. Das wäre für die Unterlängenfelder nicht zu vermögen gewesen. Alsdann hat man zeitlich angefangen, den Bach besser zu räumen, die Arche fest zu machen und den Runst tiefer zu graben. Das Durchschlagen des Wassers hat einige Zeit die Felder der Unterlängenfelder verdorben."

Dieser Franz Stippler, ein offensichtlich überaus gescheiter junger Mann, zugleich als „Wundarzt" in Längenfeld tätig, hat in seiner Niederschrift weitgehend eine andere Niederschrift, nämlich die des Längenfelders Benedikt Kuen (1665–1751) benutzt. Die folgende Beschreibung ist zugleich ein wertvolles Dokument, wie die Einheimischen mit allen Mitteln und eigenen Erfindungen der Gewalt des zerstörerischen Wassers beizukommen versuchten:

> „Da hab ich (Anmerkung: Kuen) endlich nach vielem Nachdenken die Straßenbäume, Wälle, Wägen, Seile samt Bögen erdacht. So Gott Lob, sehr wohl gelungen. Besonders die großen Steine aus dem Bach zu bringen, mußte man genug Erfahrung sammeln. Aber sowohl die Ober- wie Unterlängenfelder haben sich bei meinem Vater Johannes Kuen beklagt, daß man die großen Steine unmöglich könne herausbringen. So hab ich wohl dies in Acht genommen und nicht mehr vergessen."

Mit dem Ausbruch des Jahres 1678 beginnt eine beinahe ununterbrochene Kette schlimmer und sehr gefährlicher Ereignisse der Natur durch den wilden Fischbach, den 1762 Franz Stippler noch als „Griesbach" bezeichnet hat. Es beginnt eine der wohl genauesten Serien von Aufschreibungen eines Wildbaches in Tirol. Es ist sogar so, dass nach Angaben von DI Weber von der Wildbachverbauung in Imst es für keinen anderen Wildbach einen derart einzigartigen und detaillierten Katastropheneinsatzplan wie für den Fischbach gibt.

Dieser nach wie vor gefürchtete Bach, der die beiden Orte Ober- und Unterlängenfeld trennt, ist auch für mich ein „Schicksalsbach" geworden. Ich könnte über ihn eine lange Geschichte der Angst und der Kümmernisse schreiben, auch der Streitigkeiten zwischen den beiden Orten, die sich immer wiederholend ereignet haben. Und der Wilde Bach ist auch Teil meiner „Stippler"-Sippschaft. Zuletzt war noch meine Mutter eine geborene Stippler. Ich selbst habe die Schrecknisse selbst erlebt. Ich habe sie teilweise niedergeschrieben.

Diese „Fischbach“-Story steht stellvertretend für zahlreiche Wildbäche der Alpen, für Fälle von Bewältigung und Verhinderung, von Zank und Streit, bis herauf in die unmittelbare Gegenwart.

Jetzt aber alles der Reihe nach. Franz Stippler (1748–1778), ein Sohn des Michael Stippler, meines Ururururgroßvaters, beschreibt auch das Geschehen des Jahres 1701, als am 3. September wieder der Fischbach wütete:

> „Sind durch Wolkenbrüche 6 Muren in den Fischbach gegangen und haben gar stark und viel (Schotter) herausgebracht. Durch Gottes Gnade und Hilfe der Leute vor dem Ausbrechen errettet worden. Der Runst ist bis zum halben Neuen Raut trocken gestanden. Da das Wasser allenthalb durch die Ache gschloffen ist, hat man mit Hilfe der Leute einen Runst von der Ache herauf aufgetragen, und die Steine so man auf den Bögen hat tragen können, herausgetan. Die Großen, die man nicht herausbrachte, zu den Archen gelegt. Aber bald sind sie wieder hineingefallen. Da habe ich dazu das Räumwerkzeug erdacht und kurz darauf machen lassen. Wie das Werkzeug nun vorhanden war, also Stöpl, Stämme, Wagen, Wälle, Seile, Steine, Ketten, Eisen, Stecken und Weglatten, ist das beste Mittel gewesen, die Wände hoch und fest, auch den Runst tief zu machen, und somit einen Ausbruch nicht mehr so leicht zu fürchten hatten.
>
> Letztens folgt die Erinnerung, daß man im Fall der Runst noch einmal voll werde, solle man nicht zaghaft sein, sondern die großen Steine herausnehmen, und das Kleine fließt von selber weg. Das Holz gespart, wird in der Not der größte Schatz. Einen guten Stoß Lagersteine als Haufen, an den Wällen ansetzen, wie ich es in der Neuen Raut getan habe. Die Voreltern mieden das Neue Raut. Also ist verglichen worden, daß man einen Weg zur Umkehr erbaue und andere Versicherungen offen liegen lassen müsse.
>
> Letztlich bedanke ich mich bei der ganzen Gemeinde auch beim Ober-Kirchspiel für alle treu geleisteten Dienste, Mühe und Arbeit. Gott wird es ihnen gewiß belohnen. Gott verzeih ihnen und gib allen Abgestorbenen die Ewige Ruhe. Amen. Dies bezeugen die Wohlersamen Simon Schöpf, Christian Schöpf, Peter Schöpf, Christian Kuen, Florian Neurauter, Thomann Horrer, Josef Köfler und Jakob Höllrigl. So alle selbst dabei gewesen und erfahren haben im Monat Jänner AC 1715.“

Ich greife in das Geschehen hinein, zitiere und ergänze, was mir wichtig erscheint. Die „Bögen“ sind die im Dialekt als „peega“ bezeichneten Gestelle und Geräte aus Holz, die extra zum Transport großer Steine von Johannes Kuen entwickelt worden waren. Es sind einerseits Tragen, an denen vier Männer tragend tätig sein konnten oder es war die so genannte „radlpeega“, versehen mit einem starken Rad. Solche Arbeitsgeräte gibt es nach wie vor. Und sie können in einigen Heimatmuseen bestaunt werden. Ich weiß aber aus meiner Jugend, aus eigener Anschauung und aus Berichten, dass die von Kuen entwickelten „Bögen“ überdimensional groß, robust und überaus massiv waren. Zu meiner Jugendzeit hat es noch eine davon in Oberlängenfeld gegeben. Da habe ich auch noch gehört, sie wäre damals von Kuen entwickelt und erfunden worden.

Einen interessanten Hinweis auf einen „Neuen Raut" muss ich aktuell ergänzen und erweitern. Johannes Kuen als „Erfinder" und zugleich als damaliger Bürgermeister von Längenfeld hat neben dem Bau der „Kircharche" hinter der heutigen Pfarrkirche, die bis in die Gegenwart besteht, auch mehrere Kilometer Verbauung der Ötztaler Ache durchgeführt. Dazu gibt es einen von mir fotografierten Stein mit der Inschrift „Johannes Kuen. 1731" an der Innenseite der Ache, im Sommer bei höherem Wasserstand nicht sichtbar. Den Stein habe ich vor kurzem vergeblich gesucht. Das Feld, das sich unmittelbar daneben befindet, heißt „Neuraut". Es ist also der NEUE RAUT, wie er von Franz Stippler und Benedikt Kuen beschrieben ist. Dieses Feld hat unsere Familie besessen und bearbeitet. Und ich kann mich erinnern, dass wir in manchen Jahren überaus mühsam unseren Neuraut von Bäumen, Dreck und vor allem von Sand reinigen mussten. Da kamen meine ersten Eindrücke, wie es im alten Ägypten mit dem Nil und seinen Überschwemmungen gewesen sein könnte. Die Ache bringt mit dem Sand eine Fülle an notwendigen Mineralstoffen quasi auch als Dünger. Es war ein gutes Feld, unser Neuraut. Es kam die Grundzusammenlegung und die Verpachtung der elterlichen Felder. Auf einem Teil des ehemaligen Feldes steht jetzt ein Teil der Therme, das AQUA DOME. Allen älteren und aufmerksamen Längenfeldern ist klar, dass diese riesige Thermen- und Ferienanlage höchst gefährdet sein könnte, wenn der Fischbach großmächtig murt und mit starkem Wasser die Ache aufstauen könnte und wenn die „normal" rinnende Ache nicht abfließen kann, sie sich in die THERME hineinbegibt und die kurenden Gäste im Achewasser mineralienstoffangereichert baden oder ersticken oder ersaufen könnten. Aber auf die Einheimischen hört man ja nicht, habe ich selbst gehört. Es muss nicht so kommen. Gott bewahr' uns vor Unglück und dem wilden Fischbach.

Ich erinnere mich an die Fürbitten beim Gottesdienst, als der Pfarrer ausdrücklich gebetet hat:

> „Daß du den Fischbach in seinem Bett halten wollest.
> Wir bitten dich, erhöre uns".

Das war 1965. Ich kann mich daran erinnern. Ich habe es gehört.

Mein Erlebnis FISCHBACH hat 1678 einen Anfang, aber noch lange kein Ende. Nach 1701 hat dann auf massives Betreiben des Pfarrers Franz Jäger gemeinsam mit dem Gerichtsanwalt Johannes Kuen und dem Steuertrager Thomas Holzknecht feierlich in schriftlichem Stiftungslibell versprochen und gelobt, mit den Mitteln von Gebet und Buße und Wallfahrten dem wilden Treiben einigermaßen Einhalt gebieten zu wollen.

„Zur Abkehr weiterer Sündenstrafen" wurden konkret zwei Bußfeiertage und eine Bittfahrt gelobt. Der Historiker Franz-Heinz Hye von

Innsbruck hat darüber in der Ötztal-Sonderausgabe der „Tiroler Heimatblätter", Heft 10/12 von 1970, auf den Seiten 134–137 über „Das Längenfelder Fischbach-Gelöbnis vom Jahre 1702" geschrieben. Als „Ortsbußfeiertage" werden der Gründonnerstag und der „innsgmain heilliger Weichen-Pfinstag genant" sowie der St.-Annen-Tag am 26. Juli. An diesem 26. Juli sollen die Längenfelder eine feierliche Bittprozession zur Maria-Hilf-Wallfahrtskirche in Gries im Sulztal abhalten. „Mit Creiz und Fähnen in volckhreicher Versamblung mit inbrinstigen Eifer und Gebett".

Was daraus geworden ist? Bald einmal verschwanden Fahne und „inbrünstiger" Eifer und dann verschwand auch die Wallfahrt, weil der Termin in der neuen Tourismus-„Kultur" untragbar geworden war: Ich habe den weiteren Verlauf dokumentiert. Es ist in meinen Augen einerseits eines der eindrucksvollsten Beispiele einer religiösen Handlung, entsprechender Gelöbnisse und Versprechungen und es ist andererseits eines der eindrucksvollsten Geschehen, wie alte Verlöbnisse tourismus- und zeitbedingt gebrochen und umstrukturiert und wieder verändert, gelobt und versprochen und gebrochen wurden.

Den beschwerlichen Weg zu gehen, gute 400 Höhenmeter bergauf, ununterbrochen betend, dann auch noch schwere Kirchenfahnen tragend, auch noch einem Gottesdienst beiwohnend und dann wieder (zumindest zeit- und teilweise bergab) zurückzugehen, war offensichtlich eine Überforderung und eine allzu große Beschwernis zur „Abkehr weiterer Sündenstrafen".

Ich habe mehrfach darüber berichtet. In der Nummer 2 des neuen FÖHN mit dem Themenschwerpunkt „Fremdenverkehr" habe ich als Dokumente von Gelöbnis und dem Bruch des Gelöbnisses und des neuerlichen Gelöbnisses drei Briefe veröffentlicht.

Einer, undatiert, aber vom Sommer 1971 stammend, ist ein Rundbrief „An alle Haushalte und Betriebe der Pfarrgemeinde Längenfeld", betreffend „Verlobter Feiertag ‚Annatag'".

Unterzeichnet haben die Vertreter des Pfarrkirchenrates, des Österr. Wirtschaftsbundes, der Arbeiter und Angestellten, der Ortsbauernschaft und des Gemeinderates. Wichtig dabei: Der Appell an die Worttreue der Tiroler und dass man unter keinen Umständen gegenüber dem Herrgott „wortbrüchig" werden dürfe.

Zwei Jahre später ist alles ganz anders. Es sei, so wird wortreich mitgeteilt, „gelungen, diesen Feiertag aus der Hochsaison heraus in die Vorsaison" zu verlegen.

Ein weiterer Brief ist mit 10. Mai 1973 datiert und stammt vom Österr. Wirtschaftsbund, Ortsstelle Längenfeld, und betrifft ebenfalls den „Anna-Tag".

Der dritte Brief, datiert mit 29. März 1973, stammt von Bischof Paulus Rusch, gerichtet an die Vertreter der verschiedenen Organisationen, der Pfarre und der Gemeinde Längenfeld.

Jetzt ist es fixiert. Sogar der Bischof beugt sich den Zwängen der Tourismuswirtschaft.

An den beiden letzten verlobten Bittgängen von Längenfeld nach Gries habe ich selbst noch teilgenommen. Ich kann aus eigenem Erleben berichten, dass bis zuletzt weit mehr als 150 Personen mitgegangen sind, dass eifrig gebetet wurde und die Bittgänger auch an der Heiligen Messe in der Wallfahrtskirche teilgenommen haben.

Faktum ist, dass der verlobte Bittgang mitsamt dem Feiertag am Annatag, also am 26. Juli – weil er in die sommerliche Hochsaison fällt –, abgeschafft wurde.

In der aktuellen Homepage der Pfarre und Kirche zur Hl. Katharina in Längenfeld (mit Stand vom 29.4.2008) ist der Hinweis enthalten, dass der Hl. Johannes Nepomuk *„in besonderer Weise als Patron von Muren und Hochwasser verehrt"* wird. Und

> „da Längenfeld vom Hochwasser durch den Fischbach stark bedroht ist, besteht ein Gelöbnis der Gemeinde, jährlich am Fest des hl. Johannes Nepomuk, 16. Mai, eine Prozession um den Fischbach zu halten, mit anschließender feierlicher Abendmesse, um die Bewahrung vor den Katastrophen durch den Fischbach zu erbitten".

Immer wieder hat der wilde Fischbach seine unbändige Kraft gezeigt. Franz Stippler hat darüber geschrieben, mein Ururgroßonkel Johannes Stippler (1829–1892) hat 1851 wieder darüber geschrieben, mein Großvater Johannes Stippler hat eine wichtige Verbauungsmaßnahme mitunterzeichnet, meine Mutter Annamaria (1910–1998), eine geborene Stippler, hat ein Ereignis von 1960 beschrieben und ich selbst habe einen Dokumentarbericht von den Ereignissen im Jahre 1965 verfasst.

Einweihung der Statue des Hl. Johannes von Nepomuk in Längenfeld im Jahre 1974.

Nach wie vor aber kann es in jedem Jahr geschehen, dass einer der wildesten und am meisten berüchtigten Wildbäche Tirols wieder seine Kraft und seine Wut und seine unberechenbare Allgewalt zeigen wird. Die Längenfelder fürchten sich davor. Immer dann, wenn nach extrem schwül-heißen Tagen Gewitter kommen, wenn sie sich ihrer Gewohnheit entsprechend ins Sulztal hineinziehen, haben die Leute Angst. Dann hören sie die Muren niederbrechen, hören zuerst das Donnern und Rumpeln. Erst wenn das wilde Rumpeln mitgeführter Steine aufhört, steigt die Angst noch mehr. Dann „sandet" der Bach auf und kann die Schottermassen nicht mehr wegschaffen. Das Wasser steigt und steigt und immer wieder brechen Dämme. Irgendwo reißt sich der Bach durch. Das erste, was die Leute machen: Sandsäcke zu den Häusern, in die Kirche eilen und beten, auf die Feuerwehr, wenn's ganz schlimm werden sollte, auf das Bundesheer, auf den mit Hubschrauber eingeflogenen Landeshauptmann warten und heutzutage die angstvollen Blicke auch zur Ache, ob sie wohl nicht aufgestaut wird, über die Ufer tritt und den ganzen AQUA DOME unter Wasser setzt. Touristische Leit-Projekte wären dann gefährdet. Jedenfalls würde – wieder

einmal – eine alte Wallfahrt wieder verlobt, würden immer zahlreichere Wunder- und Abwehrkerzen entzündet, würden Bürgermeister und Gemeinderat neue Gelöbnisse versprechen. „Mein Fischbach" lässt sich nicht eindämmen, in altgewohnte Schranken sperren, durch Gebete und Scheinheiligkeiten ablenken. Die gewaltigen Muren im Sulztal rechts und links lassen sich nicht in den Bergen droben zurückhalten: Dann brechen sie los, die Muren vom Tieflehnbach, vom Griesbach, vom Leckbach, von der Untenrinne, von der Mahdle, von Alzenlehn. Wehe, wenn sie losgebrochen!

Franz Stippler als Chronist setzt fort:

„AC 1750 den 2. Tag im August ist der Fischbach mit entsetzlichen Muren (21) und Wassergröße angekommen. Um 4 Uhr Nachmittag hat der Wohlerwürdige Herr Johann Georg Mair, Kurat allda, die Ehrerbietung gehalten und mit dem Höchsten Gut Segen gegeben. Anfangs hat man gleich die Brücke aufgezogen, wurde bald aber hinweggerissen, das Wasser ob der Kircharche ist durchgeschlagen und durch das Dorf geronnen, auch alle Arten über die Ache gegangen. Da hat man müssen Holz und Steine zutragen und auflegen. Das war am Montag die Nacht. Der Runst ist in dieser Nacht von selbst ganz voll geworden. Am Dienstag hat man mit Hilfe der Leute angefangen den Runst zu räumen …

Man hat alles in Stich lassen müssen und davon laufen … Ungeachtet von diesem ist in der Nacht eine ‚solliche Wildte' mit Blitz und Donner entstanden, daß es nicht zu beschreiben war …"

Aber nie und nicht ein einziges Mal hat es Personenschaden oder Tote gegeben.
Und es geht weiter. Franz Stippler berichtet:

„Ebenfalls ist AC 1762 am 11. Tag im Juli, der Fischbach mit vielen Muren und Wassergröße angekommen. Als am Sonntag früh, der Wohlgeachtete Johannes Schöpf, Messner allda, etliche Leute aufweckte, mit Bericht, daß das Wasser bereits an der Brücke angeht. Als dieses Geschehen kundbar geworden ist, haben sich die Leute aufgemacht, sind dem Bach zugeeilt und haben geschwind die Brücke aufgezogen …

Weil aber das Muren beständig andauerte, obschon der Regen etwas nachgelassen hatte, ist der Bach mit aller Gewalt auf die Kircharche herüber gebrochen, und hat das Volk in großen Schrecken versetzt …"

Franz Stippler beschließt dieses Fischbachkapitel mit dem hoffnungsvollen Ausspruch:

„Mithin hat man den Bach endlich in den Runst gebracht, für dieses Mal.

Besonders durch die Gnade Gottes und erhaltne Hilfe der Leute, vor dem Ausbrechen errettet. Auch hat das Wasser den Runst vertieft, und viel Schotter und Steine mitgebracht, bis man ihn räumte, und wiederum endlich in einen guten Stand brachte.

GOTT SEI DANK UND LOB".

Ich habe in den Jahren 1970 und 1971 zweimal diese Geschehnisse beschrieben, einmal in der Tiroler Zeitschrift „Tiroler Heimatblätter" in der Ausgabe im Heft 4/6 von 1970 und dann in einer Informationsschrift der Gemeinde Längenfeld vom Mai 1971.

In meinem Beitrag „Eine bedeutsame Ötztaler Familie – die Kuen aus Längenfeld" habe ich vor allem die Tätigkeit der überaus eifrigen Chronisten Benedikt und Johannes Kuen gewürdigt und beschrieben und dabei vor allem ihr Wirken als Chronisten und als „Erfinder" nachhaltig wirkender Instrumente und auch Bauten der Wildbachverbauung gewürdigt.

Im Mai 1971 wurde hinter der Kircharche von Längenfeld eine von der Firma Graßmayr in Innsbruck hergestellte Bronzetafel angebracht und eingeweiht, die den folgenden Text enthält:

> „Diese Kirch-Arche schützt seit dem Jahre 1700 Oberlängenfeld. Sie wurde von Einheimischen unter Führung des Bürgermeisters Benedikt Kuen (1665–1751) errichtet.
>
> Zum Transport der schweren Steine brachte er die ersten Geräte der Wildbachverbauung wie Hebtremel, Tragscheiter, Bögen und einfache Seilwinden zur Anwendung".

Bronzetafel hinter der Kircharche von Längenfeld.

Die Straße war ein Bachrunst. Der Zugang zur Kirche erfolgte über eine Notbrücke.

Ich selbst habe damals in enger Zusammenarbeit mit Herrn Dipl.-Ing. Emil Leys, dem damaligen Chef der Wildbach- und Lawinenverbauung in Imst, den Text verfasst und habe begleitend dazu einen kurzen Abriss unter dem Titel „Benedikt Kuen aus Längenfeld“ geschrieben.

Diese Seite und gegenüberliegende Seite: Die Bilder zeigen das ganze Ausmaß der Zerstörung durch den Fischbach in Längenfeld im Jahr 1965.

Hirschen
P

Ich bin dabei gewesen, wie es 1965 beim Durchbruch des Fischbaches war und wie dann die Baumaßnahmen ergriffen wurden, ich weiß noch, wie ich – als damaliger Gemeindeangestellter – alle Geschehnisse verfolgt und registriert habe und wie ich viele Gespräche mit dem freundschaftlich verbundenen Emil Leys geführt habe.

Auch wenn ich heute, im Jahre 2008, nicht mehr zu meinem damals aus gegebenem Anlass geschriebenen und in dieser Gedenkschrift publizierten Dialektgedicht stehen kann und will, soll es trotzdem in diesem Zusammenhang hier noch einmal veröffentlicht werden. Es geht ja – nach wie vor – um „meinen" Fischbach. Ich wiederhole hier meinen quasi-literarischen Beitrag:

„Insr Fischboch
von Hans Haid. Vorgetragen beim Besuch des Tiroler Landtages
am 29. Mai 1967 in Längenfeld

Vön gonzn Lonte, weit und scheane
ischt insr Etztool heit ze mittlat,
höech beehrcht und glicklach wöern.

Und in den Toole, schteckl, wilde,
Lengefald an scheaschtn Plotze:
mitn Fischboch mittlat dinnan.

Dear ischt gepröchn asn Domme,
hot gemüercht in insre Faldr,
Schoodn gschtiftet, öfte, öfte.

Die Prominenz besichtigt und begutachtet: Landeshauptmann Eduard Wallnöfer, Bürgermeister Engelbert Kuen von Längenfeld, Landtagsabgeordneter Valentin Falkner und Angelus Scheiber (von links nach rechts).

Mier hobm gerungen mit den Poche,
longe Nachte, Tooge, Wöchen,
hobm en nit bezwingen kinnt.

Viil Unhoal, Zahar, Schoodn,
sein in insre Heisr keemen:
vö den Fischboch mittlat dinnan.

Earcht durch Hilfe gröeß und reich,
mit Millionen, ins vrmittlt
durch di Hearn vö Bund und Lond.

Durch oagne Orbat, Fleiß und Plooge
wearcht ietz entlach Schritt um Schritt
dear wilde Fischboch zwischn Schtoane

ingezwänget und gezwungen,
wearcht gepäntigt zoom gemochet
in herchtn Pette ingekeilt.

Ietz sell ar rinnen ohne Schoodn
hea vön Sulztool in di Ohe
und in Darfrn Friedn bringen.

Und mier Lengefaldar sein drleaset
nebmen Poche güet gezähmt,
bei insrn Fischboch mittlat dinnan.

Mier in Toole, mir in Darfrn,
viel geplooget vö den Poche,
sogn ‚Galts GÖTT' ollan zsomm!"

Zum Abschluss der ersten Phase der Verbauungsarbeiten am Fischbach nach der Katastrophe von 1965 hat die Gemeinde Längenfeld im Juni 1966 eine Gedenkschrift herausgegeben. Dort findet sich auch, mitgeteilt und kommentiert vom damaligen Pfarrer Georg Maier, der Text „Das Fischbachgelöbnis", das in der Sitzung des Gemeinderates vom 22. Oktober 1965 neu formuliert und am 25. Juni 1966 von Bischof Dr. Paul Rusch genehmigt wurde:

> „Am Peter- und Paulstag 1966 wurde beim Festgottesdienst vom vollzähligen Gemeinderat unter Bürgermeister Engelbert Kuen das neue Gelöbnis am Hochaltar der Pfarrkirche vor dem ausgesetzten Allerheiligsten abgelegt. Der Wortlaut des Gelöbnisses:

> Die seinerzeit von unseren Vorfahren zur Abwendung von Wassergefahren durch den Fischbach gelobten drei Tage, nämlich Gründonnerstag, St. Johannstag und St. Annatag, in der letzten Zeit gehalten am Karfreitag von 12 Uhr mittags an, Pfingstsamstag und Annatag mit verlobtem Bittgang nach Gries, werden neuerdings als verlobte Feiertage für die ganze Pfarrgemeinde gelobt und zwar als Bitte an den Allmächtigen, daß er die Pfarrgemeinde in Zukunft vor allen Wasser- und Murenkatastrophen verschonen wolle.
>
> Dabei soll ernstlich darauf gedrungen werden, daß diese drei verlobten Feiertage auch tatsächlich von allen Gläubigen eingehalten werden. Zur Erinnerung an den Fischbachausbruch im Jahre 1965 verpflichtet sich die jetzige Generation, alljährlich am Fest Peter und Paul eine Abendmesse als hochfeierlichen Dank- und Bittgottesdienst zu halten mit einer ausführlichen Predigt, welche die Gläubigen zur Einkehr und Erneuerung aufrufen soll." (Längenfeld, am 29. Juni 1966)

Zwischendurch will ich daran erinnern, dass mein Ururgroßonkel Johannes Stippler als damaliger Theologe des Zweiten Kurses eine Schrift unter dem Titel „Der Ausbruch des Fischbaches im Jahre des Herrn 1851" verfasst hat. Darin beschreibt er, sehr sorgfältig und ausgewogen, die Geschehnisse des wieder einmal drohenden Ausbruches des Fischbaches:

> „... um Vier Uhr abends wurde wieder der Bach gesegnet ...
>
> Der Schöpfer des Himmels und der Erde, welcher allen Engeln, Winden und Gewässern gebietet, kam nun an die Reihe und konnte, nachdem die menschlichen Wesen abgezogen waren, nach seinem Wohlgefallen den Bach leiten."

Wiederum gab es große Schäden an Häusern, Wirtschaftsgebäuden und in den Feldern und wieder war der Konflikt zwischen den Ober- und Unterlängenfeldern losgebrochen und wieder waren die Menschen trotz ihres übermenschlichen Einsatzes letztlich hilflos den überwältigenden Mächten der Natur ausgeliefert. Da half wieder das Gebet, halfen Andachten, half das Weihen und half offensichtlich das ‚Gottvertrauen'. Zum Sonntag vermerkt Johannes Stippler:

> „Heute wurde der Tag wieder dem Dienste des Herrn geweiht und alle knechtliche Arbeit ließ man mit Freuden ruhen."

Ergänzend zur handschriftlichen Niederschrift, die Johannes Stippler verfasst und die sich im Besitz unserer Familie befunden hatte, enthält die Längenfelder Pfarrchronik noch einige ergänzende Angaben zum Ausbruch des Fischbaches im Jahre 1951. Ich habe alle diese Dokumente und Beschreibungen transkribiert und in Schreibmaschinschrift dem ÖTZTAL-ARCHIV einverleibt. Die Originalniederschrift von Johannes Stippler habe ich nach Anfertigung von Fotokopien dem Ferdinandeum in Innsbruck übergeben.

Gedenktafel an die verheerenden Ausbrüche des Fischbachs.

Meine Mutter Annamaria Haid, geborene Stippler, hat mir dann in einem Brief mitgeteilt, was sich zwischen dem 15. und 19. September 1960 in Längenfeld ereignet hat. Dieser Brief ist ebenfalls maschinschriftlich im ÖTZTAL-ARCHIV registriert.

Es hatte, nachdem der „indre Wind", also der Föhn, zusammengebrochen war, tagelang und sehr intensiv zu regnen begonnen. Dann ist die Ötztaler Ache über die Ufer getreten, hat das gesamte Feld von Oberastlehn bis zu den ersten Häusern von Oberlängenfeld überschwemmt:

> „So gegen 6 Uhr früh ging die Ache ein wenig zurück. Dann aber kam Alarm: Der Fischbach bricht aus! Es sind zwei große Löcher auf Oberlängenfelder Seite gleich ober der Brücke und hinter Seppls Haus …
>
> In der Nacht ging es wieder los. Es hatte wieder angefangen zu regnen. Um zehn Uhr heulte schon wieder die Sirene. Es läutete Sturm …"

Wieder ist es mit Sachschäden abgegangen. Wiederum hatte der Fischbach gezeigt, was er kann. Damals, im Jahre 1960, hätte es auch die viele Jahre später erbaute Riesen-Thermen-Anlage AQUA DOME erwischt, hätte sie damals bereits bestanden.

Eines der umfangreichsten Konvolute im Archiv der Wildbach- und Lawinenverbauung in Imst ist das über den Fischbach. Dort habe ich auch im Ordner der Wildbäche über den Fischbach Jahreszahlen gefunden, die mit kleineren und größeren Schadensfällen zusammenhängen, so von Muren und Wasserschäden 1340 und einem solchen von 1367, dann vom Hochwetter und den Folgen im Jahre 1678, wiederum von 1701, 1725, 1750, 1762, 1772, 1776, 1780, 1834, 1851, 1856, 1868, 1871, 1929, von „Kleinmuren" 1948, 1949, 1950, 1953, 1956 und 1957. Dann folgte nach heftigen Gewittern eine „Geschiebeabschwemmung im Leckbach". Damals wurde die Straße verlegt.

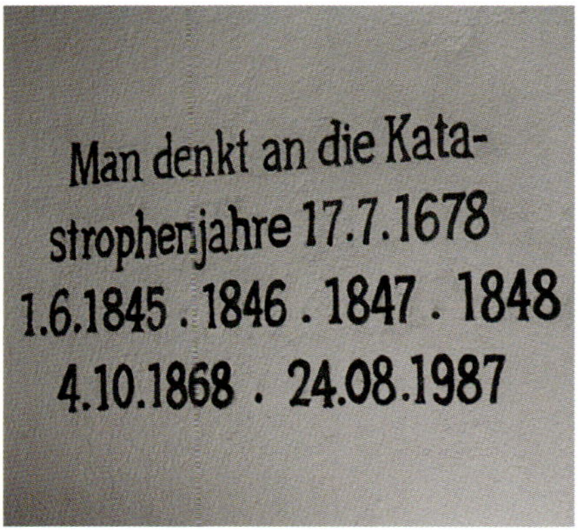

Neue Kapelle an der Brücke über die Ötztaler Ache in Huben. Es ist nicht der Heilige Johannes von Nepomuk, sondern nur mehr ein Heiliger Nepomuk.

Es folgte das in den letzten Jahrzehnten folgenschwerste Ereignis am 29. Juni 1965:

> „Infolge erhöhten Geschiebetrieb landete der Fischbach im Unterlaufgerinne auf, sodaß er am 29.6. über beide Ufer trat und eine Großkatastrophe, wie sie noch nie war, in Unter- und Oberlängenfeld verursachte …
>
> … Die Verheerungen waren groß und es mußten während der Katastrophe 52 Häuser mit 450 Personen, das sind 70 Familien, evakuiert werden. 40 Wirtschaftsgebäude wurden in Mitleidenschaft gezogen."

Anhand konkreter Zahlen müssen wir uns ein Bild vom Fischbach machen, seinem Einzugsgebiet, seiner Wirksamkeit und von den großen Muren. Für den gesamten Bereich der Gemeinde Längenfeld hat die Wildbach- und Lawinenverbauung Imst errechnet:

> „60 Prozent der gesamten Gemeindefläche von 195,81 km^2 sind Wildbacheinzugsgebiete. Die Wildbäche bedrohen 75 % der Siedlungs- und Kulturflächen in den bewohnten Talböden."

Für einen Bescheid der Bezirkshauptmannschaft Imst vom 9.7.1969 war zum Thema „Fischbach“ mitgeteilt worden, der „Einzugsbereich“ würde 82,6 km^2 betragen. Die Bachlänge beträgt 13 km.

> „Am 28.6.1965 19 Uhr ereignete sich im Einzugsbereich des Fischbaches ein katastrophales Hagelwetter, das verbunden mit der raschen Schneeschmelze gewaltige Murbrüche der Seitenbäche des Fischbaches auslöste. Rund 250.000 m3 Material kamen in Bewegung. (Tuiflehnbach 100.000 m3, Griedbach 100.000 m3, Leckbach und Unterrinne 50.000 m3).“

Dank einer großartigen Wildbachverbauung, die ab dem Ende des Ersten Weltkrieges begonnen und dann bis zur Zeit des Zweiten Weltkrieges durchgeführt worden war, konnte 1965 das Schlimmste verhindert werden. Es war dort die in internationalen Kreisen der Wildbachverbauung berühmte „STRELE-SPERRE“ erbaut worden. Hofrat G. Strele war Chef der „Wildbach“ und leitete als Hofrat und maßgeblicher Planer das Projekt. In den Unterlagen des Amtes in Imst befinden sich umfangreiche Sammlungen, Konzepte, Berechnungen, Pläne usw. Ein erstes „Protokoll“, aufgenommen zu Längenfeld am 27. Oktober 1919, unterzeichnet unter anderem von G. Strele, beschreibt den Fischbach vom Ursprung bis zur Mündung in die Ötztaler Ache. Der höchste Punkt des Einzugsgebietes

Plan der Fischbach-Verbauung.

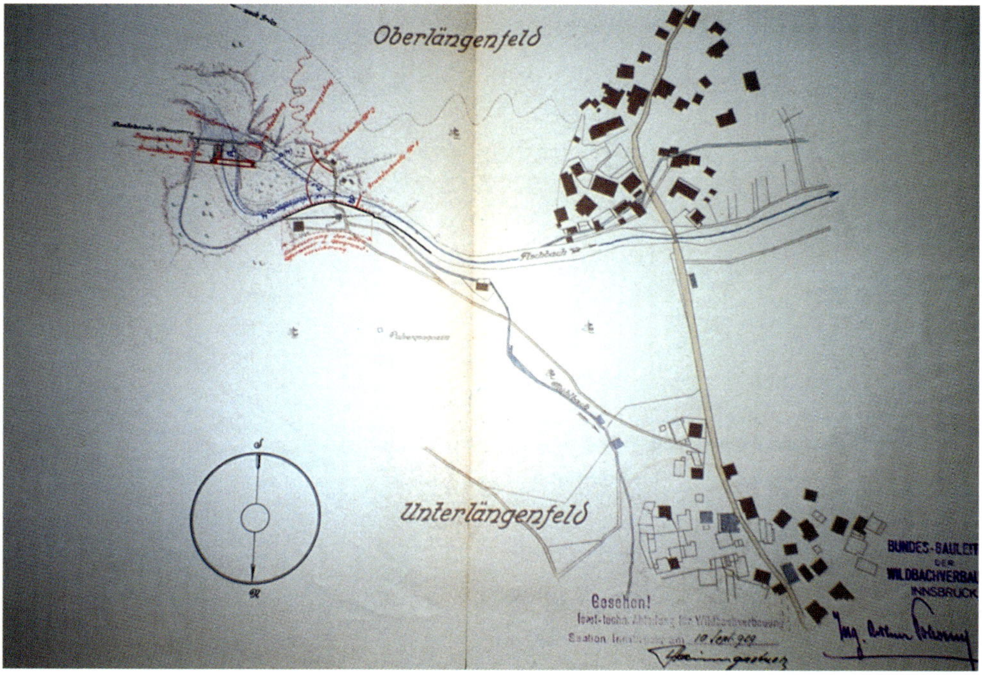

Die Strele-Sperre am Fischbach.

liegt beim Schrankogel mit 3500 m. Dem Protokoll vom 27. Oktober 1919 habe ich entnommen, dass auch Johann Stippler als Gemeinde-Vorsteher, also als damaliger Bürgermeister, mitunterzeichnet hat. Dieser Johannes Stippler als damaliger Bürgermeister ist mein Großvater, ein hoch geachteter Mann und ein viel fotografierter Charakterkopf.

Diese Seite und gegenüberliegende Seite: Verbauungen in Gries im Sulztal, Gemeinde Längenfeld.

Schließlich sehe und verstehe ich mich in der Nachfolge der STIPPLER-Chronisten bei der Schilderung der Ereignisse rund um den Fischbach, seiner Gefährlichkeit, seiner Macht als Schadenstifter und „Unhold". Franz Stippler hat von Fischbach-Ereignissen in den Jahren 1678, 1701, 1750 und 1762 berichtet, Johannes Stippler (der spätere Kanonikus in Brixen) von 1851, Johannes Stippler hat als Bürgermeister im Jahre 1919 den Start zum Bau der berühmten Strele-Sperre mitunterzeichnet, meine Mutter Annamaria, eine geborene Stippler, hat unter anderem den drohenden Fischbachausbruch von 1960 beschrieben.

Die „Rechen" an der Strele-Sperre sollen das Treibholz auffangen.

Als authentischer Augen- und Ohrenzeuge habe ich die Ereignisse ab dem 27. Juni bis zum 1. Juli 1965 hautnah erlebt: Ich habe es auch gewagt, in diesen gefährlichen Tagen viele Fotos zu machen und habe dann einen schriftlichen Bericht verfasst, der 12 eng maschingeschriebene Seiten umfasst, der aber bisher nirgends veröffentlicht wurde.

Ich werde ihn auch weiterhin im ÖTZTAL-ARCHIV weitgehend unter Verschluss halten.

Ich habe am denkwürdigen Herz-Jesu-Sonntag anlässlich des Mitwirkens am „Herz-Jesu-Feuer“ auf dem Gigglberg oberhalb von Längenfeld miterleben können, wie im Sulztal mächtige Gewitter aufgezogen sind, wie es gekracht und geblitzt hat. Wie es sich etwas lichtet und aufklart, sehen wir den braunen Fischbach aus dem Sulztal herauskommen. Dann sehen wir den braunen, gewaltig angeschwollenen Bach auf die Orte Ober- und Unterlängenfeld zukommen. Ich habe dann auch notiert:

> „Auf dem Weg ins Tal, den wir laufend, schwitzend und stolpernd in der Dunkelheit zurücklegen, können wir einen Blitzeinschlag in den Gamskogel beobachten. Ein Funkenregen von glühenden Steinen fällt, einer riesigen Rakete gleich, vom Gipfel zu allen Seiten herunter und verlöscht erst nach mehreren Augenblicken.“

Wir haben das Heulen der Sirene vernommen. Jetzt aber eiligst ins Tal, in die Dörfer.

Von Tag zu Tag beschreibe ich so weit als möglich die Vorgänge und Aktionen in Ober- und Unterlängenfeld, beteilige mich aktuell und massiv an verschiedenen Rettungsmaßnahmen, schäme mich ganz schrecklich, weil ich fallweise mit dem Fotoapparat unterwegs bin, weil ich deswegen ein schlechtes Gewissen habe. Ich vermerke auch, wie sich ein besonderer Mann aus dem Hinter-Tal, aus Gurgl, koordinierend und überaus sachkundig und souverän einschaltet: Angelus Scheiber, der bekannte Hotelier aus Obergurgl, von mir als „hervorragender Kopf der ganzen Aktion“ charakterisiert. Ich vermerke, was die Leute reden und diskutieren.

> „Damit ist das Ende dieser für alle so qualvollen Tage und Nächte in Sicht, dieser Stunden, die nur jede Generation einmal erleben muß, dieser Stunden, die in aller Erinnerung bleiben und bleiben sollen. Der Mensch soll immer vor Augen haben, daß ein starker, allmächtiger Gott über allen Gewässern und Muren steht und das Wirken der Menschen trotz Maschinen und Wohlstand armselig ist.“

Am Schluss meiner Schilderung als Augen- und Ohrenzeuge habe ich auch noch acht Ratschläge vermerkt, wie in Zukunft besser die Harmonie zwischen den Betroffenen hergestellt werden könnte und welche Maßnahmen getroffen werden müssten. Ich habe im Punkt sieben vorgeschlagen, dass sofort, wenn Gefahr droht, in beiden Orten, also in Ober- und Unterlängenfeld, je eine umsichtige, erfahrene, erprobte und angesehene Person ausgewählt wird, die lokal beruhigen und bestimmen soll. Zusätzlich soll ein „Unparteiischer“ von außen koordinieren und helfen. Schließlich habe ich im letzten Punkt zusammengefasst, was sich viele der Gefährdeten, der Betroffenen, der Geschädigten und der Bedrohten irgendwie gedacht haben. Ich spreche es aus, wie ich es gefühlt und vernommen habe:

> „Der Segen und der Schutz über allem Tun und über den Wassern soll in Bittandachten und Bachsegnungen erbittet und erbeten wer-

> den. Dabei sollen nicht nur die Frauen und Kinder, sondern nach Möglichkeit auch alle Männer anwesend sein. An Gottes Segen ist Alles gelegen. Unsere Ahnen haben dem Schutze Gottes Leben und Gut anvertraut. Wir und unsere Nachkommen sollen und müssen es ebenso halten.“

Und die Konsequenzen oder die Prognosen? Spätestens nach dem nächsten, sicher und hundertprozentig zu erwartenden Schadens-Ereignis werden sich besonnene Einheimische ohne Rücksicht auf touristische Maßnahmen wieder mit Gelöbnissen melden, werden wieder alte Bittgänge gelobt, werden wieder Prozessionen abgehalten, werden vielleicht auch wieder Segen und Gebete aktuell werden.

Der in meinem „Thema“ im Zusammenwirken von NATURKATASTROPHEN & KULT so exemplarische „Fall Fischbach“ ist vielfach übertragbar. Alpenweit und fast weltweit.

Das gilt.

Zwei Tiroler Studenten, Stephan Ilmer und Andreas Rauchegger, haben sich 2007 im Zusammenhang mit dem Projekt „Naturgefahren und kulturelle Bewältigung“, das zumindest teilweise von mir mitinszeniert und angeregt wurde, auch mit dem ziemlich einzigartigen Phänomen *„Längenfelder Fischbach-Gelöbnis“* auseinandergesetzt. Angeregt durch die von mir im neuen „FÖHN“ Nummer 2 veröffentlichten ersten Dokumente haben die jungen Forscher im Ötztal, in Längenfeld, weitergebohrt, haben gefragt und recherchiert.

Es haben sich bezüglich des Fischbach-Gelöbnisses merkwürdige und vor allem sehr denkwürdige Fakten ergeben. Mit Gemeinderatsbeschluss vom 6. März 1989 erfolgte eine neuerliche Abänderung des Gelöbnisses, die den Bewohnern der Gemeinde Längenfeld in der „Amtlichen Mitteilung“ bezüglich Fischbachgelöbnis kundgemacht wurde:

> „Der Bischof von Innsbruck bestätigte mit einem Schreiben vom 30. März 1989 die Genehmigung zur neuerlichen Verlegung der Gelöbnistage und drückte seine Freude darüber aus, ‚dass eine Gemeinde in der heutigen Zeit ein religiöses Gelöbnis so ernst nimmt‘. Bürgermeister Willi Kuen spricht in einem Interview am 7. Mai 2007 die Aktualität des Gelübdes an und bestätigt anhaltende Ängste und Sorgen von Gemeindebürgern wegen der Überarbeitung des Gelübdes.“

Wie auch immer diese Änderungen aussehen, bleibt ein schaler Geschmack, bleibt eine merkwürdig-dubiose „Mutation“ des ehemals stolzen und „worttreuen“ sowie aufrechten „Tirolers“. Ich lese im kurzen wissenschaftlichen Text der beiden Jungwissenschaftler:

> „Die vermeintliche Strafe Gottes erzeugte, wie das Fallbeispiel veranschaulicht, zunächst eine Bringschuld gegenüber Gott, die zu beschriebenem Gelöbnis geführt hat. Daraus entwickelten sich Ängste

vor weiterer Bestrafung wegen Nichterfüllung der gelobten Verpflichtungen. Schild wurde gemeinsames kulturelles Erbe und führte bis in die heutige Zeit zu Auseinandersetzungen mit Naturereignissen in Längenfeld. Diese oftmalige Wiederkehr drückt sich auch in religiösen Handlungen (Prozessionen, kirchlichen Feiertagen ...), Diskussionen und ‚Weitererfindungen' der entstandenen Tradition aus. Unsicherheitsgefühle sollen durch bischöfliche Genehmigungen beruhigt werden.

Es wäre zu hinterfragen, inwiefern eine Dorfgemeinschaft künftige Generationen zu (religiösen) Handlungen verpflichten kann. Daran knüpft sich eine weitere Ungewissheit, wo, und zwar ob und wann Erbe und/oder Tradition zur Verpflichtung wird beziehungsweise wo eine Trennungslinie zwischen beiden verläuft."

Willi Kuen, der Bürgermeister von Längenfeld, habe geäußert, es gäbe auch Bewohner seiner Gemeinde, die meinten, die Abschaffung oder Nichteinhaltung des Gelübdes würde wieder weitere Katastrophen hervorrufen:

„Am Beispiel Fischbachgelöbnis ist ersichtlich, dass diese starken Gefühle geradezu die Gelöbnistradition als Puzzleteil des Dorflebens am Leben erhalten und wiederkehrend auf das gemeinsame Erbe verweisen. Angstgefühle etwa schlagen sich unmittelbar am Körper nieder: durch rasenden und kräftig pochenden Herzschlag, durch Hitzewallungen, durch weiche Knie und unsicheren Schritt, durch Kälte am Rücken oder trockenen Mund.

Ängste vor der Strafe Gottes schüren Existenzängste ..." (Ilmer/Rauchegger)

Also bleibt das Fallbeispiel „FISCHBACH-GELÖBNIS" ziemlich einzigartig und wohl auch exemplarisch und vergleichbar im Umgang mit Naturgefahren und ihrer kulturell-religiös-kultischen Bewältigung. „AMEN" sage ich dazu.

> Erdbeben in den Alpen

Vergleichsweise sind die Alpen in der weltweiten Statistik der Erdbeben eine überaus ruhige Zone. Im gründlich und überaus fleißig recherchierten Buch von Josef Nussbaumer „*DIE GEWALT DER NATUR. Eine Chronik der Naturkatastrophen von 1500 bis heute*"

werden Teile des Alpenraumes mehrmals mit verhältnismäßig „bescheidenen" Erdbeben genannt. Es ist das Jahr 1556 mit einem Erdbeben in Bayern und Österreich. Am 22. Jänner 1572 gab es ein Erdbeben in Innsbruck und richtete erheblichen Schaden an. Getötete Personen sind nicht genannt. Und wieder ist Innsbruck genannt, und zwar mit Hall, am 14. März 1689. Es gab Tote (ohne Zahlenangabe). Am 26. Oktober 1788 ist ein Erdbeben in Tolmezzo/Italien registriert. Das Beben soll eine Stärke von 5.5 gehabt haben.

Am 12. Mai 1802 erschütterte ein Erdbeben Teile von Oberitalien, unter anderem Brescia.

Ein vergleichsweise großes Beben in der Provinz Belluno brachte 1873 den Tod von ca. 100 Menschen. Am 10. September 1963 wurde ein großes Beben im Raum Belluno/Piavetal gemeldet. Es gab – je nach den sehr schwankenden Angaben – zwischen 1189 und etwa 4000 Tote. Und noch einmal waren Teile Italiens von einem sehr starken Erdbeben betroffen. Am 5. Juni 1976 ereignete sich in Friaul das Beben, das – je nach Angaben – 929 bis ungefähr 2000 Todesopfer kostete. Noch einmal bebte am 15. September 1976 in Friaul die Erde und brachte den Tod von ca. 100 Menschen.

In verschiedenen Statistiken und Aufzeichnungen habe ich dann noch Erwähungen von Erdbeben am 18.9.1601 in der Zentralschweiz gefunden, am 20. Oktober 1788 in Tolmezzo, am 25.1.1946 in Sierre/Schweiz mit 4 Toten. Das Ereignis von 1601 verursachte im Vierwaldstättersee eine Flutwelle.

Aus der Zeit vor 1500 fand ich Nachrichten von Beben im Raum Friaul und in Kärnten. Das Ereignis von 1348 verursachte den Dobratsch-Bergsturz.

Von C.W.C. Fuchs gibt es in der Zeitschrift des Deutschen und Österreichischen Alpenvereins der Jahre 1880 und 1872 jeweils zwei Aufsätze „Ueber Erdbeben in den Alpen und deren Beobachtung" sowie „Das Erdbeben in den Deutschen Alpen". Es gab tatsächlich zahlreiche, fast immer kleine Beben. Es hätte demnach allein im Zeitraum von 1865 bis 1880 im gesamten Alpengebiet 362 Erdbeben gegeben. „*Gleichmäßig verteilt, würden demnach 24 Erdbeben jährlich im Alpengebiet eintreten.*" Von den 362 entfielen 81 auf Tirol und Vorarlberg. Im Raum Kärnten soll es registrierte Erdbeben auch schon 792, 1201 und 1267 gegeben haben. Zum größten Schadensereignis vom 25. Jänner des Jahres 1348 in Villach und Umgebung gibt es eine Reihe von Aufzeichnungen. Dr. Fuchs schreibt in seinem Aufsatz „Ueber Erdbeben in den Alpen":

„Am 25. Januar, um 4 Uhr Nachmittags jenes Jahres begann dieses sogenannte ‚Villacher Erdbeben' und hielt vierzig Tage lang an, in zahlreichen, bald heftigeren, bald gelinderen Erschütterungen. Dabei löste sich am südlichen Abhang des Dobratsch eine gewaltige Felsmasse los und verursachte einen der großartigsten aller bekannten Bergstürze. Noch jetzt ist der dadurch entstandene Schuttkegel, bezeichnenderweise als die ‚Schütt' genannt, fast eine deutsche Meile weit ausgedehnt … In Villach war der durch die Erdstöße angerichtete Schaden am größten; nur zwei Kapellen und einige Häuser sollen übrig geblieben sein. Die Mehrzahl der Einwohner kam um. Die Zahl der Verunglückten im ganzen Land wird … auf mehr als fünftausend angegeben.

Von Villach aus erstreckte sich die schlimmste Verwüstung längs der Drau, wo zahlreiche Dörfer und Schlösser, wie Hollerburg, Wildenstein, Freiensperg usw. in Trümmer fielen. Aber selbst in großer Entfernung, besonders in Krain und Friaul, war die Wirkung noch gewaltig, denn in Udine stürzte der Palast des Patriarchen zusammen, und auch in Venedig erlagen viele Paläste den Erdstößen. Auf TIROLER Gebiet, in Primör, wurde infolge eines Bergsturzes an der Cima Cimedo das Dorf Piu Baco vernichtet." (Fuchs, S. 354 f)

Nicht in den Alpen, aber in Europa haben sich viele teilweise dramatische und zerstörerische Erdbeben ereignet. Das berühmteste Ereignis fand am 1. November 1755 statt. Das vermutlich schwerste Erdbeben auf dem europäischen Festland in historischer Zeit ereignete sich in der Stadt Lissabon und Umgebung. Es soll insgesamt ca. 60.000 Todesopfer gegeben haben.

Zuerst hatte es einen gewaltigen Erdstoß gegeben – geschätzt auf 8.5 bis 9 auf der aktuellen Skala. Kurz darauf gab es ein zweites Beben. Dabei sollen Kirchen, Paläste und Türme, aber auf alle Fälle die Mehrzahl der Häuser zerstört worden sein.

Es wurden ungefähr 25.000 Menschen getötet. Das Epizentrum des Bebens lag im Atlantik. Dadurch gab es bis zu 15 Meter hohe TSUNAMI-Wellen, die über Lissabon losbrachen. Dabei wurden weitere 20.000 Menschen getötet. Insgesamt waren es 60.000 in der ehemals großen Hauptstadt mit zusammen rund 250.000 Einwohnern.

Neben Lissabon gab es noch ein bedeutendes Beben, und zwar Mitte Oktober 1356 in Basel.

Aber schon 1021 hatte es in Basel ein starkes Beben gegeben, das auch in Süddeutschland und der Ostschweiz Schäden angerichtet hat. 1356 soll das Beben die Stärke 6.5 erreicht haben. Ungefähr 50 Gebäude im Raum Basel wurden zerstört.

Eine Dokumentation aus dem Jahre 2005 widmet sich den „*ERDBEBEN IM KANTON GRAUBÜNDEN*", herausgegeben vom Schweizerischen Erdbebendienst. Es ist eine überaus gründliche, mit vielen Statistiken, Tabellen und Bildern ergänzte Sammlung zu „Vergangenheit, Gegenwart, Zukunft", unter Mitarbeit eines ganzen Teams von Wissenschaftlern, auch aus dem „Büro für Erdwissenschaftliche Öffentlichkeitsarbeit" in Chur. Mitberücksichtigt wurden auch die gesamte Schweiz und das angrenzende Ausland. Am schlimmsten war im Kanton das Erdbeben von 1295 in Churwalden, das möglicherweise die Zerstörung des Klosters Churwalden bewirkt hatte. Im Jahre 1512 erschütterte ein Beben die nahe der heutigen Schweiz befindliche Region Chiavenna, die damals zu Graubünden gehörte. Die Zahl der Toten ist in dieser Dokumentation nur ansatzweise vermerkt. Beim Beben vom 3. August 1622 in Ftan im Unterengadin wurden „4 erwachsene Juenglinge" getötet.

Unter den Beben außerhalb des Kantons ist besonders das Ereignis von 1855 in der Region Visp im Wallis bekannt.

Dazu gibt es eine Bilddokumentation von einem Gottesdienst nach dem Erdbeben.

Gründlich aufgelistet und dokumentiert sind teilweise, wie z.B. im Fall des Bebens von Churwalden, die angerichteten Schäden; vor allem die Schäden an versicherten Gebäuden.

Die ERDBEBEN in den Alpen aus historischer Sicht sind, was die Zahl der Getöteten betrifft, unbedeutend in der Wirkung im Vergleich zum Beispiel mit den Lawinen-KATASTROPHEN. Hingegen sind die größten Sachschäden in den Alpen durch Bergstürze und Felsstürze bewirkt worden.

Was die Erdbeben und generell die Naturkatastrophen betrifft, ist es hilfreich, sich zum Vergleich die weltweiten Statistiken anzuschauen und die entsprechende Fach- und Sachliteratur zu lesen. Da sind vor allem die Publikationen der „MÜNCHNER RÜCK", also der Münchner Rückversicherung, heranzuziehen. Ich hatte einmal bei einer Fernsehdiskussion des bayerischen Fernsehens Gelegenheit, mit Dr. Gerhard BERZ zusammenzukommen. Er ist nach 30 Jahren erfolgreicher Forschung 2005 in Pension gegangen. Als Abschiedsgeschenk erhielt er eine umfassende Dokumentation überreicht. Sie trägt den Titel „Wetterkatastrophen und Klimawandel – Sind wir noch zu retten?"

In diesem Buch, reich illustriert und nach Sachkapiteln geordnet, sind auch alle aktuellen Probleme des Klimawandels behandelt. Einer der Beiträge, er stammt von Ernst Rausch, behandelt das Thema „STURM und UNWETTER". Unter den großen Katastrophen kommen die Alpen nicht vor. Wohl aber sind die Alpen Teil eines Kapitels zum Thema „GLETSCHER".

Die nüchternen Rechner der weltweit größten Rück-Versicherung beurteilen die weitere Entwicklung sehr skeptisch.

Es wird jetzt notwendig sein, einige überaus dramatische Erdbebenszenarien aus Ländern außerhalb des europäischen Festlandes mit den eher „bescheidenen" Ereignissen der Alpen zu vergleichen. Das ist unter anderem bei Josef Nussbaumer nachzulesen, dessen Statistik bis 1990 reicht. Auf Seite 175 bringt er aus dem Chronik-Teil eine Tabelle der großen Erdbeben mit 50.000 und mehr Toten seit 1556. Die häufigsten und weltweit größten Beben hat es immer wieder in China gegeben.

Dolomiten

TAGBLATT DER SÜDTIROLER

Nr. 106 — Bozen, Samstag/Sonntag, 8./9. Mai 1976 — 53. Jahrgang

Erdbeben bringt Friaul Tod und Verwüstung — 300 Tote

1000 Menschen verletzt in Krankenhäuser eingeliefert — Über 100.000 Obdachlose
Steigt Zahl der Opfer auf 600 an? — 30 Orte zerstört — Kein Strom und kein Wasser

Udine — Während noch lange nicht alle Opfer der Erdbebenkatastrophe in Nordostitalien geborgen sind, wurden auch gestern nachmittag weitere Erdstöße registriert. Bis zum Nachmittag wurden rund 300 Tote aus den Trümmern der 30 zerstörten Ortschaften in den Provinzen Udine und Pordenone gezogen. Nach Angaben eines Polizeibeamten, der in Udine die Hilfsmaßnahmen leitete, sind mit Sicherheit wesentlich mehr Menschen ums Leben gekommen. 950 Verletzte liegen in den Krankenhäusern. Das Koordinationszentrum für das Erdbebengebiet rechnete am gestrigen Freitag abend mit 500 bis 600 Todesopfern. Wie der Rundfunk aus dem Hilfszentrum in Udine mitteilte, wurden schätzungsweise 100.000 Menschen obdachlos. In den betroffenen Zentren mangelt es an Wasser, Elektrizität und Lebensmitteln. Sogar die Särge für die Toten fehlen. In Notzelten, in Quartieren in den Schulen und in ihren Autos bereiteten sich die Überlebenden auf die Nacht vor. Kaum einer traut sich zurück in die Häuser, auch wenn sie halbwegs unbeschädigt geblieben sind. Die Zentren der Ortschaften sind fast vollständig von den Einwohnern geräumt. Mehrere Gemeinden sind zu 80 Prozent zerstört. Die Straßen sind noch immer trümmerübersät, und überall trifft man weinende Menschen und verzweifelte Helfer. 7000 offizielle Helfer, 40 Hubschrauber, 70 Krankenwagen und 500 Lastwagen sind pausenlos im Einsatz. 280 Tankwagen versuchen, das Unglücksgebiet notdürftig mit Wasser zu versorgen. Staatspräsident Giovanni Leone ist inzwischen mit dem Innen- und dem Arbeitsminister in Udine eingetroffen. Er nahm an einer Notstandssitzung von sämtlichen Bürgermeistern der getroffenen Orte teil.

Das Beben hatte am Donnerstagabend gegen 21 Uhr die größte Stärke erreicht. Bis zum gestrigen Freitagabend wurden 26 weitere Erschütterungen registriert. Wissenschaftler erwarten jedoch keine größeren Erschütterungen mehr.

Das Epizentrum liegt etwa 80 Kilometer nordwestlich von Triest inmitten des Tagliamentotals. Ein Landstrich von 60 Kilometer Durchmesser wurde verwüstet. Das Unglücksgebiet wird von fast 100.000 Menschen bewohnt.

Das Beben, das auf der Mercalli-Skala bis zur Stärke neun oder zehn — genaue Angaben fehlen noch — reichte, war im Umkreis von mehreren hundert Kilometern, im Norden bis Belgien und

(Fortsetzung auf Seite 5, Spalte 1)

Dolomiten, 8./9.5.1976.

Im Detail die größten Beben ab 1900: Das Beben vom 28. Dezember 1908 in Messina hatte nach den niedrigsten Angaben 47.000 Todesopfer, nach den Maximalangaben aber bis zu 250.0000. Am 16.12.1920 erschütterte ein Erdbeben die Provinz Kansu in China und brachte – je nach den Schätzungen – den Tod von 100.000 bis 200.000 Menschen. Rund 20.000 Menschen sollen nach dem Erdbeben erfroren sein. Das Beben vom 1. September 1923 in Tokio brachte den Tod von 99.000 bis 200.000 Menschen. Am 27. Juli 1976 bebte in der Region Tangschan die Erde. Nach Angaben der Münchner Rück starben ca. 200.000 Menschen: Anderen Angaben zufolge bis zu einer Million; eine Angabe spricht sogar von bis zu 2 Millionen Toten.

Gleich zweimal im Jahre 1976 wurden Teile von Oberitalien durch Erdbeben heimgesucht, zuerst am 6. Mai und dann am 15. September. Das ERDBEBEN in FRIAUL vom Mai 1976 gehört zweifellos zu den schrecklichsten Schadensereignissen der Neuzeit in den Alpen. In der Kernzone um die Stadt Gemona wurden folgende Schäden registriert: Ungefähr 120.000 Häuser wurden zerstört, weitere 80.000 wurden beschädigt, ca. 70.000–100.000 Menschen wurden obdachlos. Nach einer ersten Statistik wurde der Tod von 966 Menschen registriert.

Das historische Stadtzentrum von Gemona wurde zu 90 Prozent zerstört, ebenso der Dom von Venzone. Das Unglücksgebiet hatte eine Ausdehnung von ca. 3000 km^2.

Eine durch das Erdbeben zerstörte Kirche in Uggovizza.

Im September kam ein weiteres Beben. Wieder war die Stadt Gemona betroffen.

Allein in dieser Stadt gab es ungefähr 400 Tote. Es wurde berichtet, Gemona *„ist praktisch von der Landkarte ausradiert"*.

> Wettermacher, Schneemacher & Wintermacher. „Wetterschlachtige" Leut'. Von Hexern und Hexen.

Rechnen statt Beten? Bann & Fluch

Um Regen beten. Mit Kanonen gegen den Hagel schießen. „Di Tiroler hend ds Wetter gmacht. Wenn's leid Wetter gge het, sind derigi dschuld gsi". Wenn das stimmen würde, wie es in der Schweiz heißt: „Die Tiroler haben das Wetter gemacht. Wenn das Wetter unheilvoll gewesen ist, dann sind diese (Tiroler) schuld daran." Das hat der alte Gieri Murezi Arpagaus, geboren 1879, gestorben 1948, dem Sammler Arnold Büchli für seine einzigartige Dokumentation „Mythologische Landeskunde von Graubünden. Ein Bergvolk erzählt" mitgeteilt. Ich habe diesen Ausspruch im Band II auf Seite 638 gefunden. Und es gibt noch mehrere Hinweise auf die scheinbar zauberkundigen Tiroler.

Das so genannte „Wolkenschießen".

Klamm bei Längenfeld im Ötztal; Nepomukkapelle und rechts unten ein hochwassersicheres Haus, gebaut von Architekt Hermann Holzknecht.

Aber auch Hexen und Hexer machen das Wetter und den Schnee und den Kunstschnee. Das können zum Beispiel LA STRIAS DELLA LUMNEZIA, also die Hexen der Lumnezia und des Lugnez im Kanton Graubünden, sein oder der berüchtigte MALEFIZ-Bua aus dem Zillertal, unter anderem schändlich tätig im Ötztal. Aber das ist alles lange her.

> „Die Hexen des Lugnez waren am Bergsee von Grun tätig geworden, die Ernte der Bauern zu verderben und haben es deshalb hageln lassen. Da läutet die Glocke St. Jakob von Morissen, und der Hagel muss aufhören, und die Hexen müssen fliehen“ (Büchli, Band II, S. 437)

Auf dieser Seite wird auch bestätigt: „DIE GROSSE GLOCKE von MORISSEN ist vom Bischof Rampa im Jahr 1878 geweiht gegen Hagel, Schnee und Feuer“.

Im gleichen Band II findet sich aus dem Dorf Siat die folgende Nachricht:

> „Vor vielen Jahren hat ein Galtviehhirt meinem Vater, der selber Hirt gewesen ist, erzählt: Während seine Rinder lagerten an einem schönen, sonnigen Tag, sei eine ihm unbekannte Frau dahergekommen und gegen den Vorab hinauf gegangen. Und dann habe sie ihren Rock

Votivtafel aus dem Pitztal, im Museums-Friedhof in Kramsach.

> aufgehoben bis zum Hals, und darauf habe es zu hageln angefangen. Und er, der Galtviehhirt, habe zusehen müssen, wie zwei Rinder über die Felswand hinaus rannten. Das ist eine Hexe gewesen." (Büchli, Band II, S. 366)

Ein überaus grausamer, von der katholischen Kirche gutgeheißener, sogar befohlener und mit allen Machtmitteln durchgesetzter HEXENWAHN hat weite Teile Europas und ganz besonders einige Alpenregionen „heimgesucht". Was heißt hier „HEIM" in der Assoziation zu Geborgenheit und „Heimat"?

Das im Tiroler Haymon-Verlag erschienene Buch von Hansjörg Rabanser „HEXENWAHN. SCHICKSALE und HINTERGRÜNDE. Die Tiroler Hexenprozesse" berichtet von zahlreichen Prozessen, Quälereien, Folterungen, Hinrichtungen, Verbrennungen. Ein erheblicher Teil der „Laster" ist das Herbeizaubern von Wetter, speziell von Unwetter, also von Hagel, Muren, Wasserschäden usw.:

> „Die Arten und Praktiken des Wetterzaubers … waren laut den zahlreichen Aussagen der inhaftierten Personen vielfältiger Natur und Gestalt. Die beliebteste und am öftesten angewandte Art des Wetterzaubers erfolgte mit Hilfe eines Gewässers. Es konnte sich dabei um einen See, Fluß oder Bach handeln, ja sogar um eine Wasserlache oder den Brunnen vor dem Haus. Es wurden magische Ingredienzien ins Wasser geworfen oder gemischt und die beschwörenden Worte gesprochen: ‚Du beser Geist, ich verwillig mich in deine Gewalt, und daß du führest das Wetter an Schaden." (Rabanser, S. 180)

Neben dem Wasser spielte auch die Erde eine wichtige Rolle. Rabanser bringt dazu das Beispiel der Katharina Kässler. Die „Hexengesellschaft"

Gedenktafel an Rudolf Kapferer, Gutsbesitzer in Östen, der am 28. November 1904 auf der Jagd in der Farstrinne verunglückte.

hatte sich um einen „Kreis mit rundherum aufgeworfener Erde“ versammelt. Hier erkennt man auch noch das kultische Motiv des Kreis-Ziehens, wie wir es vom schweizerischen Betruf, vom Neujahrssingen im oberen Vinschgau, vom Gilgamesch-Epos und von zahlreichen Belegen kennen.

Rabanser zitiert ein Vernehmungsprotokoll. Mathäus Perger bekennt in seinem Verhör wörtlich:

> „Ich beschwör dich Belzebub und Satanes, dass es hinauffahrt und schlagt das Wasser herauf, in ein dicke Wolken, in die Höhe, und mach, daß der kalt Nordwind komm, damits Eis abgeb, und dass das Eis zu Brocken werd, und solches die Wolken auflassen, auch der Wind von der Höhe hinab zu den Häusern auf die Felder, Gieter und Weingärten (…) hintreib“. (Rabanser, S. 180)

Schon aus meiner Jugendzeit ist mir bekannt, dass die schrecklichen Ausbrüche des Vernagt-Sees hinter Rofen mit einem „Zauberer“ in Verbindung stehen würden. Hinter Huben, wird in der mündlichen Überlieferung berichtet, soll sich ein feuriger Reiter herumtreiben, der schließlich in die Schlucht des Pollesbaches verbannt werden solle. Und aus der regionalen Heimat- und Kulturforschung ist im Zusammenhang mit den Ausbrüchen des Eissees von Vernagt hinter Rofen bekannt, dass ein „Hexer“ beim Bauern Kuprian in Armelen hinter Huben übernachtet haben soll, er dort aber nicht zu seiner Zufriedenheit bewirtet worden sei und er dafür den Fernersee, also den berüchtigten Gletschersee, habe ausbrechen lassen und am gleichen Tage auch den Ausbruch des Fischbaches in Längenfeld „bewirkt“ haben soll. In Meran befinden sich unter den Gerichtsakten auch die Unterlagen eines großen Prozesses vom Jahre 1680. Rabanser schreibt dazu:

> „Der Zauberknabe Thomas Jechner bekannte 1680 vor dem Meraner Gerichtsgremium, er habe mit Hilfe der Zauberei große Muren von den Almen ins Tal geschickt, sodaß dadurch Felder und Korn verschüttet worden wären.“ (Rabanser, S. 181)

Dabei handelt es sich um Thomas Jechner, genannt „Jechl“, aus Hollenzen im Zillertal, damals über 21 Jahre alt, *„vermutlich nicht ganz bei Verstand“*.

Werner Kopp hat bei seinen kulturkundlichen Recherchen in Meran den Gerichtsakt kopiert. Aus dem relativ schwer lesbaren Protokoll habe ich einige Passagen und Hinweise gefunden, wie dieser Jechl im ganzen Land Tirol als „Hexer" tätig gewesen sein soll. Mehrmals habe er Wasserströme losgelassen.

Das habe er *„mit seinem Stabele"* bewirkt. Außer dem vorher genannten Wasser und dem Erdreich gibt es also auch das Hilfsmittel „ZAUBERSTAB". Unschwer lässt sich eine Verbindung herstellen zur Geomantie als einer Lehre von verborgenen Energien, von Kraftströmen und Kraftlinien in der Erde, also beispielsweise zum Aufspüren von Wasseradern. Ausdrücklich wird im Gerichtsakt von Meran aus dem Jahre 1680 auch darauf hingewiesen, der Thaman Jöchl wäre *„auf einen perkh"* gewesen und er habe dort den *„ferner ausgehen lassen"*. Er habe also den Ausbruch des Fernersees zu Vernagt bewirkt. Dieser „Thaman Jechl" ist bekannt geworden als „MALEFIZ-Bua". Ich habe sein Wirken mehrfach und in literarischer Ausformung in meinem neuen Roman „SIMILAUN" beschrieben und charakterisiert. In Kapitel 13, „Wettermacher & Hexer", beschreibe ich ihn auf den Seiten 132 bis 139 und vergleiche ihn mit anderen Zauberern, die in den Sagen und der mündlichen Überlieferung bekannt sind. Auf den Seiten 188–191 beschreibe ich im Kapitel 18, wie der Malefiz-Bua in Meran hingerichtet wird.

Votivtafel „Durch die Anrufung der Maria Luggau / dieses Kind wunderbahr aus dem Wasser geretet worden".

Dieser Sorte von Menschen, die mit offenbar übernatürlichen Kräften und Fähigkeiten ausgestattet sind, gehören auch zwei weitere Sagengestalten aus dem Ötztal an, das „Kasermandle" von Huben und der „Doris" in Vent. Von beiden Gestalten handeln Sagen, die unter anderem im Buch „Sagen und Geschichten aus den Ötztaler Alpen" (Ötztal-Archiv-Schriftenreihe Band 1 auf den Seiten 64–66 sowie S. 116–119) abgedruckt sind.

In diesen Sagen sind es Männer, die Hexer sind. Viele andere Sagen berichten von ähnlich wirksamen Frauen, die dann als Hexen verurteilt, getötet und verbrannt wurden. Immer sehr nahe beisammen: einerseits die beinahe heroischen Gestalten der Sage, fast schon verehrungswürdig wegen der außerordentlichen Kräfte, beispielsweise Tiere bannen zu können, andererseits, haarscharf daneben, die offenbar gleich wirksamen Gestalten als „Hexer" und „Hexen" verurteilt.

In wohl keinem anderen Bereich vor allem der alpinen, der extrem hochalpinen Kultur ist diese „Zweigesichtigkeit" so deutlich wie im Zusammen-

Jakobspilger, Darstellung an einer Hauswand in Wildermieming.

hang mit außergewöhnlichen Naturereignissen, also mit Lawinen, Muren, extremen Hochwassern zu erkennen. Aber überall – wohl weltweit – ist man sich dieses Wirkens unheimlicher Kräfte und Menschen bewusst. Beispiele dafür finden wir im Bereich der Blitz-Abwehr, der Hagelabwehr, also des Zaubers im engeren und im weiteren Sinn. Offensichtlich sind „natürliche" Extremereignisse in extremen Hochgebirgstälern besonders dramatisch und einzigartig im Vergleich zu flacheren Gebieten. Unfassbar groß und vielfältig sind die Nachrichten darüber und sehr mangelhaft sind vergleichende Fakten, sind Gegenüberstellungen mit „positiven" Sagen und „Hexereien", nachzulesen in tausenden von Akten zum Hexenwahn. Beispielsweise sind im „Handwörterbuch des Deutschen Aberglaubens", im HDA, unter dem Stichwort „Wetter" und sodann unter

„Wetterbeschwörung – Bann", weiters unter
„Wetterbesen"
„Wetterbüchlein"
„Wettergespenst"
„Wetterheilige"
„Wetterhorn"
„Wetterkatze"
„Wetterleuchten"
„Wettermachen"
„Wetterpredigt"
„Wetterprozession"
„Wetterregel"
„Wettersegen" und
„Wetterschießen" Nachrichten zusammengefasst.

Votivtafel in Zwergern, Deutschland: „Christliches Andenken an die Jungfrau Margarethe Zwerger, welche vom Donnerschlag getroffen, im 47. Lebensjahr den 14. Juni 1874 im Herrn entschlafen ist."

Die Angaben sind sehr zahlreich und kaum mehr überschaubar ist die Fülle an Hinweisen, Zuordnungen, Deutungen, Analysen etc. Einige Hinweise und Literaturangaben beziehen sich auf den Alpenraum. *„Das durch Dämonen, Hexen oder Zauberer hervorgerufene Unwetter vermag man durch Gegenzauber zu bannen.*" (HDA, S. 507). Dazu gehören auch kirchlich-christliche Rituale wie die Wetterämter, die Wettermessen, die Prozessionen und Gelöbnisse. Besonders wirksam ist der spezielle Wettersegen mit dem Allerheiligsten, mit der Monstranz und der sich darin befindlichen geweihten Hostie, das alles in Verbindung mit speziellen Gebeten und Beschwörungen, besonders verstärkt durch den Einsatz von Glocken, Böllern, Gesängen. Auf vielen Kirchtürmen wurde die Wetterfahne befestigt. Vielfach ist es der aus Metall gearbeitete Hahn. Ihm kommt große apotropäische Bedeutung zu. Es ist der Abwehrzauber zum Schutz gegen Blitz, Gewitter und Sturm. Ein populärer „Wettergeist" in den Alpen ist in Südtirol das „Pfeifer-Huisele". Im HDA heißt es dazu:

> „Zogen sich die Wolken über den Bergen zusammen so sagte man in Gossensass vor etlicher Zeit: ‚Das Pfeifer-Huisele wird wohl um die Wege sein' und meinte einen Wettergeist, der das Wasser auf die Berge besorgte und es von oben in die Täler herabgoß. Derselbe Geist warnte oft die Bauern auf dem Felde, ehe er das Wetter losließ: ‚Schleunt euch! Schleunt euch!' Nur die, denen er Feind war, ließ er ungewarnt und schädigte sie dann. Auch Schneefall kann ein solcher Berggeist im Gefolge haben … Gutes Wetter kommt, wenn die drei

In der Wallfahrtskirche Locherboden im Oberinntal.

Fräulein am Hoargenstein bei Reutte oder die weißen Frauen vom Staufen ihre Wäsche hinaushängen.“ (HDA, S. 521)

In zahlreichen Sagen und in der mündlichen Überlieferung kennen wir solche Gestalten, die auf das Wetter Einfluss nehmen. Dazu gehören die Dialen, die Saligen, die „weißen Frauen“, die Tanna usw.

Bei der Schilderung des Bergsturzes von Goldau im Jahre 1806 ist vermerkt, dass es eigene „Felssturz-Predigten“ gegeben habe. Fromme Prediger haben dem Volk zu erklären versucht, dass durch den Bergsturz zwar mehr als 400 Personen getötet worden waren, dass sie aber damit auch vor den negativ geschilderten Folgen der französischen Revolution verschont geblieben wären. „Freiheit/Gleichheit/Brüderlichkeit“ als abschreckendes Horrorszenario; schlimmer als der Tod im Bergsturz?

Auch im HDA ist das Kapitel „WETTERPREDIGT“ kurz abgehandelt. Es ist die *„durch ein Unwetter veranlaßte Predigt, die das Volk zur Buße aufruft“.*

Aus altrömischen Quellen ebenso wie aus altgermanischen Rechtsquellen und aus anderen rituellen Beschwörungen kann der sehr häufige und kräftige WETTERSEGEN abgeleitet werden. *„Altkirchliche Benediktionen segnen teils die Saaten, teils beschwören sie Hagel und Gewitter.“* (HDA, S. 552)

Geheimnisvolle Wettermacher und Wettermacherinnen geistern bis zum heutigen Tag durch fast alle Lande und erobern im Gefolge des mächtig angeschwollenen Stromes der Esoterik buchstäblich Stadt und Land. Nicht mehr der zum Tod verurteilte Hexer belebt die Vorstellungswelt vieler Neu-Gläubigen, sondern die zumeist fernöstlichen „Weisheiten“. In den größeren Buchhandlungen sind eigene Abteilungen diesen neuen Phänomenen reserviert.

Friedhof von Alagna.

Tatsache ist, dass vor allem in der Phase der so genannten „KLEINEN EISZEIT", das ist hierzulande die Periode von ca. 1600 bis 1850, eine überaus starke Zunahme der Hexen- und Hexerprozesse festzustellen ist. Das hing damit zusammen, dass es zu sehr extremen und langdauernden Kältephasen kam, dass es viele klimatische Anomalien gab, dass es infolgedessen auch zu Hungerperioden kam. Die teilweise extremen Temperaturverläufe führten zu beinahe ident extremen Häufungen der Prozesse gegen Wettermacher und Wettermacherinnen. Vom Schaden- und Wetterzauber wurden tausende Menschen erfasst. Es gab eine Hexenhysterie auch rund um Hexensalben, Hexenflüge, Hexensabbat usw.

Weltweit verbreitet, zumeist hoch geschätzt wegen der gründlichen Recherchen, ist „NATIONAL GEOGRAPHIC". Eine der deutschsprachigen Ausgaben widmete sich der „HEXENJAGD" (Dezember 2006). Die Zeitschrift versuchte der Frage nachzugehen, *„warum einst Zehntausende auf dem Scheiterhaufen starben"*. Als eine der Ursachen wird dort die „Kleine Eiszeit" genannt, die zu Ernteausfällen und Hungersnöten geführt hat. In Mitteleuropa gab es die letzten bekannten Verurteilungen und Hinrichtungen in den Alpen 1775 in Kempten/Allgäu mit der Hinrichtung einer Hexe und 1782 als *„letzte legale Hexentötung in Europa im Kanton Glarus in der Schweiz"*. In dieser Ausgabe von „NATIONAL GEOGRAPHIC" findet sich auch der interessante Hinweis: „Seit 1968: Die Hexe gilt als Symbolfigur der Frauenbewegung".

Nach einer neueren Statistik bei W. Behringer, „Hexen", München 2005, sollen in Österreich ca. 1000 Menschen betroffen gewesen sein, die hingerichtet wurden. In der Schweiz waren es ca. 4000, allein in Liechtenstein 300, in ganz Deutschland ca. 25.000, hingegen „nur" ca. 4000 in Frankreich und 300 in Spanien. Insgesamt sollen in ganz Europa ungefähr 50.000 Menschen als Hexer, Hexenmeister, als Werwölfe und Hexen

Zwei der vielen „svete gore", der heiligen Berge in Slowenien. Links der „sveta gora" zwischen Laibach/Ljubljana und Cilli/Celje. Rechts der „sveta gora" bei Görz/Gorizia.

hingerichtet worden sein. Einigermaßen gesichert scheint zu sein, dass etwa ein Drittel davon der „Wettermacherei" und dem „Wetterzauber" bezichtigt worden war.

Wie sich das Blatt gewendet hat:

Neue WETTER- und WINTERMACHER breiten sich aus, vermehren sich, haben einen gewaltigen Boom ausgelöst, wurden zu neuen Heroen, Helden und Zauberern hochstilisiert. Es sind beispielsweise und höchst aktuell „DIE WINTERMACHER".

Sogar die seriöse in Hamburg erscheinende Zeitung „DIE ZEIT" widmete einen deftig-informativen Teil diesem Phänomen der Neuzeit, speziell dem winterlichen Massentourismus, der neuen „SNOW-CULTURA".

Am 21. Februar 2008 lautet die Schlagzeile „*DIE WINTER-MACHER. Mit Schneemaschinen und Gletscherschutzhauben begegnen Ingenieure den Auswirkungen des Klimawandels*". Den Beitrag hat Sabrina Ebitsch verfasst und sie hat präzise recherchiert. Neue Herren übernehmen die Rolle der alten Frau Holle. Einer von ihnen, einer der führenden Köpfe alpen-, europa- und vielleicht weltweit kommt aus Südtirol.

„Der Schnee, auf dem Martin Eppachers Ski stehen, ist sein Werk. Der Ingenieur ist nicht zum Vergnügen auf der Piste, sondern beruflich. Eppacher plant Beschneiungsanlagen für Skigebiete. Er fährt die Pisten ab, schaut, wo der Schnee fehlt, und markiert dann mit einem Kreuzchen, wo eine Schneemaschine stehen soll. Dann fährt der technische Direktor zurück ins Werk von TECHNOALPIN, lässt aus Kreuzchen

> Realität und Pisten weiß werden. ‚ARMANI-Schnee' nennt man das weit weg von Italien. Es geht um designten Schnee, um Kunstschnee oder um technischen Schnee, so die offizielle Sprachregelung. Und weil König Holle, der Weltmarktführer in der Schneeproduktion, in Norditalien sitzt, ist es zu Armani nicht weit." (Ebitsch, S. 65)

Zusätzlich wurde an einem anderen Ort, offenbar durch die Schweizer Landolt AG, das neue „Vlies" als „Eispflaster" entwickelt. Eine neue Fach-Sprache rund um diesen neuen Snow-Zirkus hat sich entwickelt: Das „Eispflaster" soll offenbar Wunden heilen, was in der neuen Techno-Produktpalette die anderen Wundermittel angerichtet haben, die LANZEN und KANONEN, ja, die allseits bekannten SCHNEE-KANONEN schießen aus vollem Rohr gesundes Trinkwasser in gewaltigen Ausmaßen. Ein kanariengelbes Monsterheer steht einsatz- und verkaufsbereit bei TECHNOALPIN in Bozen, dem weltweit führenden Glücksbringer weißer Pisten. Inzwischen sind beispielsweise bei Dolomiti-Superski als einem der weltweit größten Skizirkusgebiete mehr als 95 % der Pisten „kunstbeschneit", im gesamten Alpenraum sind es ca. 30 % aller Pisten.

„Weißes Gold" verspricht reichen Segen. Neue Schneemacher sind neue Wettermacher und neue WINTERMACHER. Sakrosankt wie sie sind, wie sie allemal die weiße Wunderwelt beherrschen, werden sie keineswegs neue Wettermacher-Prozesse, neue HEXER-Prozesse zu gewärtigen haben. Mit den Beschneiungsanlagen stehe und falle der alpine Schnee-Tourismus. Mit dieser neuen Ware nähern sich alpine Schnee-Macher beinahe göttlichen Dimensionen. Die „Frau Holle" ist längst übertrumpft und überholt. Die beinahe göttliche Verehrung der neuen Schnee-Götzen nimmt von Jahr zu Jahr erschreckendere Ausmaße an. Ich versuche, diesen Wandel in Gesinnung und Kultur am Beispiel einiger Zeitungsmeldungen zu illustrieren:

„Kunstschnee kann Sünde sein" hat zwar im Jänner 2007 ein prominenter katholischer Theologe in Oberösterreich behauptet und damit eine bemerkenswerte Pressereaktion ausgelöst. Ja, bei Skirennen könne er ja ein Auge zudrücken. Aber wer um jeden Preis dafür sorge, dass die Pisten weiß sind, versündige sich unter Umständen gegen die Natur.

In allerneuester Zeit kam es zu einem vergleichsweise weltweiten und globalen Diskussionsprozess rund um die Erzeugung von Treibstoff für die Fahrzeuge aus Getreide und die damit in Verbindung stehende Gefährdung der Nahrungsreserven von Millionen Menschen. Bleiben wir vorerst noch beim sündhaften Vergeuden von Wasser und Energie. Dazu eines der vielen Beispiele, beliebig ausgewählt, aber exemplarisch wegen der dabei gefundenen Sprache, Rechtfertigung und Perversion:

> „SÖLDEN sichert mit der größten Beschneiungsanlage der ALPEN den Winter bis in die Gletscherlagen".

Die Bergbahnen Sölden haben im Jahr 2007 23 Millionen Euro in technische Beschneiungsanlagen gesteckt. *„Der nächtigungsstärkste Wintersportort Österreichs verfügt damit über das größte europäische Einzelsys-*

In Elva, Provinz Cuneo im Piemont.

tem zur technischen Schnee-Erzeugung und über Schneesicherheit bis auf 3300 Meter Seehöhe", ist in den diversen Presseaussendungen zu lesen. Ein gewaltiges Heer neuer „Mannen" und Instrumente steht bereit:

> „ein System zur technischen Beschneiung von einzigartiger Dimension. 130 Schnee-Erzeuger auf Türmen verteilen den Schnee auf einer Fläche von zirka 75 Hektar. Elf Pumpensätze sorgen für eine Pumpleistung von ungefähr 500 Liter Wasser pro Sekunde oder 1800 Kubikmeter pro Stunde. Ein Speicherteich von 150.000 Kubikmeter Nutzinhalt stellt die benötigte Wassermenge in einer Höhe von 2620 Metern zur Verfügung … Das Söldener Skigebiet verfügt mit der neuen Anlage über insgesamt 235 Schneekanonen (mobile Propellermaschinen, auf Türmen montierte Propellermaschinen und Schneelanzen), die über 55 Kilometer lange Leitungen mit Wasser gespeist werden … Die insgesamt beschneite Fläche beträgt 223.5 Hektar". (gezeichnet von „Hasbi Ballila")

In der populären Tourismus-Sprache der Regionalzeitungen heißt es dann: *„Mit Klimawandel wird Kunstschnee Luxusgut"*, *„Kanonenschnee verhindert Tiroler Millionen-Einbuße"* oder *„Tiroler lässt der Klimawandel kalt"*.

Und schon im Jahre 1989 wurde mit göttlichem und landeshäuptlichem „Segen“ vom Pitztal aus eine neue Seilbahn auf dem 3440 Meter hohen, bis dahin unberührten weißen und jungfräulichen Gipfel des Brunnenkogels in den Ötztaler Alpen eine neue Seilbahn erbaut, wurde also ein weites Gletscherfeld mitsamt einem wunderschönen Berggipfel „erschlossen“. Es wurde gebaut und zerstört. Die Wunden in der Natur sind beispielhaft nachhaltig und grausam. In einem Glossen-Text unter dem Titel „Die Gletscherkommunion“ habe ich das Zeremoniell rund um diese Bahn mit all den Festreden, der Weihe, der Segnung und dem ganzen Alpin-folklore-Geschehen niedergeschrieben und im Büchlein „Von Schneekanonen und Transitlawinen“ festgehalten (Edition Löwenzahn, Innsbruck, 1993). Der damalige Landeshauptmann Partl lässt die neue Sprache und Snow-Gletscher-Ideologie ertönen, offensichtlich ganz nach dem Herzen, dem Trachten und Sinnen der neuen „Kultur“: *„Die Gletscher sind die Weizenfelder des Tiroler Oberlandes“.*

Die für den Skilauf „erschlossenen“ und eigentlich zerstörten Gletscher lösen die agrarisch tätigen Bauern drunten im Tal ab. Neue Glückseligkeiten und WEIZENFELDER sind ganz weit droben ausgebreitet. Ich habe geklagt und habe angeklagt und habe den SCHNEE-MACHER-WAHNSINN von heute schon vor 20 Jahren erkennen können:

> „Alles ist eingebettet in Weihrauch, in weihwasserwedelnde Pfarrer, in heimatschützerische Ehrensalven, in Tauforgien und Gletscherkult, das alles ist Sinnbild und Symbol unserer neuen Götzen.
>
> keemet
> knielt niidr
> busslt in schnea
> busslt in fearnar
> weihet is schiwox
> segnt enkre lifte und soalboonen
> keemet und donket
> knielt niidr
> und beetet
> wöll wöll lasset keinen bettenstop über uns kommen
> wöll wöll und erlöse uns von all diesem übel
> verschone uns o herr
> und vergib den dümmsten unter uns
> amen & vrgaltsgött getrüilach“ (Haid, Schneekanonen, S. 12)

Wie es weitergehen kann? Der winterliche Tourismus wird weiter expandieren, wird weitere Gletscherflächen erobern, wird politischen Druck ausüben, wird vorerst siegen und dann krepieren.

Der ZORNIGE GOTT wird von Jahr zu Jahr mächtigere Lawinen in die Täler schicken, wird riesige Felswände abbrechen lassen, wird Katastrophenüberschwemmungen über die Bergtäler hinwegsausen lassen. Der Permafrost wird siegen. Die Hexen werden aus der Frauenbewegung ausbrechen und in die Bergtäler vorstoßen, mächtig und vielfach.

In einigen der gemauerten Schutzdämme oberhalb von Pontresina befinden sich Heiligenbildchen.

„*SKIFAHREN wird kein MASSENSPORT bleiben*" haben einige Zeitungen verkündet. Dieses aufgeblasene Monsterdenken wird in sich zusammenbrechen. Allein durch den Klimawandel prophezeien uns neue Gurus den baldigen zwanzigprozentigen Rückgang aller Nächtigungen, verbunden mit der zumindest zwanzigprozentigen Zunahme der Katastrophen. Es wird nach den 20 Prozent weitergehen.

O WEH O WEH
ES STÜRZT DER BERG
ES KOMMT DIE FLUT
O WEH O WEH!

„Porno alpin" ist der Ausweg. Sex und Suff sind die Erlösung. Die Droge wirkt. Auch der Pfarrer ist angesteckt. Die alpine heilige Dreiheit: SKI, SEX & SUFF.

Das ist alles nichts gegen die Katastrophen. Die Natur schlägt zurück. Dort am meisten, wo sie am schrecklichsten geschändet worden ist. Amtliche und halbamtliche Glossenschreiber verkünden weiterhin den Fortschritt. Einer von ihnen nannte es die wirtschaftliche Totalerblindung. Naturschutz ade. Amen und das Tal zugesperrt. Wie in Sexten, im Veltlin, in Log Pod Mangrtom sind die Muren und Bergstürze ins Tal gekommen. Verflucht ist die Gegend. Eine ganze Menge Tote hat es gegeben.

DER TOURISMUS IN DEN ALPEN ZERSTÖRT SICH SELBST.

Fünf Millionen Ferienbetten in den Alpen. 500 Millionen Übernachtungen pro Jahr. 120 Millionen Feriengäste. Die totale Vermarktung von Schnee und Kultur. Eine der größten und wildesten Tourismusdestinationen der Welt bricht zusammen. Dort findet knapp ein Viertel des Welttourismus statt. Bevor die Bergtäler zugesperrt haben. Als Sperrmüllzonen und Lagerhallen. Dann die radikale Umwandlung der dort wohnenden Einheimischen. Degradierte und deformierte Bergböcke, Zuhälter des „ewigen Schnees", Sträflinge und Ausgebeutete. Arme Talhirne. Zugeklebt und versoffen.

Aber das ist nur die eine Seite. Das „Weiße Pferd" als Sprachrohr einer „urchristlichen Gesellschaft ...". Da schlagen die neuen Fundamentalisten zu. Viele Dorfpfarrer predigen von der neuen Apokalypse und von der „weißen Sintflut". Wie verhalten sich Menschen nach Katastrophen? Wenn die Lawinen ganze Bergtäler zuschütten? Dann beginnt die Suche nach den Schuldigen. Und es werden Unschuldige gefunden. Lawinen als „weiße Sintflut". Wer ist schuld?

„Wetterschlachtige Leut" hat es in den Dörfern und Tälern bis in die vergangenen Jahren immer gegeben. Helmut Prasch, ein Kärntner Regionalforscher, hat in seinem Buch „Mölltaler G'schichten" über wetterschlachtige Leute geschrieben. Er hätte es auch aus anderen Gegenden schreiben können, fast von überall her hätte er die Botschaften und die Mahnungen der WETTERSCHLACHTIGEN vernehmen können. Einer davon war der „Wetterzauberer" von Flattach. Bis 1700 herum wäre er als Hexer verurteilt und hingerichtet worden. Er hatte ein „Zwang- und Zauberbuch". Er besaß die Macht,

> „die schwarzen Wolken mit einem besonderen Herznagel durch Kreuzzeichen zu verjagen, indem er schrie:
> ‚ENKAN NAMEN WASS I'.
> Die genannten Unholden machten sie machtlos, weil sie der christliche Mensch erkannte." (Prasch, S. 109)

„GEBETE GEGEN SCHLIMME WETTER" wurden und werden bis auf den heutigen Tag als wirkungsvolle Gegenmittel angewendet. Das gilt bzw. galt auch für die beschwerliche Wallfahrt tief aus dem Tal und weit hinauf über Latzfons. Weil es dort droben in den Dolomiten immer wieder zu schweren Unwettern kam, haben die Bauern Marterln aufgestellt. Um 1700 haben sie dann zum wahrscheinlich ersten Mal in einer feierlichen Prozession den „Schwarzen Herrgott" auf den Ritzlar unter der Kassianspitze getragen. Im Sommer 1921 hatte es einen verderblichen Hagelschlag gegeben. Es wurde geschildert, dass ganze Talflanken ins Tal getrieben wurden, dass ansonsten sanfte Rinnsale zu brodelnd gefährlichen Fluten angewachsen waren. Eine wahre Sturmflut ergoss sich ins Tal.

> „Losgerissene Baumstämme, zermalmte Stadel knäulten sich zu einem Stoßschild zusammen, der sich gegen alles stemmte, was ihm im Wege war. Steine knirschten und mahlten im nachdrängenden Murenschlamm. Große Felstrümmer brachen von den Wänden und polterten in der braunen Flut mit. Nach anderthalb Stunden war der Spuk vorbei, der auf zehn Kilometer Länge unbeschreibliche Zerstörungen angerichtet hatte. Am Bacher Graben kamen zwei Latzfonser Kinder um. Sie hatten Kühe gehütet und in einem Heuschupfen Schutz gesucht ... Samt dem Schober wurden sie mitgerissen."

Am Gipfel des Rocciamelone.

Der örtliche Chronist Perntaler hat alles fein säuberlich und genau festgehalten. Im Buch „Der achte Himmel. Aus dem Leben der Bergbauern" haben dann Christine und Karlheinz Schemann ihre Geschichten aufbauend auf Perntalers Schrift niedergeschrieben. Auf einer Anhöhe von 2298 m, *„im Angesicht des schönsten Dolomitenpanoramas"*, haben dann die Bauern das Latzfonser Kreuz aufgestellt und die Kirche mit der speziellen Widmung und Fürbitte *„gegen Muren, Hagel und Blitzschlag"* gebaut. Das ist eines der Beispiele von hunderten in den Alpen. Bemerkenswert dabei ist, dass diese kleine Kirche auf 2298 m mehrfach in der Literatur als *„höchste Wallfahrtskirche in Europa"* gilt. Das trifft nicht zu. Auch auf dem 3558 m hohen Rocciamelone an der Grenze Italien/Frankreich befindet sich eine Wallfahrtsstätte.

Wallfahrer nehmen für den Neubau einer Kapelle auf dem Gipfel des Rocciamelone Säckchen mit Sand mit.

Und die ist wirklich die höchste der Alpen und damit Europas. Auch auf dem Mont Tabor, ebenfalls in der Grenzzone Italien/Frankreich, befindet sich auf 3180 Meter ein Wallfahrtsort, geweiht der „Notre Dame des douleurs", also der „Maria Schmerzen". Ein weiterer hochgelegener Wallfahrtsort befindet sich in der Nähe von Bessans/Frankreich auf dem 2973 Meter hohen Gipfel Notre Dame du Mont Carmel. Madonna de Fenestre auf 2474 Meter in den französischen Seealpen ist ein weiterer Kultplatz und Wallfahrtsort. In meinem Buch „Mythen der Alpen. Von Saligen, Weißen Frauen und Heiligen Bergen" habe ich auf den Seiten 56 und 57 mehr darüber geschrieben. Eine Besonderheit des Latzfonser Kreuzes besteht darin, dass der „schwarze Jesus" in früherer Zeit am Goldenen Freitag nach Fronleichnam betend vom Tal in Latzfons auf 1160 Meter auf den Berg hinaufgetragen wurde und dann am 16. Oktober, dem Tag des irischen Glaubensboten St. Gallus, wieder in feierlicher Prozession hinuntergetragen wurde. Ähnliches gilt unter anderem auch von der Statue, die im Frühjahr aus dem Tal zur hochgelegenen Wallfahrt Madonna de Fenestre auf 2474 Meter hinauf, dann im Herbst wieder ins Tal getragen wurde. Fast alle diese bedeutenden Berg-Wallfahrten sind einerseits der Madonna oder der Mutter Anna geweiht bzw. gewidmet und können durchaus im Zusammenhang mit Naturereignissen und Naturkatastrophen gesehen werden; zumindest zur ABWEHR. Wer aufmerksam durch die Alpen wandert, wird solche Stätten der Frömmigkeit und der „Abwehr" hundert- und tausendfach finden.

Nach wie vor sind in katholischen Orten ganz spezielle WETTERSEGEN üblich. Einen bestimmten, fixen Termin gibt es generell nicht, aber eine Häufung an den Tagen vor Christi Himmelfahrt, dann auch am Fest der Kreuzauffindung (3. Mai) und am Fest der Kreuzerhöhung (14. September). In einem durchaus noch gebräuchlichen „Gotteslob" habe ich den folgenden Wettersegen gefunden; lateinisch und deutsch:

> „A fulgure, grandine et tempestate/
> Von Blitz, Hagel und Ungewitter
> Libera nos, Domine Jesu Christe
> Erlöse uns, Herr Jesus Christus ...
> Lasset uns beten:
>
> Wir bitten dich, allmächtiger Gott, verleihe uns auf die Fürbitte der Heiligen Gottesmutter Maria, der heiligen Engel, Patriarchen, Propheten, Apostel, Martyrer, Bekenner, Jungfrauen, Witwen und aller Deiner Heiligen immer Deinen Schutz; gib, daß Ruhe sei in allen Lüften; laß gegen Blitz und Ungewitter Dein Heil vom Himmel über uns Unwürdige herabströmen und mache mit Deiner starken Hand die dem Menschen stets feindlichen Mächte der Luft zunichte. Durch Ihn, Christus, unseren Herrn. Amen ..."

Nach wie vor und immer wieder werden Gelöbnisse versprochen, erneuert, gebrochen und nach neuerlichen Naturkatastrophen wiederum erneuert. Und es werden nach wie vor an markanten Punkten in der Land-

Hier ein Wetterkreuz aus Saint-Véran im Parc naturel régional du Queyras (Frankreich).

schaft die WETTERKREUZE aufgestellt. Dorthin werden an bestimmten Tagen Prozessionen, Wallfahrten und Bittgänge geführt.

In Unterburg im Ennstal hat der Sturm das Unterburger Wetterkreuz entwurzelt und zerstört. Im Juni 2007 wurde dieses „rote Kreuz" als „Wetterkreuz" wieder aufgestellt. Das hat ganz offiziell der dortige Bürgermeister Kurt Tasch nach einer Gemeinderatssitzung verfügt. (Siehe dazu die Nachricht unter dem Titel „Das Mysterium der roten Kreuze" in der Ennstaler Zeitung „WOCHE" vom 21. Juni 2007.) Regionale Heimat- und Kulturforscher haben in diesem Zusammenhang darauf hingewiesen, dieses Wetterkreuz stünde dort seit vorchristlicher Zeit und es gäbe Hinweise aus der Radiästhetik, der Erforschung von Erdstrahlen, dass es sich um einen alten KRAFT-Platz handeln müsste.

Das Unterburger „Wetterkreuz" ist seit „Menschengedenken" rot angestrichen.

In der ALM-KULTUR haben sich mehr als anderswo alte Rituale und Abwehrmechanismen entwickelt und erhalten. Ein besonderes Beispiel dafür sind

a) die unter dem Begriff „Blümlisalp-Sagen" bekannten Sagen vom Untergang vieler Almen,
b) die besonderen Wetterkreuze als „Bann-Kreuze" und „Gletscher-Kreuze",
c) der „BETRUF".

Blümlisalp sowie Weiße und Wildi Frau.

In den Sagen untergegangener Almen und Städte, die jetzt (noch) unter den Gletschern sich befinden könnten, wird immer wieder davon berichtet, dass Wetter-Katastrophen den Untergang ausgelöst hätten. Zumeist sind es Gletscher, die nach dramatischen Unwettern und andauerndem Schneefall anstelle ehemaliger Almdörfer entstanden sind. Ich habe diesem Thema „Blümlisalp", soweit es die Schweiz betrifft, ein ganzes Kapitel in meinem Buch „Mythen der Alpen" (Seiten 113–122) gewidmet. Der vergleichbare Sagenstoff ist in Österreich unter dem Begriff „Übergossene Alm" bekannt. Im Bereich der Ötztaler Alpen sind es die Sagen der untergegangenen Städte TANNENEH, ONANÄ und DANANÄ. Vergleiche dazu das Geschriebene in den „Sagen und Geschichten aus den Ötztaler Alpen" auf den Seiten 123 f, 218–221.

An mehreren markanten Punkten nahe den Gletschern wurden in den Phasen der „Kleinen Eiszeit" (ca. 1600–1850) eigene „Bann- und Gletscherkreuze" aufgestellt. Sie sollten die Almen und die darunterliegenden Dörfer vor den vorrückenden Gletschern, also vor der Zerstörung verschonen. Solche Kreuze mit der Jahreszahl 1818 standen beim Großen Aletschgletscher in der Schweiz, aber auch in Gletschergebieten von Frankreich, der Schweiz und in Tirol. Eines davon stand am Mer de Glace, eines am Glace des Bossons, beide in der Gegend von Chamonix.

Eine schweizerische Sonderform des „Wettersegens" und der „Unheilabwehr" ist der BETRUF. Er wird auch noch in der Gegenwart auf mehreren Almen der Schweiz beim Dunkelwerden vom Senner mit dem Seihtrichter in alle vier Himmelsrichtungen gerufen. Über den BETRUF ist viel geforscht und geschrieben worden. Einige Betrufe sind auf Tonband festgehalten. Einen solchen Betruf habe ich auf der Alp Scharti oberhalb von Kerns im Kanton Obwalden aufnehmen können. Darüber habe ich auch im Buch „Mythos und Kult in den Alpen" auf den Seiten 173–180 geschrieben. Den Betruf haben wir in der Doppel-CD „musica alpina I/II" klingend veröffentlicht. Der Betruf ist der Segen eines Laien, des Sennen oder des Hirten. Der Betruf ist eine magisch rituelle Beschwörung mit der Bitte um das Fernhalten aller Gefahren, die das Almleben bedrohen und gefährden könnten; Unwetter und Naturkatastrophen miteinbezogen. Lang anhaltend, dass es über die Ränder der Almen hinausreichen soll, schreit der Älpler in seinen Seihtrichter hinein, hält den Mund an die verengte Milchdurchlassstelle und schreit, ruft, klagt, beschwört. Symbolisch errichtet er um die Alm, die Alp herum, einen Kreis. Alles innerhalb des Kreises unterliegt einem besonderen Schutz. In der Mitte sitzt auf dem Goldenen Thron Maria mit dem herzallerliebsten Kind. Das ist eindeutig eine verchristlichte Form alter und ältester Anrufung von Schutzgöttinnen der Alpen. Es kann das „Alpmüeterli" sein oder die Madrisa oder die Dialen: viele Namen in vielen Regionen der Alpen. Im Jahre 1976 hätte auf der Alp Glaubenbielen in der Innerschweiz ein Lager für Atommüll errichtet werden sollen. Mein Freund und „Mitstreiter" Julian Dillier aus Kerns hat damals seinen *„Betruf 1976 uf der Alp Glaubenbielen"* geschrieben, erdichtet, als Protest. Eine „geschmacklose Entgleisung", einen „Missbrauch des Betrufes in unqualifizierter Weise", eine „Verletzung des Volksempfindens", eine „Entgleisung" nannten es aufgebrachte, so genannte „Heimatschützer". Es sei ein „widerliches Pamphlet". Der Autor *„verunglimpft in unflätiger, wahrheitswidriger Weise zuständige Behörden und Wissenschaftskreise und erdreistet sich, für einen Wutausbruch die urgewaltigen Worte des alten Betrufs in unqualifizierter Weise zu missbrauchen"*. Das war offenbar der „Aufstand gesunden Volksempfindens". Ein Sakrileg oder die zeitaktuelle Neuschöpfung eines begabten Literaten und zutiefst betroffenen Zeitgenossen?

Hier die Original-Version eines Original-Betruf-Textes aus dem Kanton Obwalden und danach die neue Version des Schriftstellers Julian DILLIER:

„Zio Lobä! Zio Lobä! I Namän i Gotts Namä!
Zio Lobä! Zio Lobä! Isi liäbi Frouwä Namä!
Zio Lobä! Zio Lobä! Isi liäbi Häiligä Namä!
Der häilig Sant Antoni, der häilig Sant Wendel und der liäb häilig Bri-
oder Chlois wäind disi Nacht hiä uf dieser Alp iri Herbärg haltä.

Das isch das Wort, das wäiß Gott wohl.
Hiä und um disi Alp umä da gaht ä goldigä Ring.
Darin sitzt Maria mit irem härzänallerliäbschtä Chind.
Hiä und um disi Alp umä da gaht ä goldigä Thron.
Druif sitzt Maria mit irem härzänallerliäbschtä Sohn.
Hiä und um disi Alp umä da gaht ä goldigä Grabä.
Drin sind dri häiligi Knabä:
Das Erscht isch Gott der Vater, das Ander isch Gott der Sohn, das Dritt isch Gott der Häilig Gäischt.
Si wäind is a Seel und Lib, an Ehr und Giot bihiätän an biwahrä.
Ave! Ave! Ave Maria!
Jesu! O mi liäber Herr Jesus Krischt!
Bhiät Gott Veh, Seel, Lib, Ehr und Giot,
Und alles, was uf disi Alp geherä tiot.
Se mengs Hoid Veh als uf dieser Alp isch,
se mengä giotän Engel sig oi derbi.
So sell das Veh und diä Alp dem Schutze Gottes empfohlä si.
Im Namä der Hochhäiligschtä Drifaltigkäit:
Gott Vater, Sohn und Häilig Gäischt. Amä."

Im Vergleich dazu ein Auszug aus dem Betruf von Julian Dillier:

„Betruf 1976 uf der Alp Glaubenbielen

Zuä grabä, zuä grabä, am Atom z lieb wemmer grabä,
zuä grabä, zuä grabä, am Gäld z lieb wemmer grabä,
zuä grabä, zuä grabä, der Herrä z lieb wemmer grabä!

Angschd und Noot, Gysel und Atomabfäll
welid ab jetz uf dieser Alp iri lieb Herberg haltä
und ys Nutz und Gmeinwool erhaltä.

Das isch es Word und d Herrä wissid das wool.

Hiä und um disi Alp da gaad e goldigä Ring,
drin sitz der Profit, das härzallerliäbschti Chind.

Hiä und um disi Alp um gaad e goldigä Troon
us luiter unbruichbarem Atom
und isch mit tuisig Gfaarä ubergossä.

Weitergraben, weitergraben, dem Atom zuliebe wollen wir graben,
weitergraben, weitergraben, dem Geld zuliebe wollen wir graben,
weitergraben, weitergraben, den Herren zuliebe wollen wir graben!

Angst und Not, Geisel und Atomabfälle

wollen ab jetzt auf dieser Alpe ihre liebe Herberge halten
und uns Nutzen und Gemeinwohl erhalten.

Das ist das Wort und die Herren wissen wohl.

Hier und um diese Alpe da zieht ein goldener Ring,
drin sitzt der Profit, das herzallerliebste Kind.

Hier und um diese Alpe spannt sich ein goldener Thron
aus lauter unbrauchbarem Atom
und ist mit tausend Gefahren übergossen."

Atom-Müll ist die neue Horror-Szenerie für die Alm. Auch eine Art „Natur-KATASTROPHE", von Menschen gemacht. Ein nicht abwägbares Gefahren-Potential für die Alm, für die gesamte Region. Legitimer Ausdruck auch der Angst. In einem neu erschienenen Buch „Der Betruf im deutschsprachigen und rätoromanischen Raum", einer „Sammlung von Texten und Erläuterungen", finden sich zahlreiche Hinweise und Zitate von Abwehr, von Hagel und Gewittern. Die Heilige Agatha schützt insbesondere gegen WILDWASSER und Feuer. Vielfach sind BESCHWÖRUNGEN gegen Hagel, Blitz, Lawinen, Gletschervorstöße und Wetterschlag genannt. Die mir gut bekannte Schweizer Volksmusikforscherin Brigitte Bachmann-Geiser hat sich besonders dem Thema „Betruf" gewidmet. Sie hat dazu auch eine CD unter dem Titel „Bättruef – Alpsegen. Swiss Alpine Prayer" herausgegeben. In ihren Publikationen und Aufsätzen nennt sich auch zwei Urner Betrufe, die von Frauen gesungen werden.

Der BETRUF ist ein Vieh- und Wettersegen, mit Nennung der „bösen" Geister, mit Anrufung der Heiligen, der Mutter Gottes usw. Auch mit dem magischen KREIS-Ziehen. Das ist Bann und Magie und Beschwörung. Der BETRUF ist auch Teil der Rituale durch Töne, durch Musik, durch Klänge, durch Schuss und Peitschenknall.

Der BETRUF beinhaltet in einigen Schweizer Varianten auch das einzigartige Ritual des beschwörenden und schützenden Ziehens eines KREISES. Aus dem Buch von Eduard Renner mit dem langen, zwar umständlichen, aber beschwörenden und zugleich erklärenden Untertitel erfahren wie die alpenweit bemerkenswertesten Botschaften. Dieses Buch „Goldener Ring über Uri" berichtet vom „Erleben und Denken unserer Bergler. Von Magie und Geistern und von den ersten und letzten Dingen." Es ist in mehreren Auflagen immer wieder erschienen, dürfte zeitweise aber gänzlich vergriffen sein. In diesem Buch handelt ein ganzes Kapitel von „Ring und Kreis". In meiner Veröffentlichung „Mythen der Alpen" habe ich mich auf den Seiten 227–242 mit diesem Themenkreis auseinandergesetzt, zitiert, verglichen und gedeutet. Dabei habe ich festgestellt, dass es sich um archetypische Denkweisen und Praktiken handeln dürfte. Ich habe versucht, die von Renner gelieferten schweizerischen Belege den Belegen aus anderen Kulturräumen gegenüberzustellen. So auch aus dem Gilgamesch-Epos, das zwischen 2750 und 2600 vor Christus entstanden sein könnte und dann immer wieder weitergedichtet wurde. An mehreren Stellen zieht der Held Gilgamesch einen Kreis (hier in den Zitaten aus der Nachdichtung von Raoul Schrott): „... *dann hieß er mich einen kreis um den wall ziehen*“ (S. 76), „... *und wieder entfernten wir uns von den zelten des lagers. ich machte ein feuer und zog einen kreis um ihn*“ (S. 77), „... *wie vom frost geschüttelt lag er eingerollt am boden und aufs neue zog ich einen kreis um ihn*“ (S. 80) und ähnlich weiter auf den Seiten 82, 204, 205, 206, 208 und 209.

Sindt-Flut & Gottesgericht

Die Frage ist berechtigt: „Panne oder Gottesgericht“?

Macht uns die zu erwartende Apokalypse in den Bergen sprachlos oder hilflos?

Wiederholt sich der Urmythos „SINTFLUT“ auch in den Bergtälern der Alpen?

Bedeutende literarische Werke setzen und setzten sich damit auseinander; bis zu Goethe mit den „Wahlverwandtschaften“, Kleist mit dem „Erdbeben in Chili“ oder auch Ramuz mit „Derborence“:

Aberglaube gegen Wissenschaft. Technik und Wissenschaft scheinen ihre Allmacht verloren zu haben. Der machtlose Mensch gegen Vulkanausbrüche, Tsunami-Katastrophen, Erdbeben. Nicht einmal den Schnee für den Winterzauber in den touristischen Zentren der perversen Einfalt können die menschlichen Techniker herbeizaubern. „GÖTTER, SEX und ERUPTION“ hat es in einer Schlagzeile der Zeitung „DIE WOCHE“ am 13. Dezember 1996 gelautet. Strafe für Sünde, konkret für SEX? Wo gibt es das? In der Sage von der untergegangenen Stadt „DANANÄ“ unter dem Vernagtferner der Ötztaler Alpen wird darauf hingedeutet: auf Sex mit Tieren, auf die „SODOMIE“. Die ruchlosen Leute hätten dort ein Sodom und Gomorrha hoch droben gebaut. Dann ist der Sturm gekommen, der Schnee in riesigen Mengen. Fromme, biedere Hirtenknaben sind von den SALIGEN Fräulein in den Kristallpalast gelockt worden. Dort muss der Knabe dienen, zu Diensten sein. Es folgt die Strafe. Ich habe einen bemerkenswerten Vergleich gefunden. Auf Java, weit weg von den Alpen, ist der Vulkan MERAPI kurz vor dem Ausbruch. Droben in den Bergen, im Innenreich des Vulkans, herrscht die verführerisch schöne Göttin Ratu Kidul über Stürme und Überflutungen. Mit dem männlichen Gegenpart triff sie sich „*von Zeit zu Zeit im prachtvollen Vulkan-Palast zum Sex – was jedesmal schwere Eruptionen auslöst. Ausströmende Lava ... bezeugt ihre Liebes- und Heiratsbande und befruchtet als Samen-Ejakulat der Berggeister den Boden. Tugendsame Menschen, die bei den Ausbrüchen verschüttet werden, sollen als Soldaten oder Diener in das Vulkanreich einziehen ...*“ (Die Woche, 13.12.1996)

Wesentlich harmloser geht es im Kristall-Palast der Gletscher in den Ötztaler Alpen zu. „DIE DREI WILDEN FRÄULEIN AM FERNER" locken den Knaben in den Palast, wo er köstlich bewirtet und umsorgt wird. Immer wieder steigt er ins Tal. *„Und er kam oft zu seinen Freundinnen in den Bergpalast und ergötzte sich dort"*. (Sagen und Geschichten, S. 106) Was immer auch der Sagensammler vorgefunden hat und wie er es scheu und zurückhaltend wenigstens angedeutet hat: Er habe sich dort „ergötzt".

In beiden Fällen, beim Vulkan auf Java und dem Gletscher in den Alpen, gibt es verborgene unterirdische „Anderswelten". Lavaströme und Gletscherströme ergießen sich ins Tal. „Lasterhaftigkeit" soll die Ursache gewesen sein. Die Sagen deuten nur an. Sie verschweigen, aber sie decken nicht völlig zu.

In beiden Fällen gehen Warnungen voraus. Die Menschen der Berge achten da wie dort auf Signale. Sie finden sie zumeist im Verhalten der Tiere. Das Wild rennt vom Berg herunter. Die Vögel ziehen kreischend davon. Die Murmeltiere verkriechen sich. Auch die Schafe spüren es. Und die Mücken und Käfer. Alles Getier spürt es zuerst. Ganz zuletzt der Mensch.

Die moralische Lehre daraus: Nur der Gottesfürchtige wird überleben?

Die alpinen Sagen bringen immer wieder nur zarte Andeutungen von SINTFLUT, von TSUNAMI und Totalzerstörung. Von den halbwegs „heilen" Alpen aus müssten wir in den fernen OSTEN schauen, nach Burma oder nach China, zum schrecklichen Geschehen auch wieder im Frühjahr 2008.

Da stellt sich die Frage nach dem Sinn. Sie stellt sich immer wieder. Der Geheimrat GOETHE hat die Fragen gestellt. In „Dichtung und Wahrheit" berichtet er, wie er als Sechsjähriger im fernen Frankfurt das Erdbeben von Lissabon vom 1. November 1755 wahrgenommen hat. Damals haben ungefähr 60.000 bis 100.000 Menschen ihr Leben verloren.

> „Durch ein außerordentliches Weltereignis wurde jedoch die Gemütsruhe des Knaben zum ersten Mal im tiefsten erschüttert". Goethe weiter: „Hierauf ließen es die Gottesfürchtigen nicht an Betrachtungen, die Philosophen nicht an Trostgründen, an Strafpredigten die Geistlichkeit nicht fehlen".

Damit stellt sich die so genannte THEODIZEE-FRAGE; das ist – kurz gefasst – die Klärung des Widerspruchs zwischen Gottes Allmacht und Güte sowie andererseits das Vorkommen des Bösen, der Strafen, der vielfältigen Leiden, damit auch der Folgen von Naturkatastrophen. Wie den Lexika zu entnehmen ist, stammt der Begriff von G.W. Leibniz aus seinem Buch von 1710 mit dem Titel „Theodizee". Also: Wie kann der (gütige) Gott die schrecklichen Leiden zulassen? In monotheistischen Religionen wie dem Judentum, dem Islam und dem Christentum ist es „die Verletzung der Gehorsams- und Treuepflicht gegenüber Gott und dem damit verbundenen Missbrauch der ihm von Gott gegebenen Freiheit und Vernunft". Gottfried Wilhelm Leibniz schreibt in seinem Buch von 1710 von der „Güte Gottes, der Freiheit des Menschen und dem Ursprung des Übels". Selbst eine Naturkatastrophe habe einen sinnvollen Platz.

Bei der Betrachtung der Phänomene rund um die Naturereignisse und Katastrophen in den Alpen spielen die katholischen Theologen und Prediger eine geradezu überwältigende und beinahe allein dominierende Rolle. Deswegen gibt es vor allem in den katholischen Regionen die größte Häufung an Belegen über Wallfahrten, Gelöbnisse, Bußandachten, Bittgänge, Stiftungen usw.

Das Erdbeben von Lissabon hat eine Flut von Beiträgen über die Theodizee ausgelöst. In der deutschsprachigen Medienlandschaft hat erst wieder die schreckliche TSUNAMI-Katastrophe vom 26. Dezember 2004 die alten Fragen neu stellen lassen. Und es ist wieder eine Flut von Zeitschriftenartikeln erschienen. Das „GEO EPOCHE" hat eine komplette Sondernummer unter dem Titel „TSUNAMI: DER TOD AUS DEM MEER" als „Protokoll einer Jahrhundertkatastrophe" erscheinen lassen. Schnell ist nach den Ereignissen von Burma bzw. Birma bzw. Myanmar im Mai 2008 und dem Erdbeben in Südwestchina ebenfalls vom Mai 2008 die „mediale Flutwelle" weltweit ausgebrochen. Schnell war auch die österreichische Tagespresse mit Schlagzeilen und Berichten zur Stelle. Darunter auch der „KURIER" vom 18. Mai 2008 mit der programmatischen Überschrift „BETEN IST EINE GÖTTLICHE FORM VON SOLIDARITÄT".

Zugrunde liegt ein Gespräch mit dem neuen Weihbischof von Wien, Stephan Turnovsky. Auf die Frage der Reporterin Conny Bischofberger: *„Wieso lässt Gott so was zu?"*, antwortet er klug-katholisch und theologisch-geschult vorsichtig:

> „Das ist eine sehr theologische Frage, auf die es keine glatte Antwort gibt. Als Christen glauben wir aber, dass das Leid etwas ist, das Gott selbst an sich herangelassen hat und dass der Tod nicht das letzte Wort Gottes ist".

Und dann wird auch noch die durchaus heikle Frage gestellt: *„Was haben Menschen in China, Burma oder Indien davon, wenn wir für sie beten?"*

Darauf der Bischof:

> „Ich glaube zutiefst daran, dass wir im Gebet alle Menschen erreichen können … Ich glaube auch, dass das Gebet Trost, Segen und Stärkungen bringt …
>
> Beten ist Solidarität mit einer göttlichen Dimension".

Auf das Gebiet der Alpen bezogen, habe ich unter anderem für das Buch „Mythen der Alpen" reichlich Material gefunden, wie die Menschen durch religiöse Handlungen, durch Gebet und auch durch Sühne zumindest den Versuch unternommen haben, die „Katastrophen" zu verstehen oder sie zu „bewältigen". Als der Vernagtferner zum Beispiel im Jahr 1600 ausgebrochen war und große Schäden im ganzen Tal verursacht hatte, bemerkte die amtliche Behörde, also der Pflegsverwalter von Petersberg, dass über den See zu Vernagt nichts gemeldet worden wäre,

> „weil es ohnedieß ein lautbares geschrei gewesen ... auch alle menschliche hilfe unmeglich und es höchst lebensgefährlich sei, sich dem ferner zu nähern ... bittgänge und prozessionen würden ohnedies vorgenommen; so sei die Gemeinde Ötz nach Seefeld gewallfahrtet".

Nach einer weiteren gefährlichen Situation wegen des drohenden See-Ausbruches heißt es in einem Bericht „wegen der Hilfsmittel" unter anderem:

> „Das einzige Heilmittel für die Zukunft sei das Anlegen eines Kanals längs der rechten Talseite, vor allem aber Gebet und gute Werke".

Das war anno 1770. Der Pfleger von Petersberg, also die amtliche Person (etwa heute in Österreich mit dem Bezirkshauptmann vergleichbar), hat angeordnet, es müsse ein zehnstündiges Gebet durchgeführt werden. Ich habe auch mehrfach dokumentiert, wie die Bewohner des Ötztales und des Pitztales hinaufgezogen sind zu den gefährlich anwachsenden Gletschern und wie es dort feierliche Heilige Messen mit frommen Predigten gegeben hat: am Großen Gurgler Ferner, am Mittelbergferner. In den französischen Alpen hat es nachweisbar „Gletscher-Bannungen" gegeben: Sogar der Bischof musste es machen. Im schweizerischen Lötschental, Kanton Wallis, „genügte" für die Bannung des gefährlich vorrückenden Gletschers die Herbeiholung von zwei Missionspatres. Weitere Gletscherbeschwörungen sind vom Aletsch-Gletscher überliefert. Dazu gibt es ein ganzes Kapitel und mehrere Belege im Buch „Mythen der Alpen".

Die Gletscher-Bannungen, durchgeführt an den gefährlichsten Gletschern der Alpen, alles in der so genannten „Kleinen Eiszeit" (ca. 1600–1850), sind durchaus auch EXORZISMEN, weil ja auch die „Besessenheit" von „Sachen" für möglich gehalten wurde. Aber nicht nur „Bannungen", „Exorzismus", Wallfahrten, Prozessionen etc. hat es gegeben. Ein besonderes Beispiel kennen wir aus dem Saas-Tal im schweizerischen Wallis. Es hatte in den Jahren 1633 und 1680 gefährliche Situationen gegeben wegen der drohenden Ausbrüche des durch den Gletscher aufgestauten Sees. Die Bewohner legten ein sonderbares GELÖBNIS ab, das durchaus als *„das scharfe Gelübde"* bezeichnet werden darf. Die Bewohner der bedrohten Orte gelobten also *„fortan auf 40 Jahre hinaus mit dem Tanzen und Spillen aufzuhören"*.

In einem anderen Teil des Wallis hätten, so wird überliefert, die Frauen versprochen, *„keine bunte Unterwäsche"* zu tragen. Reizvoll? Lüstern? Keusch? Wir kennen die Motivation nicht.

Ferdinand von Andrian, ein wichtiger Forscher und Anthropologe, vermerkt in seinem Buch „Die Altausseer. Ein Beitrag zur Volkskunde des Salzkammergutes":

> „Das Tanzen unter freiem Himmel ist strengstens verboten. Zur Motivierung dieser Vorschrift erzählt man von einer Hochzeit in St. Wolfgang, wobei die ganze Gesellschaft über den See nach St. Gilgen fuhr und daselbst im Freien fröhlich tanzte. Bei der Rückfahrt gingen die Schiffe mit allen Insassen zugrunde. Die Vergletscherung frucht-

barer Alpen wird vielfach in der Volkssage auf die Verletzung dieser Vorschrift zurückgeführt. Auf den Alpen wird niemals im Freien getanzt." (Andrian, S. 88)

Eine bigott-puritanische Gesellschaft von gestern?

Vom slowenischen Kulturforscher Janez Bizjak habe ich die Information bekommen, dass auf der Alm Siscem auf 1350 Meter zu Beginn der Alp-Saison der Hirt sich auf einen großen Stein im Steinkreis der Alm gestellt habe und von dort aus die Alm vor allem Schaden durch die rituelle Geste der Beschwörung des schwarzen Stiers bewahren wollte.

Die „andere Seite": Am 31. März 2006 hält der damalige Schweizer Bundespräsident Moritz Leuenberger anlässlich der Tagung *„Naturkatastrophen in der Schweiz"* des Schweizerischen Versicherungsverbandes in Rüschlikon eine beachtenswerte Rede. Leuenberger weiß, wovon er spricht. Dazu ist eine Art Protokoll verfügbar, das seine Rede enthält. Der Übertitel lautet: *„RECHNEN STATT BETEN"*.

Daraus einige Zitate:

„Die politischen Repräsentanten gehen zum Unglücksort und bringen ihre persönliche ‚Betroffenheit' zum Ausdruck. Diese Präsenz wird von ihnen erwartet …

Die Machtlosigkeit gegenüber höheren Gewalten wird in Erinnerung gerufen. Wer diese höheren Gewalten sind, variiert nach kultureller und religiöser Prägung. Je nachdem ist von Gott die Rede, vom Schicksal oder von der Gewalt der Natur.

Die Regierung versichert im eigenen Namen und in demjenigen des ganzen Volkes den Opfern die moralische Solidarität.

Auch die materielle Solidarität wird zugesagt, den Opfern werde finanziell geholfen und das Zerstörte wieder aufgebaut.

Gelegentlich, aber doch eher selten, wird auch die Prävention, die Notwendigkeit, in die Vorsorge zu investieren, angesprochen.

Dafür gibt sehr oft auch schon Schuldzuweisungen über vernachlässigte Installationen oder ungenügende Rettungsarbeiten.

In unseren Reaktionen auf Katastrophen, nicht nur solche der Natur, kommt vieles aus der Tiefe unserer Seelen an die Oberfläche:

Unsere Ohnmacht gegenüber Mächten, welche die Menschen seit Urzeiten durch Gebete um Verschonung bitten, oder bei denen sie sich, wenn sie verschont geblieben sind, bedanken. Die ex-voto-Bildchen in katholischen Kirchen zeigen uns das sehr plastisch.

Es gibt einerseits die Angst vor dem Schicksal, vor der Rache der Götter, später eines einzigen Gottes und auf der anderen Seite die kollektiven moralischen Schuldgefühle.

Um sich ihrer zu entledigen, weisen wir anderen die Schuld zu, es sind die Hexenprozesse, die es auch heute noch in sublimierter Form gibt.

Umgekehrt gibt es aber nach Katastrophen immer auch ein verstärktes Zusammengehörigkeitsgefühl: Wir halten zusammen und helfen einander."

Dann bringt es der Rationalist Leuenberger auf den Punkt:

„Bekenntnis statt Vernunft:

Statt den Göttern Opfer zu bringen, bauen wir Dämme gegen Hochwasser und Sperren gegen Lawinen, und bekämpfen einst tödliche Krankheiten mit Antibiotika, Operationen und Gentechnik.

Statt den Himmel anzuflehen, er möge uns vor Hunger und Armut bewahren, bezahlen wir Prämien an ein dichtes Netz von Sozialversicherungen."

Alles gipfelt im Aufruf: „RECHNEN STATT BETEN" oder: „Bauen statt Jammern" (Verbauen der Lawinen und Muren und der Wildbäche statt weiterhin an Hexen zu glauben. Die Technik kann es.)

Politische Prävention ist Einsatz technischer Chancen, auch im Hochgebirge.

> Alpsegen & Betruf. Töne, Schreie, Klänge, Schüsse. Hagel- und Wetterabwehr

Klänge, Töne, Lärm, Rufe, Schreie, Bockhorn und Schüsse sind wichtig und elementar. Sie sollen wirken, sollen abwehren, sollen vor Unheil bewahren. Das ist weltweit so, immer mit anderen Tönen und Klängen, mit anderen Instrumenten. Aber es ist immer eines der Mittel der Menschen, sich zu helfen. Auch um die Wut der „Götter“ zu besänftigen. Alles ist so auch in den Alpen. In einer kaum überschaubaren Fülle und mit Besonderheiten, wie sie sonst nirgendwo anzutreffen sind. Es gibt dazu und darüber keinerlei alpen- und themenübergreifende Dokumentation oder Zusammenschau. Aber es gibt spannende, auch seriös wissenschaftliche Analysen zu Teil-Phänomenen, beispielsweise zum „BETRUF“ oder „ALPSEGEN“, vor allem und nahezu ausschließlich in und aus der Schweiz. Beide Begriffe sind üblich und gebräuchlich dafür. Es wird auch darüber diskutiert. Die anerkannteste Forscherin der BETRUFE beziehungsweise des ALPSEGENS ist die Musikethnologin Brigitte Bachmann-Geiser. Wir, meine Frau Gerlinde, ebenfalls Musikethnologin, und ich haben zu ihr engen und langjährigen Kontakt. Das hat uns das Eindringen in die Geheimnisse der alt-archaischen Singpraxis erleichtert. Kürzlich erhielten wir von ihr die CD „Bättruef – Alpsegen. Swiss Alpin Prayer“ aus dem Zytglogge-Label. Die Tonbeispiele repräsentieren alle wichtigen Betruf-Landschaften der Schweiz. Der bekannte Schriftsteller Heinrich Federer hat 1923 über den Betruf geschrieben:

> „… eine junge Männerstimme hoch vom Berge herab. Sie sang etwas Langsames, Tonarmes, Feierliches. Etwas von urweltlicher Einfachheit, so wie etwa die Psalmen oder die ältesten Volkslieder tönen. Man verstand kein Wort, keine Silbe. Es schien eine nicht mehr gesprochene Sprache zu sein, eine Sprache, so alt wie diese Berge sie reden, wenn sie ihre Wälder aufschütteln, ihre Lawinen werfen und dann wieder im tiefsten Frieden sich dem Eroberertritt des Menschen beugen. Es war der uralte, landesübliche Betruf eines Älplers.“ (zitiert nach Bachmann-Geiser im Booklet)

Seit über 450 Jahren sind Betruf und Alpsegen nachgewiesen. Der Senner oder ein Hirt ruft den „Segen“ am Abend von einer Anhöhe aus und beschwört möglichst laut und weitschallend alles Unheil. Also will er die Alm auch vor Schäden durch Naturereignisse verschonen. Es ist ein dramatischer Bittgesang. Es ist wie eine Zeremonie, wie ein Ritual.

> „Das Merkmal des Innerschweizer Alpsegens ist der goldene Ring, der den Schutzbann bezeichnende Ring um die Alp.“

Zur Verstärkung der Stimme wird der Seihtrichter verwendet. Wie lebendig und aktuell der Betruf in einigen Regionen der Schweiz ist, hat Frau Bachmann-Geiser beschrieben:

> „In katholischen Alpengebieten lernen schon Schulkinder den Wortlaut des lokalen Bättruefs, wie das ‚Vater unser', das ‚Ave Maria' und das Glaubensbekenntnis. Er wird nach wie vor mündlich weitergegeben, obwohl es nicht an Niederschriften und dekorativen Drucken mit Alpsegen-Texten fehlt." (Bachmann-Geiser)

Eine dieser Dokumentationen verdanken wir Frau Bachmann-Geiser, die uns das neue Buch von Tonisep Wyss-Meier „DER BETRUF im deutschsprachigen und rätoromanischen Raum" zukommen ließ. Auf über 360 Seiten gibt es eine „Sammlung von Texten und Erläuterungen". Ich habe mir eine Art Schlagwortverzeichnis nach einigen Motiven angelegt.

Zum Thema „Unwetter" und „Natur" habe ich mehr als 34 „Nennungen" gefunden. Darunter gibt es konkrete Erwähnungen von Lawinen, von Blitz und Hagel sowie von Gefahren durch die Gletscher. Mehr als 40-mal fand ich den Begriff „Ring" bzw. „Kreis". Hier folgt eine Auswahl mit konkreten Bezügen:

Diese Seite und gegenüberliegende Seite: Bach- bzw. Wanser-Prozession von Walten nach Wans, Passeier. Die Statue des Heiligen Johannes von Nepomuk liegt im Bachbett und wird aus dem Wasser „gerettet"; anschließend wird sie auf einer Tragbahre zurück in die Kirche in Wans gebracht.

Betruf aus Etzlital Alp (Uri)

„Johannes Evangelium
Im Anfang war das Wort …
Der Englische Gruss
Der Engel des Herrn …

Jesus Maria und Josef (3x)
Behiet uns vor Hagel, Blitz und Donnerschlag
Und vor allem beesä-n-Ungewitter
Heiliger Sant Antoni, Sant Wändel
Und die lieb Müetter Gottes
In eure Macht und Gewalt
Und in eure Hände sei die ganze Nacht
Das Vieh übergeben

Kreuzzeichen
und alles
Was mer händ und sind
I Gotts Namä
Amä"

Betruf aus dem Oberwallis

(Von Kapuzinerpater Armin Breu aus Oberegg AI, Kapuzinerkloster Sitten VS, Text aus dem Jahre 1943)

„Ave Maria
Es walte Gott und Maria
Behüet uns Gott und der lieb Heiland Jesus Christ
der unser gute Hirte ist
Behüet uns Gott und die lieb allerseligste Jungfrau
Mutter vom guten Hirten, auf die ich vertrau
Behüt' uns Gott und der heilige Josef
ihr reinster Gemahl, steh mir bei in der Todesqual
Behüt' uns Gott und der heilige Johann Baptist
der gern beim Lamme Gottes ist
Behüt' uns Gott und der heilige
Bartholomäus und Jakobus
Sankt Jakob – Jesu Jünger und Apostel
uns viel Früchte, Heu und Korn bestell
Behüt' uns Gott und der heilige Markus
verschone uns vor Ungeziefer, Frost und kargem Wuchs
Behüt' uns Gott und der heilige Mauritius
und seine Genossen
die uns zur Gnad' ihr Blut vergossen
Behüt' uns Gott und der heilige
Sigismund und Theodor
Sankt Theodor – schliess' dem Unglauben Tür und Tor
Behüt' uns Gott und der heilige Bernhard
vom grossen Berg – hüt' uns vor Aberglauben,
G'spenst und bösem Werch
Behüt' uns Gott und der heilige Antonius, der Eremit
verscheuche Seuche, Brand und Durst
in Quelle und Brunnen recht viel Wasser schütt
Behüt' uns Gott und der heilige
Antonius mit dem Kind
damit das Vieh den Stall stets find
Behüt' uns Gott und der heilige Bruder Franz
wir danken mit dir Gott für Regen
Tau und Sonnenglanz
Behüt' uns Gott und der heilige Nikolaus
du starker Lawinenpatron
banne die Gletscher und brich die Lawinen
die uns bedroh'n
Behüt' uns Gott und der heilige Blasius und Georg
Sankt Georg – halt zum Drachen Sorg
damit er uns kein Tier ermord
Behüt' uns Gott und der heilige Hilarius
damit ich keinen Toten fürchten muss
tröst' Gott die Armen Seelen jeder Stund

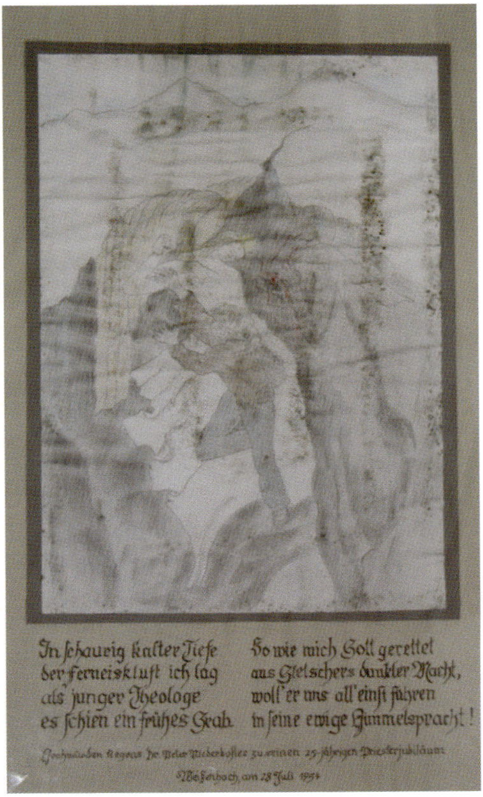

Bergkirchlein auf der Göge-Alm im Ahrntal, Südtirol. Es wurde 1928 vom Theologiestudenten Peter Niederkofler als Dank für eine wunderbare Rettung gestiftet. Nach seiner Priesterweihe 1929 las er jeden Sommer die Messe in diesem Bergkirchlein. Inschrift der Tafel: In schaurig kalter Tiefe / der Fernereiskluft ich lag / als junger Theologe / es schien ein frühes Grab. / So wie mich Gott gerettet / aus Gletschers dunkler Macht, / woll' er uns all' einst führen / in seine ewige Himmelspracht!

durchs Blut der heiligen fünf Wund
Behüt' uns Gott und der
heilige Stephan und Sebastian
Sankt Stephan – halt' rollende Steine
und stürzende Felsen an
Behüt' uns Gott und der heilige Martin
lass' mit jedem Nachbar uns im Frieden zieh'n
Behüt' uns Gott und der heilige
Gotthard und Leonhard
Sankt Leonhard, der oft den Kühen und Rossen
die Hand voll Segen hat ersprossen
Behüt' uns Gott und der heilige Franz Xaver
der Wasserflut und Stürme setz' dich fest zur Wehr
Behüt' uns Gott und der heilige Bruder Konrad Parzham
erhalt' uns fromm und arbeitsam

Behüt' uns Gott und das Kreuz des heiligen Benedikt
der Höll' zum Schreck und uns zum Licht
Behüt' uns Gott und der heilige Isidor
wach' uns mit deinem Engelschor
Behüt' uns Gott und der heilige
Wendelin und Valentin
Sankt Wendel – uns allen Gott erbitt
damit er uns vor Not und Sünd' beschütz
Behüt' uns Gott und der heilige
Rochus und Paschal
wir fleh'n mit euch in aller Drangsal
gelobt – gepriesen ohne End
sei Gott im heiligen Sakrament
Behüt' uns Gott und der vielliebe Bruder Klaus
bete segnend über jedes Schweizerhaus
Ave Maria
Behüt' uns Gott und die heilige Katharin
erhalt' uns stark im Glauben fürderhin
Behüt' uns Gott und die heilige Anna zu selbdritt
wend' ab all' Feindschaft, Hass und bösen Schritt
Behüt' uns Gott und die heilige Barbara im Kerkerturm
errett' uns vor dem Höllenwurm
Behüt' uns Gott und die heilige Agatha
vor Feuer, Blitz und Hagelschlag
Lieb Agatha uns beschützen mag
Behüt' uns Gott und die heilige
Germana, Theresia und Notburgis
helft tragen Kreuz und Kümmernis
Behüt' uns Gott und die lieben Heiligen all
bewahret uns vor Sturm und Todesfall
Flehet zu Gott ihr lieben Apostel und
Heiligen des Herrn
Dass er diese Alp segnen wolle
das walte Gott
Dass er diese Alp segnen und erhalten wolle
das erhalte Gott
Dass er diese Alp segnen – erhalten – und
vor jedem Unglück bewahren wolle
das gebe Gott
Gott, der Eine und Dreieine
höre uns – segne uns – und bleib bei uns
Der Name Jesus sei unser Gruss – jetzt
und in alle Ewigkeit
Amen Ave Maria"

Zwei typische weiße Abwehrsteine gegen Blitz, Hagel und Unwetterschäden auf Hausdächern. Oben: in Alagna/Piemont. Unten: in Juf im Kanton Graubünden (Schweiz).

Gedruckt im „WALLISER BOTE“, 11. Juni 1943. Der Verfasser bemerkt dazu:

> „Dieser Entwurf dürfte als Alpsegen für das Oberwallis grundlegend sein. Er berücksichtigt vor allem die Bauern-, Volks- und Landesheiligen aus alter und neuer Zeit, denen das Wallis in besonderer Verehrung Kirchen, Kapellen und Altäre erbaut hat. Auch greift er aus dem Leben der angeführten Heiligen gerade jene Einzelheiten, Lebenszüge und Wundertaten heraus, die unter dem christlichen Volke besonders das Vertrauen wecken und fördern. Er will vor allem das hervorheben, was der fromme Volksglauben im Leben der Heiligen sucht und findet, oder auch hineinlegt. Dieser Alpsegen bemüht sich, dem Fühlen und Denken des Volkes nahe zu kommen und so weit es nur möglich ist, ein Stück Walliser Geschichte darzustellen.“

Alpsegen auf der Alp Scharti bei Kerns im Kanton Obwalden.

Schwyzer Alpsegen

(vor allem auf den Alpen Halsegg ob Sattel und Isentobel)

„Ave, Ave Maria: Es walte Gott und Maria
Der Name des Herrn sei gebenedeit
von nun an bis in Ewigkeit
Vieh und Alpen, Leut und Land
Schütze und segne seine Hand
Ave Maria, sei gegrüsst
die du voll der Gnade bist
Unter den Weibern bist du gebenedeit
und dein Kind Jesus in Ewigkeit
Heilige Maria, Mutter Gottes
bitte für uns arme Sünder
jetzt und in der Stunde
unseres Absterbens. Amen
Ave, Ave Maria! Es walte Gott und Maria
Sankt Josef, Antoni und Wendelin
Sankt Philipp, Jakob und Isidor
Sankt Lukas, Matthäus und Markus
und Sankt Johannes der Evangelist
der beim Kreuz des Herrn gestanden ist
Und die Engel und die Heiligen alle
sie sollen uns gnädig bewahren
vor Übel, Unglück und Gefahren
an Leib und Seele, an Hab und Gut
das liebe Vieh auch halten in treuer Hut
und was sonst zur Alp gehören tut
Vor Hagel, Blitz und Wetterstrahl
und vor den bösen Geistern all
schütz uns Gott jetzt und alle Zeit
Ave, Ave Maria! Das walte Gott und Maria
Gelobt sei Jesus Christus in Ewigkeit, Amen“

Auf eine aktualisierte „Sonderform" habe ich seit mehr als 30 Jahren immer wieder hingewiesen. Der Schweizer Schriftsteller und Radio-Redakteur Julian Dillier aus Kerns im Kanton Obwalden hat seinen „Betruf 1976 uf der Alp Glaubenbielen" wegen der drohenden Atommüll-Lagerungen auf dieser Alp verfasst. (siehe Kapitel „Wettermacher …")

Betrufer auf der Alp Scharti oberhalb von Kerns in der Schweiz.

Einen typischen Betruf auf der Alp Scharti oberhalb von Kerns haben wir – meine Frau und ich – im Sommer 1985 mit Hilfe des befreundeten Pfarrers Karl Imfeld aufnehmen können. Dieser Betruf ist in der Ton-Dokumentation „musica alpina IV/Cut 27" veröffentlicht:

„Ulio!
O Lobä, zuä Lobä, i Gotts Namä Lobä!
O Lobä, zuä Lobä, i yyser liäbä Fraiwä Namä, Lobä!
O Lobä, zuä Lobä, i allä liäbä Häiligä Namä, Lobä!
Gott und der Häilige Sankt Wendel und Antoni
und der Häilige Bruäder Chlais
sollid hyr über dise(r) Alp diä liäb Herberge haltä.
Das ischt ein Ort, das wäiss Gott wool.
Hyr über dieser Alp staad ä goldener Troon,
darüber woont diä liäbe Muätter Maria mit irem herzallerliäbschten Soon
und ischt mit vilä Gnaadän ubergossä
und hat di allerhäiligschte Dryyfaltigkäit unter irem Härzä verschlossä.
Das erscht ischt Gott der Vatter,
das ander ischt Gott der Soon,
das dritt ischt Gott der liäb Häilig Gäischt. Amä.
Und di Häiligschte Dryyfaltigkäit sell yys behiätän und bewaarä.
Ave, Ave, Ave Maria.
O myy härzallerliäbschti Muätter Maria.
Jesus, o Herr Jesus, ach liäbschter Herr Jesus Chrischt.
Bhiät Gott Lyyb und Eer und Guäd
und alles, was uf diser Alp ischt und drzuä geheerä tuäd.
O Lobä, zuä Lobä,
alle Schritt und Tritt,
i Gotts Namä, Lobä!
Jo-u-u-hui!"

Bildstock für den Hl. Johannes von Nepomuk in Ötz neben der Ötztaler Ache. Siehe auch Bild auf S. 182.

Immer wieder hören und lesen wir von einem eigentümlich-altartigen Wort, das in vielen Betrufen am Anfang und am Ende vorkommt: „*LOBÄ*". Das ist ein altes Alm-Wort; möglicherweise präindoeuropäischen Ursprungs.

„Lobä! Zuä Lobä! I Gotts Namä! Lobä!
Lobä! Zuä Lobä! Isärä liäbä Fraiwä Namä! Lobä!
Lobä! Zuä Lobä! Allä Häiligä Gottes Namä! Lobä!
Gott und der liäb häilig Sant Antoni, Sant Wendel und Sant Marti wellid is diä Nacht uf därän Alp diä liäb Härd erhaltä.
Äs isch äs Wort, das wäiß der liäbi Gott wohl.
Hiä und uber dieser Alp schtaht ä goldigä Thron.
Drinn sitzt diä liäb Muätter Gottes mit irem allerhärzliäbschtä Sohn.
Und isch mit vilä Gnadän ubergossä.
Gott und diä Hochhäiligscht Drifaltigkäit ischt in irem Härzä verschlossä:
's Erscht isch Gott der Vater, 's Ander isch Gott der Sohn, 's Dritt isch Gott der liäb Häilig Gäischt.
Gott well es behiätän und bewährä vor allem Ibel und besä Gäischt.
Ave! Ave! Ave Maria!
O liäbi Muätter Gottes Maria!
Jesus! Jesus Chrischt! O liäber Herr Jesus Chrischt!
Bhiät Gott Seel, Lib, Veh, Ehr und Guät,
Und alles, was uf disi Alp derzuä geherä tuät.
Äs walti Gott und der liäb häilig Sant Antoni!
Äs walti Gott und der liäb häilig Sant Wendelin!
Äs walti Gott und der liäb häilig Sant Marti!
Äs walti Gott und der liäb häilig Landesvater Bruäder Chlais!
Äs walti Gott und der liäb allerhäiligscht Jungfrai Maria!
Äs walti Gott und der Hochhäiligscht Drifaltigkäit:
Gott der Vater, Gott der Sohn, Gott der liäb Häilig Gäischt!
Lobä! Zuä Lobä! I Gotts Namä! Lobä!"

In Verbindung mit dem Betruf bzw. dem Alpsegen steht auch die Nennung und Anrufung mehrerer Heiliger. Es sind regionale und lokale Heilige und es sind alle Viehpatrone der verschiedenen Regionen der Schweiz. In einem Alpsegen (Wyss-Meier S. 230 f) wird der Heilige Christophorus als Helfer gegen „Schlipf" und „Wassergfohr" angerufen, die Heiligen Frauen Agatha und Barbara sollen die Alm vor Blitz und „bösem Hagelschlag" bewahren. Der Heilige Stephan möge den „rollenden Stein" abwehren. Peter und Paul sollen generell bei Sturm und Wetter helfen.

Eine überaus reichhaltige Quelle stellt das vierbändige Werk „Mythologische Landeskunde von Graubünden" dar. Es ist die alpenweit reichhaltigste Sammlung „Ein Bergvolk" erzählt, wobei der Sammler Arnold Büchli ausdrücklich Wert darauf gelegt hat, alles getreulich so niederzuschreiben, wie er es gehört hat und keine sprachlichen Änderungen oder Ergänzungen oder (pseudo-)literarische Nachdichtungsversuche zu machen. Im Registerband 4 kann nach „Motive, Themen, Typen" eine Vielzahl an Belegen gefunden werden.

Aus dem Bereich der TÖNE & KLÄNGE gibt es allein zum „Glockenläuter" knapp 100 Belege. Im ergänzenden Hinweis „vertreibt Unwetter/Hochwasser" findet man in Band II auf Seite 632 und in Band III auf Seite 134 die nachfolgenden Belege. Margret Hunger-Derungs aus Durin (1867–1952) erzählt im Dialekt über *„Die Muttergottes von Durin."*

An der Straße steht eine kleine Kapelle. Dort hängt im Turm eine kleine Glocke.

> „Wenn's es Unwetter git und di Duviner di ggli Glogge lüüten, denn hört's uf. Und di Khatolischä loen no immer uf der andere Site, wenn es Unwetter ischt, ob di Duviner di ggli Glogge lüüten".

Dazu erklärt ergänzend der Mann, der Präsident Hunger:

> „Und das hat eine besondere Ursache. Es geschieht nur bei großer Not, dass die kleine Glocke geläutet wird. Dann müssen die Männer von Duvin auf dem Platz zusammenkommen und beraten, wie der Not zu wehren ist." (Büchli, Band II, S. 632)

Büchli ergänzt noch mit dem Hinweis:

> „Die kleine Glocke im Kirchturm von Duvin wurde nach der Inschrift gegossen im Jahre 1491"

Im Band III findet sich auf Seite 134 ein Bericht des Vaters Caviezel über einen Pater, der das Hochwasser bespricht, also beschwört. Es folgt der Bericht im Dialekt. Es habe zu seiner Kinderzeit einmal geregnet, *„e lengeri meh"*, also mehr und mehr. Und da hatte die Familie Angst, es würde das Wasser aus dem Tobel herausbrechen. Da haben sie den Pater gefragt, ob er imstande sei, das Wasser zurückzuhalten. Er habe die Achsel gezuckt und gemeint, die im Dorf seien keine Katholischen, sondern Protestanten. Es war ein italienischer Pater, Alois habe er geheißen, und es müsse 1902 gewesen sein. Der fromme Pater habe es trotzdem versucht. Also sei er in die Kirche gegangen, habe die Kerze angezündet, den Weihwasserkessel genommen und habe sich die Sola umgehängt. Dann sei er zur Brücke gegangen und habe mit den Füßen auf dem Boden ein Kreuz gemacht. Das Wasser sei bereits über die Brücke gelaufen. Er habe wieder das Kreuz auf den Boden gemacht und dann habe er Weihwasser über den Bach gesprengt. Und

> „werenddem heb au Sant Anna gglüütet. Und bi de dritte Segnung het ds Wasser noogloo, sei's grad gsungge, und d Sant-Glogge hei auf grad vrhebbt. Und di Proteschtante hebe si so verwundert über di Gwalt vo dem Pader".

Also habe zudem die Sankt-Anna-Glocke geläutet. Dann habe das Wasser nachgelassen und die Protestanten hätten sich über die Kräfte des katholischen Paters gewundert.

Die Kräfte sind offenbar ident mit denen des Bösen. Der „MALEFIZ-Bua" beschwört mit dem „Stab" das Wasser. Es bricht aus und verschüttet das Dorf. Die „HEXER" als Wettermacher verfügen offenbar über dieselben, aber über „negative" Kräfte. Wirksam ist der gottesfürchtige fromme Pater und wirksam ist der mit dem „Teufel" verbündete Hexer. Und immer wieder sind die Glocken zur Stelle. Sie erklingen stellvertretend und zugleich wohlklingend. Bei der Hagelabwehr wird mit Böllern geschossen. Aus vollem Rohr wird im Snow-Tourismus mit Kanonen geschossen, um Schnee zu erzeugen.

In den detaillierten Angaben aus der „Mythologischen Landeskunde von Graubünden" zum Stichwort „Glockenläuten" gibt es die Hinweise:

> „… bricht Macht der Geister
> bricht Macht der Wildmenschen
> bricht Macht des Kuhbauchs
> bricht Macht des Teufels …"

Eine Fülle an Hinweisen gilt dem Thema „Wettermacher/innen".

In der „Zeitschrift des Deutschen und Österreichischen Alpenvereins" des Jahres 1898 hat Richard von Strele einen längeren Beitrag unter dem Titel *„Wetterläuten und Wetterschiessen"* veröffentlicht. Dabei handelt es sich auf den Seiten 123–142 um *„eine culturgeschichtliche Studie"* mit einer Fülle an Belegen und Hinweisen, leider ohne detaillierte Quellen- und Literaturangaben.

Was er grundsätzlich zum Thema schreibt, kann ich hier auszugsweise wiedergeben. Es trifft den Kern der Sache und öffnet den Blick auf eine überaus reiche Welt der „Naturschauspiele" und der Verhinderung von Schäden:

> „Zu den gewaltigsten Naturschauspielen gehört unbedingt ein mächtiges Hochgewitter. Die leuchtenden Blitze, die rollenden Donnerschläge, der

prasselnde Hagel und die rauschenden Regenfluthen, die selbst den Gebildeten, der sich die Erscheinungen erklären kann, in bange Aufregung zu setzen vermögen, mussten natürlich dem einfachen Menschen gewaltigen Schrecken verursachen und endlich das Verlangen einflössen, die Ursachen dieser furchtbaren Erscheinungen zu ergründen, um sich davor zu schützen, um dieselben von sich abzulenken …

Die christliche Volksanschauung unterschied ebenfalls zwischen Gewittern, die Gott gesandt, um den Menschen zu prüfen, zu strafen, sie verkannte jedoch nicht die Wohlthat, die selbst grimmigen Donnerschlägen in Bezug auf die Vegetation, die Reinigung der Luft u.s.w. innewohnte. Es entstanden Bitt- und Dankgebete, Wetter- und Schauerämter, Processionen und Flurumgänge. Aber außer an diese seltenen, von Gott geschickten Gewitter glaubte man an von Gott nur zugelassene, die der Teufel entweder selbst veranlaßt, oder seine Gesellen und Diener, die Zauberer und Hexen. Gegen diese viel gefährlicheren Wetter nahm man nun gleichfalls zu den bereits genannten Andachten und Gebeten, dann zu allerlei Segen – Colomanisegen, Donatisegen, Johannesevangelium etc. die Zuflucht, suchte sich aber außerdem auch auf andere Art zu schützen. Man schaute sich nach gewohnter Weise um Fürsprecher im Himmel um, zu denen man wieder, namentlich zu den so genannten Wetterherren und Wetterfrauen, eigene Bitt- und Kreuzgänge, Andachten u.s.w. veranstaltete; man trug Reliquien, wie z.b. das Heilige Blut, in Weingärten, ins Freie, man errichtete Wetterkreuze, Wetterkapellen u.s.w., man steckte die geweihten Palmbesen, Stücke des Osterbrandes, Zweige des Wurzbüschels etc. in die Felder, in die Dachsparren, an die Fensterscheiben, man verbrannte Weihrauch, Palmkatzeln, oder gar übelriechende Gegenstände, wie Wolllappen, Hornspitzen, um durch Gestank und Rauch zu wirken, man dachte sogar daran, den lärmenden Wettermächten ebenfalls mit Lärm entgegenzutreten, wie in den Zeiten der Finsternisse den Bedrängern des Mondes und der Sonne."

Wie zu erwarten, nennt Strele dann bunt gemischt eine Reihe von Belegen. Einige davon, auf die Alpen bezogen, lauten:

„So weit man die Glocken hört, schlägt der Blitz nicht ein …

Die Glocken von Muhr hörte man früher 3 1/2 Stunden weit. Darum trachteten auch Hexen und Zauberer durch Murbrüche, durch Steinwürfe und Unterwaschungen der Kirchthürme die Glocken für immer verstummen zu machen, oder ihnen wenigstens den Klang zu rauben. Sie vernagelten die Glocken, wie man feindliche Geschütze vernagelt, sie bissen und rissen Stücke aus dem Mantel. Zu Wald im Pitztal wird die mittlere Glocke die Hexenglocke genannt. Eine uralte Sage rühmt diese Glocke als bewährtes Mittel gegen Hexen …

Auch die mittlere Glocke der Muhrer Pfarrkirche heisst die Hexenglocke …

In der Wildschönau erzählt man, daß die Hexen ganze Stücke aus dem Mantelsaum der Glocken beißen …

Oberer Teil des Bildstockes für den Hl. Johannes von Nepomuk in Ötz mit der Darstellung der Landschaft (vgl. auch Bild auf S. 178).

So zersprang z.B. die dritte Glocke in Elpigenalp beim Wetterläuten …

Mächtig tönende Glocken werden Stiere geheissen, der Pfalterer Stier, der Laiener Stier, der Maulser Pfarrstier, der Brixener Stier, der Stier von Kastelruth, der Breitenwanger Stier, der Ötzer Stier, der Tierser Stier, auch Cyprus- oder Cypriansstier genannt u.s.w …

Und so gab es durch alle Zeiten Priester, die das Glockenzeichen vor dem Gewitter nur als Betruf angesehen wissen wollten. In den Gelegenheitsreden für das Landvolk sprach sich auch der Salzburger Pfarrer Reiter dahin aus: ‚Da glauben denn auch viele, weil immer eine Thorheit die andere ausheckt, durch das Läuten geweihter Glocken würden die bösen Geister und das Wetter vertrieben. Sie sehen es ungerne, murren und lästern darüber, wenn das Wetterläuten, weil es für das Leben derer, die sich im Thurm befinden, so gefährlich ist, von weisen Landesfürsten abgeschafft werden soll." (Strele, S. 125/126)

Ich habe in Pfarrarchiven des Ötztales und in der Tiroler Fachliteratur zahlreiche Verbote, das Wetterläuten betreffend, gefunden. Es wird immer wiederholt. Das Volk hat sich offenbar nicht daran gehalten. In Tumpen im Ötztal soll es geschehen sein, dass der dortige Kaplan als erbitterter Gegner das Wetterläuten verboten hatte, dass dann aber der Mesner und sein Sohn von außen in die versperrte Kirche eingestiegen sind und geläutet haben. Aus dem Lungau wird berichtet, es habe dort auch das „SCHNEE-Läuten" gegeben gegen drohendes Schneewetter und der darauf folgenden Lawinen.

Eine dem Wetterläuten vergleichbare „starke" Handlung war und ist bis auf den heutigen Tag der WETTERSEGEN.

Außer den offiziellen Kirchenglocken gab es auch zahlreiche andere Glocken, solche von Ziegen und Schafen, aber auch von Kühen, die zu privater Abwehr dienten. Dazu sind immer wieder Sprüche gerufen und geschrieen worden. Aus dem Martelltal in Südtirol ist ein solcher Spruch bzw. Vers bekannt:

> „Wäre nicht gewesen
> Die schreiende Wetterschell
> Im engen Tal Martell,
> Ich wär sammt dem Besen
> Gewiss der ersten eine
> Auf geschwollner PLIMIGAINE
> Mit allen Lotterhütten
> Das Thal ausgeritten" (Strele, S. 137)

Es sei hier daran erinnert, was sich im engen Martelltal, zu Füßen des Ortlermassivs, Ende August 1987 zugetragen hat. Die wilde PLIMA stürzte mit verheerender Gewalt durch das Tal und zerstörte Bauernhöfe, Mensch und Tier. Im Kapitel über Muren und Hochwasser ist mehr darüber zu lesen.

Im Passeiertal hängt bzw. hing im Dorfe Platt in der Ursulakirche ein beliebtes Wetterglöcklein.

> „Von ihm und einigen Nachbarglöcklein sagt der Volksreim:
> St. Ursula auf der Platt,
> St. Kathrin in der Schart,
> Und St. Vigil aufm Joch,
> Halten alle Wetter auf,
> Und treiben die Hexen ins Loch" (Strele, S. 137)

Ähnlich den Wetterglocken werden auch andere Klangkörper abwehrend und schützend eingesetzt. Dazu gehört auch das WETTERHORN, sowie auch das SCHIESSEN aus Mörsern, mit Kanonen, Böllern etc. Den Glocken sowie anderen Lärm- und Klanggeräten wird apotropäische Wirkung zugeschrieben.

Aus der Vielzahl und der Häufigkeit der Wichtigkeit dieser Instrumente beispielsweise in den Tiroler Fasnachten lässt sich unschwer ermessen, wie wichtig es den Leuten war, von vornherein auf die richtige Abwehr zu setzen: je mehr und je lauter, umso besser. Es wurde auch hineininterpretiert, das diene der Fruchtbarkeit, das würde das Sprießen und Wachsen fördern. Die Musikethnologin Gerlinde Haid hat für eine Publikation einen Beitrag zum Titel „Klänge gegen Naturgefahren" verfasst. Dort sind vor allem viele Belege zum Wetterläuten enthalten, speziell auch mit den vielen Verboten.

Eine neben den Glocken besonders wirksame Rolle wird dem PEITSCHENKNALL zugeschrieben. Das Knallen mit der Peitsche ist auch ein sehr wichtiges Element vor allem bei Bräuchen rund um Fasnacht, Almaufzug und Almabtrieb. Es ist nicht immer nur reine Freude am lauten Knallen der Peitschen. Es ist auch – mehr oder weniger bewusst oder unbewusst – das apotropäische Element, das eine wichtige Rolle spielt.

Eine bemerkenswerte Besonderheit aus dem Ventertal im Ötztal hat uns mehrmals Luis Pirpamer aus Vent berichtet. Er ist Bergführer, Hotelier, Bauer, Chef der örtlichen Lawinenkommission. Früher, so hat er berichtet, als er als Bub immer wieder von Zwieselstein oder Sölden die vierzehn bis zwanzig Kilometer lange Strecke auch im Winter gehen musste, hat er den Pferden im Gespann an den lawinengefährdeten Stellen die Glöcklein abgenommen oder verstopft. Durch den Klang der hochtönenden Glöcklein würden Lawinen gelöst. Es ist ja erwiesen, dass beispielsweise Eisplatten durch das Klingeln in Vibration gesetzt werden können. Das könne auch mit dem Schnee geschehen.

Im genannten Aufsatz von Gerlinde Haid, der 2008 im Band 4 der Schriftenreihe „alpine space" der Universität Innsbruck unter dem Titel „ist es der sindtfluss?" erschienen ist, sind einige weitere Anmerkungen zu finden, vor allem einige Liedbeispiele. In unserem gemeinsam erstellten Tondokument „musica alpina" ist in diesem Zusammenhang die Nummer IV mit dem Betruf, den wir am 27. August 1985 auf der Alp Scharti, gerufen von Josef Blättler, aufgenommen haben (siehe in diesem Kapitel vorher), interessant.

Diese Seite und gegenüberliegende Seite: Kapelle und Jausenstation in Larstig oberhalb von Niederthai, Gemeinde Umhausen im Ötztal.

Es soll alles bewahrt und errettet werden, was auf dieser Alpe lebt und was dazu gehört.

Abwehrend unter Umständen auch gegen Naturgefahren, gegen Blitz, Hagelschlag etc. sind auch SCHREIE, insbesondere die als ALMSCHREIE bekannten Rufe der „Almerinnen" im Salzkammergut. Es sind – so Gerlinde Haid –

> „solistisch vorgetragene jodlerartige Rufe, die meist mit dem Wort ‚Alm' enden und oft außergewöhnliche Modulationen enthalten. Von einigen Sennerinnen sind sie noch überliefert. Sie sind bei verschiedenen Arbeiten im Freien auf der Alm erklungen, dienten der Unterhaltung mit weit entfernten anderen Sennerinnen oder Holzknechten und wurden am Abend vor der Hütte gerufen. Es ist wahrscheinlich, dass sie das nicht verchristlichte Pendant zu den Schweizer Betrufen darstellen. Durch das Rufen wird ein Ring angelegt, in den die Alm zu ihrem Schutz hineingerufen wird."

Sicher nachweisbar ist auch die Schutzfunktion des Schreies. Das kann auch die bedrohliche Naturgefahr sein: sicherlich anstelle auch des Gebetes oder der Wetterglocke.

Vergleiche dazu die Tonbeispiele in „musica alpina II"!

„Die Schutzfunktion des Ringes wird besonders deutlich beim Neujahrslied von Planeil" (G. Haid). Planeil ist ein kleines Bergdorf in einem Seitental des obersten Vinschgau. Wir haben dort das Lied in der Nacht vom 31. Dezember 1986 auf den 1. Jänner 1987 aufgenommen. Es ist auf der Doppel-CD „musica alpina II" als Cut 15 veröffentlicht:

V: Mia ziachens den Fådn wohl umadums Haus
S: Und wünschen's Glück rein und das Unglück hinaus!
V: Dem Hausvåtr wünsch mar a goldene Bichs,
S: Damit er soll schiaßn viel Håsn und sischt nix!
V: Dem Hausvåtr wünsch mar is långe Lebn!
S: Und Gott, der Allmächtig, wirds ihm schon geben!
O Leiden mit Freuden das neue Neujåhr
und alles, was wir wünschen, der Wunsch werde wåhr!

V: Da Hausmuattr wünsch mar das långe Lebn
S: und Gott, der Allmächtig, wirds ihr schon gebn.
O Leiden mit Freuden das neue Neujåhr
und alles, was wir wünschen, der Wunsch werde wåhr!

V: Den Hausvåtr låß mar in guaten Ehren steahn
S: und fångens bei da ehrsamen Hausmuattr ån.
V: Da Hausmuattr wünsch mar den Schlissl in die Hend
S: Damit sie das Haus brav hiatn soll.
V: Da Hausmuattr wünsch mar das långe Lebn
S: Und Gott, der Allmächtig, wirds ihr schon gebn.
O Leiden mit Freuden das neue Neijåhr
und alles, was wir wünschen, der Wunsch werde wåhr.

V: Die Hausmuattr laß mar in guaten Ehren steahn
S: und fångens beim ehrsamen Hausherrn ån.
V: Dem Hausherrn wünsch mar an hohen Huat
S: darunter soll steahn viel Ehr und Guat.
V: Dem Hausherrn wünsch mar a Zigrettn afn Maul
S: und in Ståll an schewign Gaul.
V: Dem Hausherrn wünsch mar an goldenen Pfluag
S: damit er soll fåhrn dås Åckerfeld zua!
V: Dem Hausherrn winsch mar das långe Lebn
S: und Gott, der Allmächtig, wirds ihm schon gebn.
O Leidn mit Freidn das neue Neijåhr
und alles, was wir wünschen, der Wunsch werde wåhr.

V: In Hausherrn låß mar in guatn Ehren steahn
S: und fångens bei dr ehrsåmen Hausfrau ån.
V: Da Hausfrau wünsch mar a hohe Stiagn
S: und z'ebrigst da Stiagn an Knåb in da Wiagn.
V: Da Hausfrau winsch mar an viereckatn Tisch
S: auf ålle vier Eckn an bråtenen Fisch.
V: Wås winsch mar in dar Mittn hinein?
S: A Panzele Wein, soll roater sein.
O Leidn mit Freudn das neue Neijåhr
und alles, was wir wünschen, der Wunsch werde wåhr.

V: Dar Hausfrau wünsch mar das långe Lebn
S: und Gott, der Allmächtig, wirds ihr schon gebn.
O Leidn mit Freudn das neue Neijåhr
und alles, was wir wünschen, der Wunsch werde wåhr.

V: Die Hausfrau låß mar in guatn Ehren steahn
S: und fångens bei die ehrsåmen Hauskinder ån.
V: Den Hauskindern wünsch ma den Nuschtr in der Hånd,
S: damit sie aufs Neue Jåhr beten solln.
V: In Hauskindern winsch mar a Buach in der Hånd
S: damit sie aufs Neue Jåhr lesen solln.
V: In Hauskindern wünsch mar dås långe Lebn
S: und Gott, der Allmächtig, wirds ihnen schon gebn.
O Leidn mit Freudn das neue Neijåhr
und alles, was wir wünschen, der Wunsch werde wåhr.

V: Die Hauskinder låß mar in guatn Ehren steahn!
S: Ei singet so fröhlich glückseligs nuis Jåhr,
glückseligs nuis Jåhr,
der himmlische Segen, der Wunsch werde wåhr!

In den einzelnen Strophen des Liedes klingt an, was den Hausleuten gewünscht wird, konkret und angedeutet. Symbolisch-altertümlich sind die Wünsche den viereckigen Tisch betreffend und an den vier Ecken möge der gebratene Fisch stehen. Es möge keinen Hunger und keine Not geben. Kein Blitz- und Hagelschlag, der die Ernte vernichtet. Dem Hausherrn wird der goldene Pflug gewunschen, der ja auch stellvertretend steht für Wohlergehen im Feld und im Acker; sicher auch gegen Dürre; Trockenheit, Hochwasser, Muren. Es muss nicht generell, verbal, also „expressis verbis“, ausgesagt sein, was gewünscht wird oder was abgewehrt werden soll.

Eine durchaus stattliche Reihe von Liedern kann als SEGENSLIEDER bezeichnet werden. Dazu gehören vor allem Lieder, die als „Ansinge-Lieder“ zumeist zu Neujahr und Dreikönig an vielen Orten erklingen, *„die seit der spirituellen Bewegung der Gegenreformation stark gefördert worden sind“* (Gerlinde Haid).

Eines dieser „Ansingelieder“ haben wir am 3.1.1995 beim Dreikönigssingen in Innervillgraten gehört, aufgenommen und dann in der „musica alpina IV“ im Cut 12 veröffentlicht. Es geht um konkrete Wünsche und vor allem um Bewahrung vor „Unglück und Gefahr“ im Neuen Jahr. Der Sarg ist hier das „Bretterhaus“:

„1. Gleich wie beim letzten Hammerschlag
das alte Jahr vergangen,
so hat im selben Augenblick
das neue angefangen.

Wir danken Dir, o großer Gott,
für das verflossne Jahr,
wohl dass du uns behütet hast
vor Unglück und Gefahr.

2. Bei vielen hat in diesem Jahr
die Uhr geschlagen aus,
sie sind jetzt nicht mehr hier,
sie sind im Bretterhaus.
Vielleicht kann es mit mir und dir
im neuen Jahr so gehn –
wie werden wir, o großer Gott,
vom Richterstuhl bestehn?

3. Gib Vater uns die große Gnad,
dass wir zu dir uns wenden,
die wahre Buß ergreifen gschwind
vor unserm Lebensende.
Es kommt für uns ein neues Jahr,
wir sein jetzt außer Gfåhr,
das wünschen wir euch allen gleich
wohl zu dem neuen Jahr."

Uns und allen gilt der Wunsch, wir mögen für das Neue Jahr „außer Gefahr" sein.

Für die „musica alpina I", Cut 4, haben wir ein Lied ausgewählt, das aus der Familientradition der Familie Bregoli im Val Trompia, Provinz Brescia/Italien, stammt, das wir bei einem Musikantentreffen in Italien auch live haben hören dürfen. Wir konnten es zusammen mit vielen begeisterten Hörern anlässlich der von PRO VITA ALPINA organisierten Veranstaltung „WIDERSTÄNDIGKEITEN" im Sommer 1991 in Telfs aufnehmen. Es singen Vertreter der Familie Bregoli aus dem Ort Pezzaze. „*Wir waren neunundzwanzig …*" heißt es in der deutschen Übersetzung.

Mehrere männliche Mitglieder der Familie haben als Mineure beim Bau von Stollen und Tunnels mitgearbeitet. So auch beim Bau des ersten Tunnels unter dem Gotthard. Der 15 km lange Bahntunnel wurde am 23. Mai 1882 eröffnet. Durch eine Katastrophe im Berg, durch niederbrechende Steinmassen, wurden neunundzwanzig Bergarbeiter verschüttet und getötet. Nur sieben konnten überleben. Zweiundzwanzig hat der Berg „begraben".

Das Lied ist damals entstanden und spiegelt die Not und den Frust wider. Hier die komplette deutschsprachige Fassung:

„1. Wir waren neunundzwanzig
Nur sieben sind heimgekehrt
Die anderen zweiundzwanzig
Die liegen tot im Berg.

Zwei Votivtafeln aus der Maria-Hilf-Kapelle in St. Georgen/Bruneck

2. Wir graben einen Friedhof
   Vierundzwanzig Meter im Quadrat
   Um zu begraben die Mineure
   Die der Berg erschlagen hat.

3. Und die armen Witwen
   Gehn in die Kirche zum Beten
   Für den Verlust des Mannes
   Bekommen sie 30.000 Hungerpension (Anm.: italienische Lire)
   4. Verflucht sei der St. Gotthard
   Und die Ingenieure, die ihn geplant
   Wegen der armen Mineure
   Die dort ihr Leben gelassen haben."

Gerlinde und ich haben beim Sternsingen am 5. Jänner 2006 in Heiligenblut dank der überaus hilfreichen und entgegenkommenden Hilfe von Frau Maria Sauper, der im Mölltal verheirateten Schwester des Stanglwirtes, das in Volkskunde- und Volksmusikkreisen geradezu berühmte Sternsingen miterleben dürfen. Wir waren die ganze Nacht und dann noch bis sechs Uhr in der Früh mit einer „Pass" unterwegs. Dabei haben wir mehrere Lieder aufzeichnen können, die 2009 in einer neuen „musica alpina VII/VIII" dokumentiert werden. Ich habe von den dort gesungenen Liedern das so genannte „DANKLIED" ausgewählt. Dort ist mehrmals das Thema „Naturgefahren" angesungen worden. Neben dem Wunsch für viel Glück und Segen, für das ewige Leben und der Bewahrung vor einem bösen Tod gibt es auch den Wunsch:

> „Der liebe Gott soll euch beschützen vor Schauer und Wassersgefahr".

Nicht dem Bereich der Volkslieder, sondern der Oper zuzuordnen ist ein Lied bzw. eine Arie aus der Oper LA WALLY des italienischen Komponisten Alfredo Catalani (1854–1893). Die Oper, auch aufgeführt in den letzten Jahren in Bregenz, Wien und Klagfenfurt, spielt zur Gänze im Bereich der heutigen Gemeinde Sölden, und da hauptsächlich in Vent, am Similaun und am Marzellferner. Zugrunde liegt der Roman „Die Geierwally" von Wilhelmine von Hillern. Zu unserem Thema „Naturkatastrophen in den Alpen. Eine Kulturgeschichte" hat die Oper deswegen konkreten Bezug, weil das Finale am Similaun handelt und es mit einer Lawinenkatastrophe endet. Giuseppe wird von der Lawine in den Tod gerissen. La Wally stößt einen schrecklichen Schrei aus:

> „LA VALANGA (Die Lawine)
> Dort lauert der Tod.
> O Schnee Du, Du bist mein bleiches Schicksal. Sieh mich, ich bin die Braut Giuseppes …"

Laut Regieanweisung wirft sich La Wally in den Abgrund, stürzt auf den Marzellferner, *„die Arme ausgebreitet, als gälte es eine höhere Umarmung"*.

Nach dem erhabenen Stoff der „APOKALYPSE", also der „geheimen Offenbarung des Heiligen Johannes", hat der Komponist Franz SCHMIDT (1874–1939) das Oratorium „Das Buch mit sieben Siegeln" komponiert. Dabei ist der Originaltext leicht verändert worden. In einer dramatischen Szene wird die ganze Wucht von Naturereignissen beschworen. Es sind wahrhaftig grausige, apokalyptische Visionen.

Alle großen Naturkatastrophen sind uns beklemmend nahe gebracht: Birma/Burma 2008, China 2008, der Tsunami vom 26. Dezember 2006. Die große Dichtung der Apokalypse konnte wahrscheinlich nur geschrieben, erlebt und erleidet werden von Augen- und Ohrenzeugen vergleichbarer Naturkatastrophen der vergangenen Jahrhunderte und Jahrtausende.

Rettung soll in den Bergen kommen, wohin die Menschen flüchten. Aber es stürzen die Berge zusammen. Wir sind erinnert an den schrecklichen Bergsturz von 1806 in Goldau.

Wahrlich ist der Tag des Zornes angebrochen, wenn durch zunehmenden Klimawandel die Welt aus der Verankerung bricht, wenn durch Permafrost ganze Bergtäler und Städte verschüttet werden, wenn durch noch nie da gewesene und noch nie erlebte Lawinenstürze diese apokalyptischen Zustände über uns hereinbrechen.

Mit den verstärkenden Mitteln der Musik wird das Menschheitsdrama noch um ein Vielfaches gesteigert, wird beinahe multipliziert. Bis ins Unerträgliche, dass es bereits bei der Vorstellung dieses Szenarios die Menschen ausrufen lässt: *„Ihr Berge, fallet über uns und verberget uns vor dem Angesicht des (erzürnten) Gottes"*. AMEN.

Eine weitere musikbezogene Gruppe der Gefahrenabwehr sind die WARNLIEDER. Sie dienen der Warnung vor einem Unglück und sind Aufforderung zum Aufpassen: Diese Rolle hatten insbesondere die Nachtwächter inne. Sie mussten in der Nacht Stunde um Stunde durch das Dorf ziehen. Eine Reihe von Nachtwächterliedern ist aufgeschrieben und dokumentiert worden, bevor der Beruf nahezu ausgestorben ist.

> „Paßts auf aufs Feuer und aufs Liacht, daß bei Nacht koa Unheil gschicht.
> Gelobt sei Jesus Christus".

Nach Gerlinde Haid und ihren Volksmusikforschungen gibt es die älteste gesicherte Nachricht über einen (singenden) Nachtwächter nach einem Bericht von Benvenuto Cellini aus dem Jahre 1537.

Schließlich gehört zu diesen klingenden, dröhnenden und lauten Beispielen im Zusammenhang mit Naturgefahren und Kultur auch die Gruppe, die von Gerlinde Haid als *„LIEDER ÜBER GESCHEHENE UNGLÜCKE"* bezeichnet werden. Es ist vor allem aus der Volksmusik- und Volksliedforschung bekannt, dass es zu bestimmten Anlässen in früheren Jahrhunderten die gedruckten „FLUGBLATTLIEDER" und „FLUGBLATTDRUCKE" gegeben hat. Viele davon sind speziell im italienischen Kulturraum vielfach durch die „cantautori" verbreitet worden, auf Marktplätzen, auf Schaubühnen usw. Es sind oftmals gesungene Balladen und Moritaten, aber auch Lieder über Unglücke und Naturkatastrophen. Gerlinde Haid nennt einige Beispiele:

> „Von 1624 gibt es ein Lied, eine typische ‚NEUE ZEITUNG' über ein schweres lokales Unwetter mit Erdbeben und Himmelserscheinungen in Schwaz. Die ‚Wunderzeichen' werden als Androhungen von Strafen gegen Sünder gedeutet. Eine weitere ‚Neue Zeitung' gibt es über ein Erdbeben in Hall von 1671, wobei ein weiterer Bericht über das Erdbeben in Konstanz angeschlossen wird, sowie über einen Berg in Schweden, der versunken sein soll, über einen Erdeinbruch zu Granson und einen Erdrutsch zu Plurs in Graubünden.
>
> Man sieht Vorzeichen für die Endzeit gekommen und bittet Jesus um seine Hilfe. Ein weiteres Lied kündet vom Brand in Wiener Neustadt am 8. September 1834. 47 Menschen kamen ums Leben, 500 Gebäude wurden eingeäschert. Besonders hervorgehoben wird der Rettungseinsatz der Zöglinge der Militärakademie. Die Wiener werden gebeten, zu helfen, und Gott wird um seine Hilfe gebeten. Weitere Lieder gibt es über die Überschwemmung in Wien am 28.2.1830

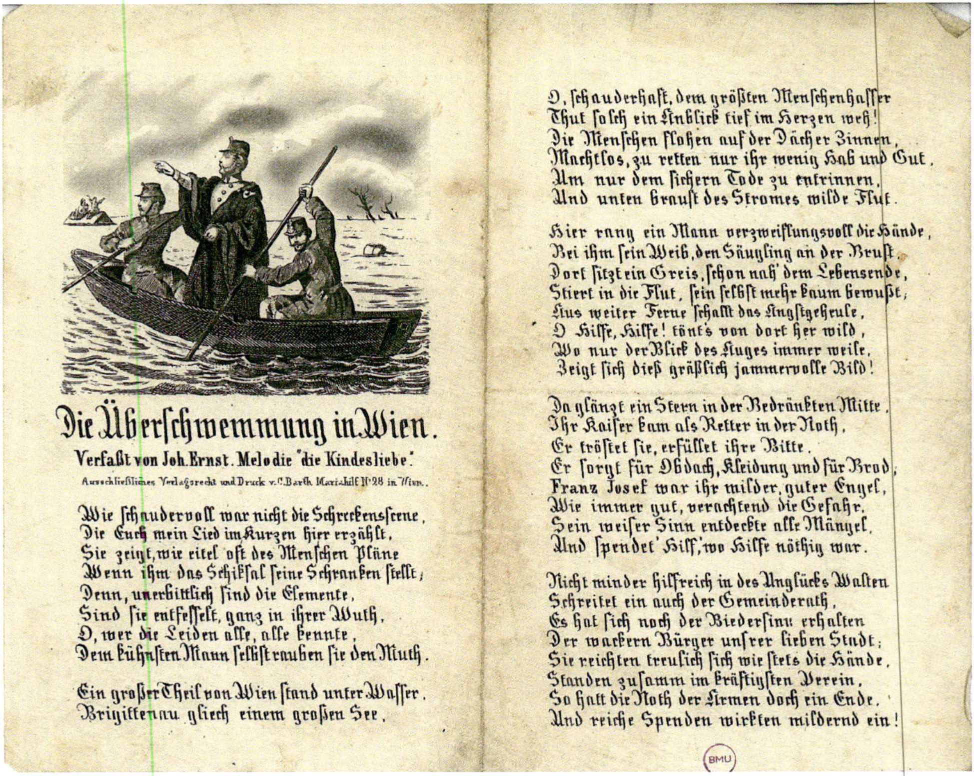

Die Überschwemmung in Wien.

Verfaßt von Joh. Ernst. Melodie "die Kindesliebe."

Ausschließliches Verlagsrecht und Druck v. C. Barth Mariahilf N°28 in Wien.

Wie schaudervoll war nicht die Schreckensscene,
Die Euch mein Lied im Kurzen hier erzählt,
Sie zeigt, wie eitel oft des Menschen Pläne
Wenn ihm das Schiksal seine Schranken stellt;
Denn, unerbittlich sind die Elemente,
Sind sie entfesselt, ganz in ihrer Wuth,
O, wer die Leiden alle, alle kennte,
Dem kühnsten Mann selbst rauben sie den Muth.

Ein großer Theil von Wien stand unter Wasser,
Brigittenau glich einem großen See,

O, schauderhaft, dem größten Menschenhasser
Thut solch ein Anblick tief im Herzen weh!
Die Menschen flohen auf der Dächer Zinnen,
Machtlos, zu retten nur ihr wenig Hab und Gut,
Um nur dem sichern Tode zu entrinnen,
Und unten braust des Stromes wilde Flut.

Hier rang ein Mann verzweiflungsvoll die Hände,
Bei ihm sein Weib, den Säugling an der Brust,
Dort sitzt ein Greis, schon nah' dem Lebensende,
Stiert in die Flut, sein selbst mehr kaum bewußt;
Aus weiter Ferne schallt das Angstgeheule,
O Hilfe, Hilfe! tönt's von dort her wild,
Wo nur der Blick des Auges immer weile,
Zeigt sich dieß gräßlich jammervolle Bild!

Da glänzt ein Stern in der Bedränkten Mitte,
Ihr Kaiser kam als Retter in der Noth,
Er tröstet sie, erfüllet ihre Bitte,
Er sorgt für Obdach, Kleidung und für Brod;
Franz Josef war ihr milder, guter Engel,
Wie immer gut, verachtend die Gefahr,
Sein weiser Sinn entdeckte alle Mängel,
Und spendet' Hilf,' wo Hilfe nöthig war.

Nicht minder hilfreich in des Unglücks Walten
Schreitet ein auch der Gemeinderath,
Es hat sich noch der Biedersinn erhalten
Der wackern Bürger unsrer lieben Stadt;
Sie reichten treulich sich wie stets die Hände,
Standen zusamm im kräftigsten Verein,
So hatt die Noth der Armen doch ein Ende,
Und reiche Spenden wirkten mildernd ein!

BMU

Zwei „Flugblattlieder" über Überschwemmungen und Hochwasser.

und das Hochwasser im Jahr 1862. Diese Hochwasserkatastrophen ereigneten sich an der Donau oft im Gefolge eines Eisstoßes. 1830 gab es dank zahlreicher Fischer, die die auf die Häuser geflüchteten Bewohner retteten. ‚Nur' 74 Tote, 43 Kühe, 154 Schafe, 19 Schweine und 243 Stück Geflügel kamen ums Leben. Im Lied werden die Ereignisse anhand besonderer Vorkommnisse geschildert, die Hilfsbereitschaft wird hervorgehoben, und der Kaiser, der hilft. Solche Lieder wurden auf Flugblättern gedruckt und durch Bänkelsänger, in Wien ‚LIEDERWEIBER' genannt, auf Jahrmärkten verbreitet. Diese Liederweiber, offizielle Bezeichnung ‚PAPIERWEIBER', mußten sich bis 1848, wo sie endgültig verboten wurden, gegen die kaiserliche Zensur durchsetzen; dies ist der Grund, warum der Kaiser immer rühmlich hervorgehoben wird."

Eine musikalisch-dokumentarische Kostbarkeit ist sicherlich das Lied von der LIESERWAND in Kärnten. Darüber heißt es in einer Sage, dass die übermütigen Knappen des Liesertales einen unterirdischen See im Bergwerk angebohrt hätten.

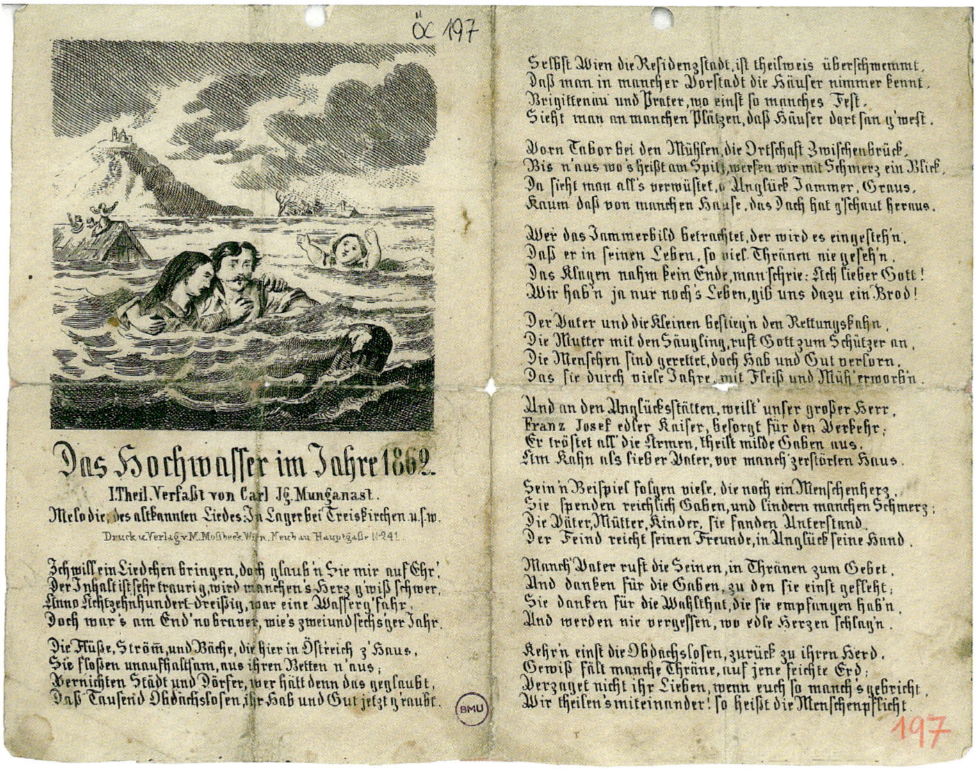

Öc 197

Das Hochwasser im Jahre 1862.

I. Theil. Verfaßt von Carl Jg. Munganast.

Melodie, des altkannten Liedes: In Lager bei Treiskirchen u. s. w.

Druck u. Verlag v. M. Moßbeck Wien, Neubau Hauptgaße N° 241.

Ich will ein Liedchen bringen, doch glaub'n Sie mir auf Ehr',
Der Inhalt ist sehr traurig, wird manchen's Herz g'wiß schwer,
Anno Achtzehnhundert-dreißig, war eine Wasserg'fahr,
Doch war's am End' no braver, wie's zweiundsechs'ger Jahr.

Die Flüße, Ström, und Bäche, die hier in Östreich z'Haus,
Sie floßen unaufhaltsam, aus ihren Betten n'aus;
Vernichten Städt und Dörfer, wer hätt denn das geglaubt,
Daß Tausend Obdachslosen, ihr Hab und Gut jetzt g'raubt.

Selbst Wien die Residenzstadt, ist theilweis überschwemmt,
Daß man in mancher Vorstadt die Häuser nimmer kennt.
Brigittenau und Prater, wo einst so manches Fest,
Sieht man an manchen Plätzen, daß Häuser dort san g'west.

Vorn Tabor bei den Mühlen, die Ortschaft Zwischenbrück,
Bis n'aus wo's heißt am Spitz, werfen wir mit Schmerz ein Blick,
Da sieht man all's verwüstet, o Unglück Jammer, Graus,
Kaum daß von manchen Hause, das Dach hat g'schaut heraus.

Wer das Jammerbild betrachtet, der wird es eingesteh'n,
Daß er in seinen Leben, so viel Thränen nie geseh'n.
Das Klagen nahm kein Ende, man schrie: Ach lieber Gott!
Wir hab'n ja nur noch's Leben, gib uns dazu ein Brod!

Der Vater und die Kleinen bestieg'n den Rettungskahn,
Die Mutter mit den Säugling, ruft Gott zum Schützer an,
Die Menschen sind gerettet, doch Hab und Gut verlorn.
Das sie durch viele Jahre, mit Fleiß und Müh' erworb'n.

Und an den Unglücksstätten, weilt' unser großer Herr,
Franz Josef edler Kaiser, besorgt für den Verkehr;
Er tröstet all' die Armen, theilt milde Gaben aus.
Im Kahn als lieber Vater, vor manch' zerstörten Haus.

Sein'n Beispiel folgen viele, die noch ein Menschenherz,
Sie spenden reichlich Gaben, und lindern manchen Schmerz;
Die Väter, Mütter, Kinder, sie fanden Unterstand.
Der Feind reicht seinen Freunde, in Unglück seine Hand.

Manch' Vater ruft die Seinen, in Thränen zum Gebet.
Und danken für die Gaben, zu den sie einst gefleht;
Sie danken für die Wohlthat, die sie empfangen hab'n.
Und werden nie vergessen, wo edle Herzen schlag'n.

Kehr'n einst die Obdachslosen, zurück zu ihren Herd.
Gewiß fällt manche Thräne, auf jene feichte Erd;
Verzaget nicht ihr Lieben, wenn euch so manch's gebricht.
Wir theilen's miteinander! so heißt die Menschenpflicht.

197

„Nur ein frommer Knappe, der taub war, und ihr wüstes Leben nicht mitmachte, hörte das Wasser kommen und konnte sich retten. In dem Lied, das sich mit diesem Gegenstand auseinandersetzt, kommt die Taube vor, aber ist keine Rede vom liederlichen Leben …“ (Gerlinde Haid)

„1) Haufat Wåsser fållt danieda,
Massa Wåsser kimmt daher,
hearst as nit, gånz ålte Liada,
singan sie von Åch und Weah.

2) Jå die Wånd wår oamål truckn,
viele Knåppn suachen Gold,
und sie ziachen große Brocken,
schwar verdeanan sie den Sold.

3) Sigst den Derrischen noch drinta?
Ålle låchend iwa eahm.
Sågt koa Wort, steaht ållweil hinta,
tuat gånz leis zur Årweit geahn.

4) Håt den Håmmer in den Häntn,
plågt si åb und gibt koa Ruah,
schlågt fest aussa aus den Wäntn,
Gold und Silber haufat gnua.

5) Und amål då is es gscheachn,
sågt er: ‚I hear då a Grolln!
He tiats liesnen, heats nit rauschen?'
Und lauft aussi ausn Stolln.

6) ‚Schaugts heit fångt er ån zan spinnen!'
Ålle Knåppen steahnt beinånd,
‚Er is terrisch und heart rinnen!
Is wohl furchtbår durcheinånd.'

7) Haufat Wåsser fållt danieda,
rinnt die Lieser hiaz daher.
‚He tiats liesnen!' hållts no wieda,
und die åndern hearnts nit mehr."

Die hohe Wertigkeit der „KLÄNGE" und insbesondere des authentischen Singens und Klingens mit der neuen Verwertung der „UR-TÖNE" kennzeichnet auch einige Musik-Festivals wie seit 1990 die ALPENTÖNE in Obergurgl im Ötztal, die ALPENTÖNE in Altdorf in der Schweiz, aber auch die „KLANGSPUREN" in Schwaz/Tirol.

Bei diesen Festivals dienen archaisch anmutende Klänge und Töne nicht mehr dem Warnen und Abwehren von Naturgefahren, sondern dem Schwelgen in Altertümlichkeiten. Es ist Teil der Nostalgie.

Alte „Instrumente" erhalten eine neue Wertigkeit. So „importieren" die Schweizer für ihre folkloristischen Reminiszenzen an Alp-Leben und auch für Fasnachts-Veranstaltungen die Schellen aus Tirol: von Strengen am Arlberg beim Vinzenz Haueis oder einem anderen dort beheimateten Schellenschmied. Jetzt gibt es sogar die Bestrebung, einen alten Betrieb komplett in die Schweiz zu transferieren, nachdem der alte Meister verstorben ist und es keinen Nachfolger gibt.

Sollten wieder einmal schlimme Gewitter mit Schauer, Hagel und Hochwasser drohen, dann haben wenigstens diese traditionsbewussten Schweizer wieder ihre Abwehr-Töne.

Nach wir vor wird es im ländlichen Raum kaum eine größere Kirche geben, in der nicht eine der dortigen Glocken als spezielle WETTERGLOCKE gewidmet und extra dafür geweiht worden ist. Als eines dieser Beispiele habe ich im Buch „Mythos Lawine" auf den Seiten 232 und 233 drei Fotos von einer feierlichen Glockenweihe in Längenfeld im Ötztal abgedruckt.

Die neue Wetterglocke, gegossen von Graßmair in Innsbruck, wurde 2005 geweiht und dann aufgehängt. Sie trägt die Inschrift:

> „Anna Katharina heiss ich
> Alle Wetter weiß ich
> Alle Wetter vertreib ich
> In Längenfeld bleib ich" (Haid, Lawine, S. 232 f)

Ich bin dabei gewesen und war beeindruckt, mit welcher Inbrunst gefeiert wurde und welche Hoffnungen nach wie vor in die Glocke gesetzt werden. Besonders beeindruckt hat mich der lange Zug der Mädchen in den weißen Gewändern; symbolisch für Jungfrauen, denen im Volksglauben besondere Kräfte zugeschrieben werden.

Ich habe im Buch „Mythos Lawine" auch berichtet, was 1773 der von Wien ins Ötztal gesandte Joseph Walcher dort erfahren und dann niedergeschrieben hat:

> „Die Reisenden pflegen sich bei den Einwohnern des Thals zu erkundigen, ob sie auf dem Wege keine Schneelähne zu befürchten haben. Gelangen sie an einen Ort, welcher gefährlich scheint, so brennen sie eine Pistole los, um durch diesen Knall diejenigen Schneetheilchen, welche zum Abfallen etwann geneigt sind, in Bewegung zu bringen. Bleiben diese unbewegt, so gehen sie auf ihrem Wege gesichert fort, widrigenfalls aber warten die Zeit aus, bis die Gefahr vorüber ist." (Haid, Lawine, S. 234)

> Statistik

Zeit	Ort/Gebiet	Art des Ereignisses	Kubikmeter
8000 v. Chr.	Flims (CH)	Bergsturz	12.000 bis 15.000 Mio.
ca. 6700 v. Chr.	Köfels/Ötztal (Ö)	Bergsturz	2.000 bis 3.000 Mio.
6000 v. Chr.	Storegga in Norwegen		120.000 bis 150.000 Mio. (Das Zehnfache wie in Flims und das fast Hundertfache wie in Köfels)
1000 v. Chr.	Tschirgant bei Imst (Ö)	Bergsturz	180 bis 240 Mio.
1227	Südalpen	Erdbeben	
1248	Mont Granier in Savoyen (F)	Bergsturz	500 Mio.
25.1.1348	Dobratsch (Ö)	Bergsturz und Erdbeben	30 bis 50 Mio. Fels und Gestein
1419	Kummersee, Passeier (I)	Gletschersee	
29./30.5.1515	Buzza di Biasca (CH)	Überschwemmung (nach Bergsturz 1512 und Dammbruch)	
1584	Yvorne (CH)	Bergsturz	
1595	Val des Bagnes (CH)		
31.8.1597	Brig (CH)	Bergsturz	
1598	Bündnerland (CH)	Lawinen	
1606	Schweiz	Lawinen	
1609	Davos (CH)	Lawine	
3.9.1618	Plurs (damals CH, heute I)	Berg- und Felssturz	
16.7.1669	Salzburg Stadt (Ö)	Bergsturz	
1683	Disentis (CH)	Bergsturz	
1688	Königssee (D)	Schiffsunglück	
2.8.1712	Kirchschlag am Wechsel (Ö)	Überschwemmung, Muren	
1714	Les Diablerets/Derborance (CH)	Bergsturz	50 Mio.
24.9.1749	Les Diablerets/Derborance (CH)	Bergsturz	50 Mio.
9.-11.7.1762	Umhausen (Ö)	Mure	
16.6.1818	Val des Bagnes (CH)		
2.9.1806	Goldau (CH)	Bergsturz	40 Mio.

Zerstörung	Schaden	evakuiert	Tote
			5000
			7000 bis 10.000 bzw. 5000 bzw. 4000. 1000 am realistischsten
			insg. 5000
			400
			500 bis 600
			ca. 120
500 Gebäude			160
			81
			> 100
			17 bis 100
			26
			900 bzw. 1500 bis 2000 bzw. 2430 bzw. 1000 bis 2500
			230
			22
			70
			42
55 Sennhütten			15
mehr als 55 Sennhütten			14 oder 15
60 Wohn- und Wirtschaftsgebäude	10 Millionen Euro		
270 Gebäude, Ställe, Wohnhäuser			44
110 Häuser, ca. 220 Städel bzw. Scheunen und 4 Kirchen/Kapellen bzw. 323 Stück Vieh und die Zerstörung von drei Dörfern mit zusammen ca. 330 Gebäuden bzw. 185 Horn- und 209 Stück Schmalvieh, also rund 400 Tiere getötet. Der Bergsturz zerstörte Kirchen und Kapellen, 102 Häuser sowie 220 Ställe und Scheunen	> 420 Mio. CHF		457

Zeit	Ort/Gebiet	Art des Ereignisses	Kubikmeter
1808	Selva-Tavetsch (CH)	Lawinen	
21.5.1814	Cortina d'Ampezzo (I)	Bergsturz	
18.3.1822	Hallstätter See (Ö)	Schiffsunglück	
1.-2.3.1830	Wien (Ö)	Hochwasser	
1834	Zentralalpen (CH)	Überschwemmung	
1839	Zentralalpen (CH)	Überschwemmung	
30.6.1854	Traunsee (Ö)	Schiffsunglück	
1857	Campo, Valle Maggia TI (CH)	Rutschung	> 100 Mio.
6.10.1857	Traunsee (Ö)	Schiffsunglück	
1868	Zentralalpen (CH)	Überschwemmung	
1873	Provinz Belluno (I)	Erdbeben	
1876	Mittelland (CH)	Überschwemmung	
11.9.1881	Elm (CH)	Bergsturz	10 Mio. Fels und Geröll
11.9.1895	Berg Altels bei Kandersteg (CH)	Felssturz	1 Mio. Eis- und Felstrümmer
28.12.1898	Airolo TI (CH)	Muren	
1910	Mittelland (CH)	Überschwemmung	
31.7.1910	Traunsee (Ö)	Schiffsunglück	
1911	Veltlin (I)		
1927	Veltlin (I)		
25.1.1946	Sierre (CH)	Erdbeben	
10.9.1963	Belluno/Piavetal (I)	Erdbeben	
9.10.1963	Longarone (I)	Erdrutsch/Bergsturz	260 bis 270 Mio.
29.6.1965 (u.a.)	Fischbach bei Längenfeld (Ö)	Überschwemmung	
30.8.1965	Allalingletscher/Mattmark(CH)	Fels-/Eissturz und Mure	500.000
1965/66	Kärnten, Osttirol (Ö)	Überschwem- mung, Muren	
18.8.1966	St. Justina in Osttirol		
31.5.1970	Yungay/Peru	Erdbeben und Bergsturz	60 Mio. Eis und Fels
5.6.1976	Friaul (I)	Erdbeben	

Zerstörung	Schaden	evakuiert	Tote
			25
			260
			39
			74
	> 700 Mio. CHF		27
	> 290 Mio. CHF		?
			9
10 Häuser und zahlreiche Ställe			
			10
	> 1.100 Mio. CHF		50
			100
	> 720 Mio. CHF		?
	> 84 Mio. CHF		114
Badeanlage und 8 Häuser			130
			6 Menschen, 158 Rinder, 9 Schweine, ein Muli und ein Hund
10 Häuser, 15 Ställe, 30 ha Wald und Land			3
	> 500 Mio. CHF		27
			15
	10 Mio. Lire		
	100 Mio. Lire		6
			4
			1189 bis 4000
			2000-4000 bzw. 1900-2500
40 Häuser beschädigt		450	
			88
			3 Dutzend
			9
			60.000
120.000 Häuser zerstört, weitere 80.000 beschädigt, ca. 70.000 – 100.000 Menschen obdachlos			929 bis ca. 2000

Zeit	Ort/Gebiet	Art des Ereignisses	Kubikmeter
15.9.1976	Friaul (I)	Erdbeben	
September 1978 und Februar und März 1981	Zwerchwand bei Bad Goisern (Ö)	Bergsturz	130.000
24.7.1981	Domat-Ems GR (CH)	Mure	
Feb. bis August 1985	Isérables-Riddes VS (CH)	Bergrutsch	200.000
14.7.1987	Grand-Bornand (F)	Campingplatz	
29.7.1987	Veltlin (I)	Bergsturz	40 Mio.
26.8.1987	Martelltal (I)		
24.9.1993	Brig-Glis (CH)	Hochwasser	
1993	Wallis, Tessin (CH)	Überschwemmung	
24.8.1987	Ötztal (Ö)	Überschwemmung	
18.4 und 9.5.1991	Randa im Mattertal (CH)	Bergsturz	30 Mio.
1998	Franzensfeste (I)	Mure	
10.7.1999	Eiblschrofen in Schwaz/Tirol (Ö)	Felssturz	150.000
26.12.1999	v. a. Schweiz	Orkan Lothar	
14.10.2000	Wallis, Gondo (CH)	Unwetter, Muren	
Nov. 2000	Log Pod Mangrtom (Slo)	Mure	
22./23.8.2005	Pfunds (Ö)	Mure	
Juli 2006	Eiger, Grindelwald (CH)	Felssturz	2 Mio. Fels
30.10.2006	Dents du Midi im Val d'Illiez (CH)		1 Mio.
18./19.1.2007	Alpen	Sturm Kyrill	
18.9.2007	Slowenien		
12.10.2007	Einserkofels in den Sextener Dolomiten (I)	Felssturz	60.000
27.1.2008	Alpen	Sturm Paula	
März 2008	Gmunden Gschliefgraben (Ö)	Hangrutschung	
10.4.2008	Lend/Dienten (Ö)	Felssturz	5000

Zerstörung	Schaden	evakuiert	Tote
			100-400
			6
			23
159 Häuser, 83 landwirtschaftliche Gebäude, die Kirche und der Friedhof		20.000 Menschen aus 21 Dörfern	30
40		220	
	> 650 Mio. CHF		2
	900 Mio. CHF		3
			13
			5
		250	
	500 Mio. CHF		14
			16
			7
80 Gebäude sind betroffen, 40 davon stark	12,8 Millionen Euro		
			-
300 Häuser			5
	200 Mio. €		-

Quellen: Profil 30, 21. Juli 208, S. 88–92
Quellen: Christian Pfister, Historisches Lexikon der Schweiz, Bern 1998-2008.
http://www.hls-dhs-dss.ch/textes/d/D47887.php (CHF 2000)
Quellen: Planat (Die Nationale Plattform Naturgefahren),
c/o Abteilung Gefahrenprävention, Bundesamt für Umwelt BAFU, 3003 Bern
http://www.cenat.ch/index.php?userhash=23897177&l=d&nav=4,475,475,475,475

> Fakten und Zahlen in Österreich

- Österreich verfügt mit 75 % der Gesamtfläche über den höchsten Alpenanteil aller mitteleuropäischen Staaten. 58 % der Staatsfläche (83.855 km^2) sind Intensivzonen des Schutzes vor alpinen Naturgefahren, weitere 17 % sind extensiv von Wildbächen, Lawinen und Erosion bedroht.
- In Österreich wurden bisher 10.651 Wildbäche, 4843 Lawinen und 424 Risikogebiete (Rutschung, Steinschlag) erfasst (Stand: 2003). Somit fallen 67 % des Bundesgebietes in den Betreuungsbereich des Forsttechnischen Dienstes für Wildbach- und Lawinenverbauung, in Vorarlberg, Tirol, Kärnten und Salzburg sogar mehr als 80 % der Landesfläche.
- In Österreich sind rund 35.000 Gebäude und 1500 km Verkehrswege von Wildbächen bedroht. (…)
- Jährlich werden vom Bund finanzielle Mittel (Förderungen) in der Höhe von über 69 Mio. € aus dem Katastrophenfonds für den Schutz vor Wildbächen, Lawinen und Erosion bereitgestellt. (…)

Der Gefahrenzonenplan:

Die Gefahrenzonen:

In der Roten Gefahrenzone ist die Gefährdung durch Wildbäche und Lawinen so groß, dass eine ständige Besiedlung nicht oder nur mit unverhältnismäßig hohem Aufwand möglich ist.

In der Gelben Gefahrenzone ist die ständige Benützung für Siedlungs- und Verkehrszwecke beeinträchtigt. Eine Bebauung ist hier nur eingeschränkt und unter Einhaltung von Auflagen möglich.

Gebietsbauleitungen der Wildbach- und Lawinenverbauung in Österreich:

Südwestliches NÖ
Wien und Nördliches NÖ
Burgenland und Südliches NÖ
Attergau und Innviertel
Salzkammergut
Steyr-Ennsgebiet
Mühlviertel
Flach- und Tennengau
Pongau
Lungau
Pinzgau
Ennstal und Salzatal
Oberes Murtal
Mittleres Murtal und Mürztal
Ost- und Weststeiermark
Mittel- und Unterkärnten
Gailtal und Mittleres Drautal
Liesertal und Ossiacher Seebecken
Oberes Drautal und Mölltal
Außerfern
Oberes Inntal
Mittleres Inntal
Westliches Unterinntal
Östliches Unterinntal
Osttirol
Bregenz
Bludenz

Quelle: LEBENSMINISTERIUM WIEN: Wildbach- und Lawinenverbauung in Österreich. Forsttechnischer Dienst für Wildbach- und Lawinenverbauung. Wien, 2005

> Glossar

Bergrutsch: gleitende gravitative Massenbewegung, die größere Hangteile eines Berglandes erfasst. In wechsellagernden Sedimenten bzw. Gesteinen, die auch ihre Feuchtezustände wechseln, kommen B. sehr häufig vor. (Quelle 1)

Bergsturz: im Gegensatz zum Bergrutsch eine plötzliche, katastrophenartige gravitative Massenbewegung von Locker- und Festgesteinen an Steilhängen oder Wänden, wobei der Sturz gegenüber dem Gleiten überwiegt. Es entsteht eine markante Abrissnische und am Ende der Sturzbahn eine oft große Akkumulationsform. Besonders in den Alpen sind B. weitverbreitete Erscheinungen (Flims, Elm, Goldau, Sierre). Das unruhige Relief der Ablagerung wird als Tomalandschaft bezeichnet. Die B. gehören zu den Naturgefahren. (Quelle 1)

Bergsturz: Als Bergsturz bezeichnet man sehr große Gesteinsvolumina von einem bis mehreren Millionen m^3, die aus einem Felsverband abstürzen. Dabei treten hohe Geschwindigkeiten und starke Wechselwirkungen zwischen den Komponenten auf. (Quelle 3)

Bergsturzsee: von einem Bergsturz in einem Fließgewässer aufgedämmter See mit Zu- und Ablauf. Hält die Aufdämmung dem sich aufstauenden Fluss nicht stand, ist ein katastrophenartiges Entleeren des B. möglich. (Quelle 1)

Erdbeben: Erdbeben sind Erschütterungen beziehungsweise Schwingungen der Erde, die ihren Ursprung im Erdinneren haben. (Quelle 3)

Felssturz: gravitative Massenbewegung unterschiedlicher Größenordnungen, größer als der Steinschlag und kleiner als der Bergsturz, bei der von Steilhängen oder Wänden Felsblöcke einzeln oder vergesellschaftet abbrechen und dann abstürzen. (Quelle 1)

Felssturz (ab 100 m^3): Beim Felssturz löst sich eine größere Felsmasse „en bloc" aus dem Gebirgsverband. Während des Sturzes oder beim Aufprall wird sie in Blöcke und Steine zerteilt. Dabei haben die Wechselwirkungen zwischen Blöcken und Steinen im Gegensatz zum Bergsturz keinen entscheidenden Einfluss auf den Prozess. (Quelle 3)

Hangbewegungen können in Form von „langsamen" Kriech- und Gleitbewegungen oder „schnellen" Rutschungen und Hangmuren auftreten. (Quelle 2)

Hangmure: Eine Hangmure ist ein an steilen Hängen erfolgendes, schnelles Abfahren eines Gemisches aus Lockergestein (Steine, Holz, Boden und Vegetationsbedeckung) und viel Wasser. Gelegentlich werden Hangmuren auch durch oberflächliche Rutschungen ausgelöst, sehr oft jedoch auch ohne Vorhandensein einer Gleitfläche. (Quelle 3)

Hochwasser: allgemein bei Flüssen der Hochstand der Wasserführung, der im Extremfall zu Überschwemmungen führt. (Quelle 1)

Hochwasser entsteht durch extreme Niederschläge, die in Wildbacheinzugsgebieten zu einem raschen Anstieg des Wasserabflusses und dadurch zu Überschwemmungen in den Talschaften führen. (Quelle 2)

Hochwasser: Als Hochwasser wird der Zustand in einem Gewässer bezeichnet, bei dem der Wasserstand oder der Abfluss einen bestimmten (Schwellen-)Wert erreicht oder überschritten hat. (Quelle 3)

Lawine (Lahn): ruckhaftes und rasches Niedergehen von Schnee und Eis in einem Hang auf einer Gleitschicht im Schnee oder auf dem Untergrund. Es werden Lockerschnee- (trockener Schnee), Festschnee- (nasser Schnee) und Eislawinen unterschieden. L. sind häufige Ereignisse und lagern bilanzmäßig beachtliche Schneemengen um. Die wichtigsten Einflüsse auf die Entstehung von L. sind: Hangneigung und Oberflächengestaltung, Mächtigkeit, Zusammensetzung und Schichtung des Schnees, Temperatur, Wind und die Beschaffenheit des Untergrundes (Schutt- und Vegetationsdecken). L. entstehen bereits auf Hängen von 10° Neigung; häufiger treten sie jedoch auf mehr als 20° geneigten Hängen auf. Die physikalischen Ursachen der L. sind letztlich die durch das Setzen der Schneedecke entstehenden Zug-, Druck- und Scherspannungen. (Quelle 1)

Lawinen sind Schneemassen, die bei raschem Absturz auf steilen Hängen oder in Gräben infolge der Bewegungsenergie oder Luftdruckwelle oder durch ihre Ablagerung große Schäden oder Zerstörung in den gefährdeten Gebieten verursachen. (Quelle 2)

Massenbewegungen: Als Massenbewegungen werden Prozesse bezeichnet, bei welchen sich Gesteinsmaterial (Fels- oder Lockergestein) im Wesentlichen durch die Schwerkraft und praktisch ohne Mithilfe eines Transportmediums (Schnee, Wasser, Wind, usw.) talwärts bewegt. s. a. Rutschungen, Stein- und Blockschlag, Felssturz, Bergsturz, Hangmure. (Quelle 3)

Massenbewegung, gravitative: Materialtransport unter Schwerkrafteinfluss, aber auch unter der Voraussetzung einer Reihe von endogenen (z.B. Materialart und -lagerung, physikalische Eigenschaften des Substrats) und exogenen Randbedingungen (z.B. Materialbefeuchtung durch Niederschlag). Die g.M. vollziehen sich als Gleitbewegung, Sturzbewegung und Versatzbewegung, die jedoch oft ineinander übergehen und in der Dimension von kleinen Schollenrutschungen am Hang (Erdschlipf, Rutschung) bis zum großräumigen Bergsturz reichen. (Quelle 1)

Mure: Strom aus Wasser, Boden, Gesteinsschutt und Blöcken (wobei der feste Materialanteil an der M. überwiegt), der sich im Hochgebirge nach plötzlichen Starkregengüssen oder Schneeschmelzen an Hängen, in vorgezeichneten Tiefenlinien, z.B. Lawinengleitbahnen oder Wildbächen, meist sehr rasch zu Tal bewegt. Die M. bewegt sich in Schüben, also ruckweise, aber auch in einem Durchgang. Der Ablauf des Prozesses wird als Murgang bezeichnet, der die M.-Bahn glättet bis ausschürft und Gesteinsbrocken, ähnlich der Beanspruchung durch Eis bzw. Schrammungen durch Gletschereis, ritzt. Der Bereich, in dem sich die M. bewegt, weist einen konvexen Querschnitt auf. Der Schlammstrom bewegt sich ähnlich dem Fluss – in der Mitte schneller als an den Rändern. Die Ablagerungsform ist der Murkegel, der in den Hochgebirgstälern Wege, Straßen, Siedlungen und Kulturland verschütten kann. Die M. gehört zu den Naturgefahren des Hochgebirges. (Quelle 1)

Murgang: katastrophenartige Massenbewegung einer Mure, also eines Stromes aus Wasser, Boden, Gesteinsschutt und Blöcken, wobei Schuttanhäufungen und -ströme in Wildbachkerben aufgenommen werden, wenn sich bei plötzlichen Durchfeuchtungen (z.B. Starkregen, Schneeschmelzen), die temporären Ablagerungen in Bewegung setzen können. (Quelle 1)

Murgang: Ein Murgang (auch Mure oder Rüfe genannt) ist ein breiartiges, oft schnell fließendes Gemenge aus Wasser und Feststoffen (Sand, Kies, Steine, Blöcke, Holz) mit einem hohen Feststoffanteil von circa 30 bis 60 %. Er tritt im Hochgebirgsraum und in den Voralpen dort auf, wo erosionsanfälliger geologischer Untergrund wie Flysch oder Bündner Schiefer usw., Lockermaterial liefert. Zusätzlich benötigt ein Murgang Wasser und genügend Gefälle (mindestens 25 bis 30 %). Alle diese Voraussetzungen sind in vielen Wildbacheinzugsgebieten anzutreffen. (Quelle 3)

Naturgefahr: potentieller und schließlich real wirkender Prozess der durch Relief, Eis, Schnee, Wasser und/oder Substrat bzw. Boden bedingt, ausgelöst oder gefördert wird und der das natürliche Gleichgewicht von Landschaftsökosystemen bzw. Geoökosystemen bedroht, wobei der Prozess naturgesetzlich abläuft. Mensch, Siedlung und Wirtschaft können durch die N. zeitweise oder dauernd bedroht sein. Mit zunehmenden technischen Möglichkeiten, vor allem im Hoch- und Tiefbau sowie im Wasserbau, werden die N. auch vom Menschen begünstigt und ausgelöst. Sie werden deswegen als „quasinatürliche" Prozesse bezeichnet. Dazu gehören u.a. Murgänge, Lawinen und Bodenerosion. Letztere ist zwar ein „schleichender" Prozess, doch gehört sie trotzdem zu den N.. Zu den N. gehören auch Aschenregen und Aschenstrom. (Quelle 1)

Naturkatastrophe: außergewöhnliches Naturereignis mit meist folgenschweren Auswirkungen auf Mensch und Wirtschaft. Als N. gelten starke Erdbeben, Vulkanausbrüche, Überschwemmungen oder Dürren. (Quelle 1)

Rutschung (Hangrutschung): Bezeichnung für einen geomorphologischen Prozess und eine Form des Georeliefs. Eine gravitative Massenbewegung von Lockergesteinen und/oder Böden an durchfeuchteten Hängen, die aus wasseraufnahmefähigen, meist feinkörnigen Substraten bestehen, die schließlich einen Instabilitätszustand erreichen. R. können sich auch unter Vegetationsdecken vorbereiten, die dann aufreißen. Ein Folgeprozess, vor allem in sehr niederschlagsreichen Gebieten mit Böden, kann auch die Bodenerosion sein. (…) Mit der R. verwandt ist der Bergsturz, der zusätzlich andere Ausmaße erreicht. In den Alpen und anderen Hochgebirgen sind R. eine überall verbreitete Naturgefahr, die bei massenhaftem Auftreten auch Gegenmaßnahmen erfordert. (Quelle 1)

Rutschungen: Rutschungen sind hangabwärts gerichtete Bewegungen von Gesteinspaketen auf einer Gleitfläche. (Quelle 3)

Steinschlag ist der Absturz einzelner Gesteinstrümmer, die durch Verwitterung und mechanische Einflüsse (Frost, Baumwurzeln) aus felsigen Steilböschungen und Felswänden gelöst werden. Steinschlag führt häufig zu schweren Schäden an Gebäuden und gefährdet auf langen Abschnitten die Verkehrswege in den Alpen. Der Absturz größerer Felsmassen wird als **Felssturz** oder **Bergsturz** bezeichnet. (Quelle 2)

Stein- und Blockschlag ($<100m^3$): Stein- und Blockschlag sind charakterisiert durch das plötzliche Abstürzen von isolierten Einzelkomponenten. (Quelle 3)

Tsunami: Ein Tsunami besteht aus einer Serie von Schwallwellen, die sich auf Meeren und Seen rasch ausbreiten und an den Ufern zerstörerisch auflaufen. Der Begriff „Tsunami" stammt aus dem Japanischen und bedeutet „grosse Welle im Hafen". (Quelle 3)

Überschwemmung: Eine Überschwemmung, auch als Überflutung bezeichnet, ist die vorübergehende Bedeckung einer Landfläche mit Wasser. Vom Wasser mitgeführte Feststoffe werden auf der überfluteten Fläche abgelagert (Übersarung). (Quelle 3)

Wasserstube: großer, mit Wasser gefüllter Hohlraum im Gletschereis. (Quelle 1)

Wildbach: Zu den wichtigsten Gefahren in den Einzugsgebieten von Wildbächen zählen Hochwasser, Muren sowie der massenhafte Transport von Steinen, Schotter, Schlamm („Geschiebe") und Holz („Wildholz"). (Quelle 2)

Wildbachverbau: alle Maßnahmen des Uferschutzes, der Sohlenfixierung bzw. Sohlenhebung, der Eindämmung von Tiefenerosion und starker Geröllführung bei Wildbächen durch Lebendbau oder durch Modifizierung von Maßnahmen des Flussbaus. Während lange Zeit Hoch- und Tiefbaumaßnahmen vorherrschten, geht man immer mehr dazu über, die Geomorphodynamik und Hydrodynamik des Wildbachs mit Lebendbaumaßnahmen anzugehen, um den Landschaftsökosystemen der Umgebung und des Standorts sowie dem Gewässertyp zu entsprechen. (Quelle 1)

Quelle 1: Leser, Hartmut (Hrsg.): Wörterbuch Allgemeine Geographie. Westermann Schulbuchverlag, Braunschweig; Deutscher Taschenbuch Verlag, München 1997 (Neuausgabe)

Quelle 2: Lebensministerium Wien: Wildbach- und Lawinenverbauung in Österreich. Forsttechnischer Dienst für Wildbach- und Lawinenverbauung, Wien, 2005

Quelle 3: Nationale Plattform Naturgefahren PLANAT (Schweiz), www.planat.ch

> Sachregister

Abendmesse 118
Ablagerungsgebiet 52
Abwehr 157, 162, 183
Abwehren 194
Abwehrkerze 120
Abwehrmechanismus 158
Abwehrstein 175
Abwehr-Töne 194
Abwehrzauber 147
Adventure Dome 80
Allerheiligstes 57, 125, 147
Almabtrieb 184
Almaufzug 184
Almerin 185
Almkultur 158
Almschrei 185
ALP's 43, 79
Alpenakademie 22
Alpensinfonie 54
Alpentöne (Festival) 194
alpine space (Schriftenreihe) 184
Alp-Leben 194
Alpmüeterli 160
Alpsegen 162, 169, 170, 171, 175, 176, 179
Andacht 43, 104, 126, 181
Anderswelt 164
Anna-Tag 118
Anrufung 179
Ansingelied 187
Apokalypse 54, 71, 72, 155, 163, 190
Apokalyptisch 190
apotropäisch 147, 183, 184
Aqua Dome 116, 119, 127
Armani-Schnee 151
Atlantikum 10
Atomabfälle 161
Atommüll 160, 162, 177
Ausbruch 166
Ausbruchmaterial 68
Ave Maria 170
Bachprozession 171
Bachsegnung 133
Bahntunnel 51
Ballade 191
Ballungszentrum 10
Bänkelsänger 192
Bann 146, 162
Bannkreuz 158, 159
Bannung 166
Bannungsversuch 42
Barackenlager 50
Bauernheilige 175
Belzebub 144
Bergbau 62
Bergnamen 107
Bergrutsch 31, 52, 54, 67
Berg-Sonnenuhr 75
Bergsturz 23, 31, 43, 52, 53, 54, 55, 57, 58, 59, 60, 61, 62, 63, 64, 65, 66, 67, 68, 69, 70, 71, 72, 73, 74, 75, 76, 77, 79, 80, 81, 82, 83, 84, 85, 86, 88, 101, 110, 136, 137, 138, 148, 154, 190
Bergsturz in der Musik 70
bergsturzartiger Hangrutsch 64
Bergsturzbilder 70
Bergsturzliteratur 70
Bergsturzmasse 79, 81
Bergsturzmuseum 71
Bergsturzoper 70
Bergsturzpredigt 70
Berg-Wallfahrt 157
Bergwerk 192
Bergzerreißung 73
Beschneiung 152
Beschneiungsanlage 150, 151
Beschwörung 160, 162
Besessenheit 166
Beten 43
Betreibergesellschaft 80
Betruf 144, 158, 160, 161, 162, 169, 170, 171, 172, 177, 178, 179, 182, 184, 185
Betrufer 177
Betstein 107
Bevölkerungsentwicklung 8
Bevölkerungswachstum 8
Bewahrung 187

Bewältigung 43, 135
Bezirkshauptmannschaft Imst 129
Bibel 64
Bildstock 108, 178, 182
Bildstöckl 108
Bimsstein 80
Bittandacht 133
Bittfahrt 116
Bittgang 42, 118, 126, 134, 158, 165, 166, 181
Bittgebet 181
Bittgesang 169
Bittgottesdienst 126
Bittprozession 117
Bittwallfahrt 94
Blickpunkt (Zeitung) 22
Blitz 56, 120, 146, 147, 157, 162, 170, 171, 174, 175, 176, 179, 180, 181, 185, 187
Blitzabwehr 146
Blitzschlag 156, 187
Blümlisalp 159
Blümlisalp-Sage 10, 158
Bockhorn 169
Bogenstaudamm 31
Bogenstaumauer 86
Böller 147, 180, 183
Brandkatastrophe 49
Brauch 101, 184
Buch Job 81
Bußandacht 165
Buße 116
Bußfeiertag 116
Cantautori 191
Centre de recherches sur l'épidémiologie des désastres (CRED) 8
Christentum 164
Christi Himmelfahrt 157
Chronik 7, 20, 49, 65, 81, 82, 102, 103, 108, 112, 113, 136, 138
Chronist 35, 38, 82, 107, 108, 120, 121, 131, 156
Colomanisegen 181
Damm 168
Dammbruch 110
Dananä 159, 163
Dankgebet 181
Dank-Gottesdienst 21, 126
Danklied 190
Das Buch mit sieben Siegeln 54, 71, 190
Der Bergsturz (Oper) 70
Der Standard (Zeitung) 9
Der Vinschger Wind (Zeitung) 10
Dialen 148, 160
Die Geierwally 190
Die Presse (Zeitung) 72, 76
Die Woche (Regionalzeitung) 100, 158
Die Woche (Zeitung) 163
Die Zeit (Zeitung) 11, 73, 150
Dolomiti-Superski 151
Donatisegen 181
Donnerschlag 180, 181
Dorfgemeinschaft 135
Dorfleben 135
Doris 145
Drache 85, 88, 96, 97, 98, 99, 100, 101, 172
drachenähnliches Ungeheuer 99
Dreikönig 187
Dreikönigssingen 187
Edison (Firma) 27
Einblattdruck 64
Einzugsbereich 129
Einzugsgebiet 128, 129
Eisdamm 32, 87
Eisgang 82
Eismassen 85
Eispflaster 151
Eis-See 50, 144
Eisstoß 192
Eissturz 52, 74, 83
Elektrizitätsgesellschaft 32
Elementarereignis 43, 49, 63
Encyclopédie des Alpes 7, 8
Epizentrum 137
Erdbeben 8, 57, 58, 60, 79, 82, 83, 84, 86, 110, 136, 137, 138, 139, 140, 163, 164, 165, 191
Erdeinbruch 191
Erdmassen 72
Erdrutsch 31, 43, 44, 84, 86, 191
Erdstrahlen 158
Erlösung 57
Erschließung 26

Esoterik 148
Exorzismus 166
Extremereignis 9, 146
ex-voto-Bildchen 167
Fasnacht 183, 184, 194
Felsabbruch 74, 75
Felsabsturz 84
Felsbewegung 52
Felsmassen 72
Felssturz 43, 47, 52, 53, 57, 59, 64, 66, 73, 75, 77, 78, 83, 85, 86, 88, 138, 148
Ferdinandeum siehe Tiroler Landesmuseum Ferdinandeum
Ferner 50
Fernerausbruch 114
Fernersee 144, 145
Fernerstube 42
Festgottesdienst 125
Fischbachausbruch 126, 131
Fischbach-Gelöbnis 117, 125, 134, 135
Fischbachsperre 16
Flugblatt 64, 192
Flugblattdruck 191
Flugblattlied 191, 192
Flugschrift 64, 65
Flurnamen 107
Flurumgang 181
Flut 31, 49, 50, 51, 85, 91, 154, 155
Flutwelle 31, 68, 82, 84, 85, 86, 87, 88, 94, 100, 102, 110, 136, 165
Föhn (Zeitschrift) 117, 134
Forsttechnischer Dienst für Wildbach- und Lawinenverbauung 14
Französische Revolution 70
Frau Holle 150, 151
Frömmigkeit 157
Fronleichnam 157
Gadria-Hund 96, 98, 99
Gebet 165, 166, 181, 185
Gebietsbauleitung 14
Gedenk-Gottesdienst 23
Gedenkschrift 125
Gedenkstätte 39
Gedenktafel 144
Gedenkveranstaltung 72
Gefahrenabwehr 191
geheime Offenbarung des Heiligen Johannes 71
Geierwally siehe Die Geierwally
Geist 162
Geistlicher 57
Gelöbnis 107, 117, 118, 120, 125, 134, 135, 147, 157, 165, 166
Gelöbnistag 134
Gelöbnistradition 135
Gelübde 106, 134, 135, 166
Gemeindeblatt (des Bezirkes Landeck) 49
Gemeinderat 107
Geo Epoche (Zeitschrift) 165
Geo-Lehrpfad 79
Geomantie 145
GeoRisikoForschung 9
gerechte Züchtigung 25
Gerichtsakt 145
Geschiebeabschwemmung 127
Geschiebematerial 43
Geschiebetrieb 128
Gewitter 54, 119, 127, 133, 147, 148, 157, 162, 171, 181, 182, 194
Gilgamesch-Epos 54, 72, 144, 163
Glaubensbekenntnis 170
Gletscher 10, 30, 50, 51, 53, 54, 56, 102, 138, 153, 159, 164, 166, 170, 172, 173
Gletscher-Bannung 166
Gletscherberg 85
Gletscher-Beschwörung 166
Gletscherkreuz 158, 159
Gletscherkult 153
Gletschermuseum 68
Gletscherschutzhaube 150
Gletschersee 32, 50, 51, 87, 144
Gletscherstrom 164
Gletscher-Sturz 50
Gletschervorstoß 162
Gletscherwelt 56
Gletscherzunge 50
Glocke 57, 101, 142, 147, 179, 180, 181, 182, 183, 184, 194, 195
Glockenläuten 180

Glockenläuter 179
Glockenweihe 194
Glockenzeichen 182
Glöcklein 184
Gnade Gottes 120
Goldener Freitag 157
Goldener Ring 169
Goldener Thron 160
Gomorrha 64, 163
Gottes Allmacht 164
Gottes Güte 164
Gottes Wille 23
Gottesdienst 117
Gottesfürchtige 164
Gottesgericht 163
göttliche Ungnade 64
Graßmayr (Firma) 121, 194
Grubkreuz 103
Gründonnerstag 117, 126
Gurgler Lacke 51
Güte Gottes 70
Hagel 30, 32, 71, 141, 142, 143, 148, 156, 157, 162, 170, 171, 175, 176, 181, 194
Hagelabwehr 146, 180
Hagelschlag 155, 174, 179, 185, 187
Hagelwetter 129
Hallstätter Zone 73, 74
Hangrutsch 64, 73
Haselgebirge 73, 74
Heilige 162, 175, 176, 179
Heilige Frauen 179
Heilige Messe 118, 166
Heiligenbildchen 154
Heiliger Berg 150, 157
Heiliger ohne Haut 107
Heiliges Blut 181
Heimatforschung 144
Heiratsstein 107
Helmbahnen 75
Herbeizaubern von Wetter 143
Herrlichkeit Gottes 71
Herz-Jesu-Feuer 133
Herz-Jesu-Sonntag 133
Hexe 42, 88, 90, 99, 100, 112, 142, 143, 145, 147, 149, 153, 168, 181, 183
Hexenflug 149
Hexengesellschaft 143
Hexenglocke 181
Hexenhysterie 149
Hexenjagd 149
Hexenmeister 102, 149
Hexenprozess 100, 143, 149, 167
Hexensabbat 149
Hexensalbe 149
Hexentötung 149
Hexenwahn 143, 146
Hexer 87, 88, 142, 144, 145, 148, 149, 155, 180
Hexerei 146
Hexerprozess 149, 151
Hirte 160, 169
Hitzeentwicklung 80
Hitzewelle 9
Hochgewitter 180
Hochwasser 8, 15, 22, 23, 25, 29, 35, 38, 42, 43, 49, 66, 82, 118, 146, 168, 179, 183, 187, 192, 194
Hochwasserkatastrophe 19, 66, 192
Hochwasserschäden 78
Hochwetter 127
höhere Gewalt 167
Holzknecht 185
Horrorszenario 148
Hotel „Gran Baita" (Veltlin) 30
Hungerperiode 149
Hungersnot 149
Hybridmotor 11
Identität 61, 63
Infrastrukturmaßnahmen 10
Innsbrucker Nachrichten 42
Instrument 169, 183, 194
Islam 164
Jahrhundertkatastrophe 165
Jakobspilger 146
Jesaja 64
jodlerartige Rufe 185
Johannesevangelium 181
Judentum 164
Jungfrau 195
K.K. forsttechnische Abtheilung für Wildbach-Verbauung 15, 17

Kalk; ungelöschter Kalk 91, 94, 97, 99
Kältephase 149
Kanone 183
Kanonenschnee 152
Kantate 70
Kasermandle 145
Katarakt 92
Katastrophenbericht 29
Katastrophenbewältigung 63, 70
Katastropheneinsatzplan 114
Katastrophenüberschwemmung 153
Kirchenglocke 183
kirchlich-christliche Rituale 147
kirchlicher Feiertag 135
Klagegedicht 64
Klang 162, 169, 179, 181, 183, 184, 194
Klanggerät 183
Klangkörper 183
Klangspuren (Festival) 194
Kleine Eiszeit 10, 149, 159, 166
Kleine Zeitung (Zeitung) 49
Kleinmure 127
Klima 9
Klimaänderung 9
Klimaerwärmung 10
Klimaoptimum 10
Klimapolitik 11
Klimasystem 9
klimatische Anomalien 149
Klimawandel 7, 9, 10, 72, 74, 110, 138, 150, 152, 154, 190
Klingen 194
König Holle 151
Kraftlinie 145
Kraftplatz 158
Kraftstrom 145
Kreis 160, 162, 163, 170
Kreis-Ziehen 144, 162
Kreuzauffindung 157
Kreuzerhöhung 157
Kreuzgang 181
Kristallpalast 163, 164
Kult 21, 57, 101, 107, 134
Kultberg 10
Kultplatz 157
kulturelle Bewältigung 14
kulturell-religiös-kultische Bewältigung 135
Kulturforschung 144
Kunstschnee 142, 151, 152
Kurier (Zeitung) 165
Kyrill (Sturm) 111, 112
L'Alpe (Zeitschrift) 81, 82
La Wally (Oper) 190
Land Südtirol 27
Land Tirol 32
Landesarchiv 43
Landeshauptmann 10
Landesheilige 175
Landolt AG 151
Landschaftsmuseum Schloss Trautenfeld 91
Lärmgerät 183
Lasterhaftigkeit 23, 164
Lava 163
Lavastrom 60, 80, 164
Lawine 15, 17, 26, 35, 49, 59, 65, 69, 85, 146, 153, 155, 162, 168, 169, 170, 172, 183, 184, 190
Lawinenkatastrophe 26, 138, 190
Lawinenkommission 184
Lawinenpatron 172
Lawinensturz 63, 190
Lawinen-Tal 49
Lebensministerium 14
Leichen-Predigt 104
Liederweiber 192
Lindwurm 85, 88, 89, 90, 91, 92, 94
Lindwurm-Sage 88, 89, 91, 92, 94
Lobä 160, 177, 178
Lobeshymne 71
Loch Ness 99
Lothar (Orkan) 112
Luftdruck 61, 63, 68, 69, 85
Luft-Verschmutzung 57
Machtlosigkeit 167
Madonna de Fenestre 157
Madrisa 160
Magie 162
Malefiz-Bua 88, 102, 142, 145, 180
Maria Schmerzen 157
Maria-Hilf-Wallfahrtskirche 117

Marterl 105, 155
Massenbewegung 73
Massentourismus 110, 150
Mattmark-Hexe 88
Mattmark-Staudamm 50
mechanische Katastrophe 25
Medien 74
Medienbericht 30
Menschenleben 7, 8, 21, 55, 61
Mergelschicht 67, 82
Messopfer 51
Meteoriten-Einschlag 79, 80
Mineur 51, 188
mittlere Wärmezeit 10
monotheistische Religion 164
Monstranz 57, 147
Montagna (Zeitschrift) 66
Mörser 183
Mortalität 9
mountain wilderness 25
Münchner Rück (bzw. Münchner Rückversicherung) 7, 9, 10, 138, 139
mündliche Überlieferung 85, 87, 144, 145, 148
Murbruch 33, 42, 129, 181
Murbruch 42
Mure 8, 17, 19, 20, 22, 23, 25, 30, 33, 35, 36, 38, 42, 43, 44, 47, 48, 49, 50, 66, 82, 85, 88, 113, 115, 118, 119, 120, 127, 128, 133, 143, 144, 146, 154, 156, 168, 183, 187
Murenkatastrophe 35, 38, 50, 66, 126
Murenschlamm 155
Murgang 35
Murschäden 42, 50, 78
Murschwemmkegel 35
Murstrich 42
Museums-Friedhof 143
musica alpina (CD-Reihe) 184, 185, 187, 188, 189
Musik 70, 162, 191
Mutlosigkeit 43
Mutter Gottes 162
Mythen-Forum Schwyz 70
Nachtwächter 191
Nachtwächterlied 191
National Geographic (Zeitschrift) 149
Natura 2000 32
Naturereignis 7, 26, 29, 43, 54, 63, 66, 72, 79, 110, 112, 113, 135, 146, 157, 165, 169, 190
Naturgefahr 14, 43, 134, 135, 183, 185, 190, 191, 194
Naturgewalt 20, 23, 53, 57
Naturpark Ötztal 32
Naturschauspiel 180
Naturschutz 154
Naturschutzgebiet 32
Naturspektakel 74
Nepomukkapelle 142
Neujahr 186, 187
Neujahrslied 185
Neujahrssingen 144
Nixe 100
Notbrücke 122
Notizie della Calanca (Zeitschrift) 101
Notre Dame des douleurs 157
Notweg 10
Nullgradgrenze 75
Offenbarung des Heiligen Johannes 190
Ökologie 11
Onanä 159
Oper 70, 71, 190
Opferrolle 26
Opferzahl 8
Oratorium 190
Orkan 108, 112
Ortsbauernschaft 117
Ortsbußfeiertag 117
Ötztal-Archiv 38, 80, 96, 102, 126, 127, 132, 145
Ötztal-Tourismus 80
Palmbesen 181
Papierweiber 192
Parco naturale Dolomiti Friulane 31, 32, 86
Paula (Sturm) 112
Peitsche 184
Peitschenknall 162, 184
Permafrost 18, 74, 153, 190

Permafrostgrenze 8, 32
Perm-Zeit 74
Personenschaden 50, 72, 73, 75, 76, 79, 83, 120
Pest 94, 107
Pestzeit 107
Peter- und Paul(stag) 125, 126
Pfarrarchiv 182
Pfarrchronik 126
Pfarrer 23
Pfarrkirchenrat 117
Pfeifer-Huisele 147
Plawenner Drache 99
Politik 61
positive Sage 146
Prävention 167
Prediger 72, 165
Predigt 166
Presse 61
Pressemeldung 38
Presse-Resonanz 47
Pro Vita Alpina 20, 22, 29, 188
Prozess 88
Prozession 43, 118, 134, 135, 147, 155, 157, 158, 166, 171, 181
Quaderni Valtellinesi (Zeitschrift) 29, 30
Quell-Heiligtum 108
Radiästhetik 158
Raumplanung 43
Rechtsstreit 27
Regenperiode 67
Reibungshitze 68
Religio 57
Religion 21, 164
religiöse Handlung 117, 135
Reliquie 181
Resignation 20, 43, 49
Ring 161, 162, 169, 170, 185
Ringmauer 33
Ritual 158, 162, 169
Rückversicherer 8
Rückversicherung 138
Rufe 169, 185
Ruhegebiet Ötztaler Alpen 32
Rundschau (Zeitung) 76
Sachschaden 7, 23, 29, 30, 35, 38, 44, 50, 51, 84, 127, 138
Sachversicherer 23
Sachverständiger 62
Sachwerte 8
Sachwertverluste 7
Sage 10, 56, 72, 75, 85, 87, 88, 89, 91, 92, 94, 96, 98, 99, 100, 101, 102, 108, 112, 145, 146, 148, 158, 159, 163, 164, 181, 192
Sagengestalt 145
Sagenstoff 89, 159
Sagenwelt 75
Salige 148, 157
Salige Fräulein 163
Salz-Berg 73
Sankt-Anna-Glocke 180
Satan 144
Schadensereignis 35, 38, 63, 110, 134, 136, 139
Schadensfall 127
Schadenzauber 149
Schadlawine 15
Schaftrieb 112
Schaueramt 181
Schautafel 18, 47, 79
Scheiterhaufen 99, 149
Schellen 194
Schellenschmied 194
Schießen 183
Schiffsunfall 105
Schiffsunglück 105, 106
Schlammflut 27, 29
Schlammstrom 73
SchlernSchriften 35
Schnee-Erzeugung 152
Schnee-Götze 151
Schneekanone 151, 152, 153
Schneelähne 195
Schneeläuten 183
Schneemacher 151, 153
Schneemaschine 150
Schneeproduktion 151
Schneeschmelze 129
Schneesicherheit 152
Schneesturm 112
Schneetourismus 151
Schneewetter 183
schottern 43

Schreckens-Szenario 32, 72
Schreie 169, 185
Schuss 162, 169
Schuttbewegung 52
Schutzdamm 18, 154
Schutzfunktion 185
Schutzgöttin 160
Schutzmaßnahmen 36, 42
schwarzer Herrgott 155
schwarzer Jesus 157
schwarzer Tod 107
Schweizerischer Erdbebendienst 137
Schweizerischer Versicherungsverband 167
Schwyzer Hefte 68, 71
Seeausbruch 33, 102, 166
Seenot 105
Segen 165, 169, 181
Segenslied 187
Segnung 153
Seihtrichter 170
Seilbahngesellschaft 61
Senner 160, 169
Sennerin 185
Sicherheitsstandard 27
Sintflut 7, 54, 84, 155, 163, 164
Sintflutsagen 72
Sittenverderbnis 70
Skilauf 26
Snow-Cultura 150
Snow-Gletscher-Ideologie 153
Snow-Tourismus 180
Snow-Zirkus 151
Sodom 64, 163
Sodomie 163
Solidarität 167
Sonnenuhr-Berge 75
Speckstein 64
Spendensammlung 62, 63, 71
St.-Annen-Tag bzw. St.-Annatag 117, 126
St.-Johannstag 126
Staatsarchiv 67
Starkniederschlag 32
Staublawine 23, 69
Staudamm 27, 29, 31, 32, 50, 51, 86
Staudammbau 26
Staumauer 31, 51
Stausee 27, 31, 32, 68, 86
Stauvolumen 32
Steinbruch 59
Steinbrucharbeiten 59
Steinflut 66
Steinkreis 167
Steinlawine 55, 59, 61
Steinschlag 25
Steinschmelze 52
Steinstrom 59, 60
Steinwelle 68
Sternsingen 189
Stiftung 165
Strafe Gottes 23, 71, 134
Strafgericht 23, 25
Strafpredigt 164
Straßenbau 26
Strele-Sperre 129, 130, 131, 132
Stromschnelle 92, 93
Stundenberge 75
Sturm 9, 103, 111, 112, 138
Sturmflut 110
Sturzmasse 68
Sünde 23
Sündenstrafe 116, 117
Sündhaftigkeit 51, 100
Sveta gora (Slowenisch „Heiliger Berg“) 150
Taifun 110
Tämbachlawine 88
Tanna 148
Tanneneh 159
technischer Schnee 151
Technoalpin (Firma) 150, 151
Teufel 180
Theater am Kärntner Tor 70
Theodizee 164, 165
Theodologe 165
Therme 116
Tiroler Fasnacht 183
Tiroler Heimatblätter (Zeitschrift) 32, 117, 121
Tiroler Landesarchiv 113
Tiroler Landesmuseum Ferdinandeum 43, 126
Tiroler Landesumweltanwalt 80

Tiroler Tageszeitung (Zeitung) 11, 40, 74, 76
Tirol-Werbung 10
TIWAG 32
Todesfall 22
Todesopfer 7, 38, 112, 136, 137, 138
Töne 162, 169, 179, 194
Tornado 23, 110
Totes Weibl 107
Tourismus 10, 54, 117, 151, 152, 153, 154, 180
Tourismusdestination 154
Tourismus-Kultur 117
Tourismussektor 30
Tourismuswirtschaft 117
Touristenattraktion 74, 86
Trauma 72
Traunseer (Zeitschrift) 73
Traunspiegel (Zeitschrift) 108
Trockenheit 187
Trockenperiode 30
Trost 165
Trümmerwüste 69
Tsunami 23, 31, 68, 83, 84, 85, 86, 87, 88, 89, 92, 99, 100, 101, 102, 110, 137, 163, 164, 165, 190
Tunnel 51, 68
Übergossene Alm 159
Überschwemmung 8, 9, 30, 46, 61, 91, 116, 191, 192
Umsiedlung 42
Umweltbedingungen 10
Umweltgüter 8
Unglücksfall 64
Unheilabwehr 160
Universität Innsbruck 32, 79, 184
Unterwaschung 181
Unwetter 20, 30, 49, 89, 99, 138, 143, 147, 148, 155, 159, 160, 170, 179, 191
Unwetterkatastrophe 19
Unwetterschäden 175
Ur-Töne 194
Vater Unser 170
Verbauen 168
Verbauung 17, 36, 43, 116, 129, 130
Verbauungsarbeiten 125
Verbauungsmaßnahme 118
Verbauungsprojekt 43
Vereinte Nationen 7
Vergeltung Gottes 71
Verhexung 85
Verletzte 7
Verlöbnis 117
verlobter Feiertag 126
Vermurung 29
Versicherer 7
Versicherung 23
Versicherungsdichte 10
Verwünschung 85
Verwüstung 50, 54, 61, 137
Vichtauerwind 108, 109
Viehpatron 179
Viehsegen 162
Vlies 151
Volkserzählung 91
Volksglaube 175
Volksheilige 175
Volksmusikforschung 191
Volkssage 167
Votivbild 19, 104, 105, 106
Votivtafel 38, 103, 105, 143, 145, 147, 189
Vulkan 163, 164
Vulkanausbruch 69, 80, 163
vulkanisch 58
Vulkanreich 163
Wallfahrer 156
Wallfahrerschiff 105
Wallfahrt 107, 116, 117, 120, 155, 157, 158, 165, 166
Wallfahrten 92, 166
Wallfahrtsbuch 105
Wallfahrtskirche 95, 117, 118, 148, 156
Wallfahrtsort 92, 101, 157
Wallfahrtsstätte 105, 156
Wallfahrtsweg 107
Walliser Bote (Zeitung) 22, 175
Wanser Prozession 171
Wärmedämmung 11
Warnen 194
Warnlied 191
Wasserader 145
Wasserflut 27, 69, 173

Wasserfrau 100
Wassergefahr 126, 190
Wasserkatastrophe 31, 49, 50, 94, 126
Wassermarke 46
Wasserschäden 49, 50, 127, 143
Wasserstube 50
Wasserwand 31
Weihe 153
Weihrauch 153, 181
weiße Frauen 148, 157
weiße Sintflut 155
Weißer Schindwurm 102
Weißes Gold 151
Weltuntergang 76
Werwolf 149
Wetteramt 147, 181
Wetterbeschwörung 146
Wetterbesen 146
Wetterbüchlein 146
Wetterfahne 147
Wetterfrauen 181
Wettergeist 147
Wettergespenst 146
Wetterglocke 42, 183, 185, 194
Wetterglöcklein 183
Wetterheilige 146
Wetterherren 181
Wetterhorn 146, 183
Wetterkapelle 181
Wetterkatastrophe 159
Wetterkatze 146
Wetterkerze 99
Wetterkreuz 158, 181
Wetterläuten 180, 182, 183
Wetterleuchten 146
Wettermachen 146
Wettermacher 101, 145, 148, 149, 150, 151, 177, 180
Wettermacherei 88, 150
Wettermacherin 148, 149, 180
Wettermacher-Prozess 151
Wettermacht 181
Wettermesse 147
Wetterpredigt 146, 148
Wetterprozession 146
Wetterregel 146
Wetterschießen 146, 180
Wetterschlachtige 155
wetterschlachtige Leut 155
Wetterschlag 162
Wettersegen 146, 147, 148, 157, 160, 162, 183
Wetterstrahl 176
Wetterzauber 143, 149, 150
Wetterzauberer 155
Widerständigkeiten 188
Wiener Philharmoniker 72
Wiener Singverein 72
Wildbach 16, 33, 43, 114, 115, 119, 127, 128, 168
Wildbach- und Lawinenverbauung 14, 15, 16, 36, 37, 39, 43, 44, 79, 122, 127, 128
Wildbacheinzugsgebiet 15, 128
Wildbachverbauung 114, 121, 129
Wilde Fräulein 164
Wilde Lauffen 92
Wildwasser 162
Wintermacher 150, 151
Wintersportort 151
Wirbelsturm 110
Wolkenbruch 115
Wolkenschießen 141
Wunderkerze 120
Wundermittel 151
Wunderquelle 107
Zauber 146
Zauberbuch 155
Zauberei 144
Zauberer 88, 144, 145, 147, 150, 181
Zauberknabe 144
Zauberkünste 102
Zauberstab 145
Zeichen Gottes 64
Zeitungsmeldung 43
Zeremonie 169
Zerstörung von Natur 26
Zivilisation 7
Zorn Gottes 82
zorniger Gott 153
Zug der Toten 56
Zusammengehörigkeitsgefühl 168
Zwang- und Zauberbuch 155
Zweigesichtigkeit 145

> Ortsregister

Ache siehe Ötztaler Ache
Adda 30
Afritzer See 100
Ägypten 85, 116
Ahrntal 173
Aigen im Ennstal 99
Alagna 149, 175
Alaska 84
Aletsch-Gletscher 166
Allalin-Gletscher 50, 51
Alm Siscem 167
Alp Glaubenbielen 160, 161, 177
Alp Halsegg ob Sattel 176
Alp Isentobel 176
Alp Scharti 160, 176, 177, 184
Altdorf 194
Altels (Berg bei Kandersteg) 51
Anget am Inn 105
Aosta 82
Aostatal 82
Arnoldstein 58
Aschbach (Ötztal) 40, 42
Augsburg 65
Ausseerland 89
Bad Aussee 73
Bad Goisern 73, 92, 94, 103
Bad Ischl 73, 92, 94
Bangladesch 8, 110
Basel 58, 70, 137
Bayern 136
bellunesische Alpen 86
Belluno 136
Bergell 64
Bern (Kanton) 112
Berner Oberland 76
Bessans (Frankreich) 157
Bionnassay 50
Bionnay 50
Birma 165, 190
Bischofsmütze 83
Bliggspitze (Ötztaler Alpen) 74
Blümlisalp 159
Bormio 30
Bouveret 101
Bozen 96
Bregenz 190
Brennsee 100
Brentagruppe 76
Brescia 136, 188
Brig 23
Brig-Glis 22, 23
Brunnen 68
Brunnenkogel (Ötztaler Alpen) 153
Burgstall 91
Burgstein 114
Burma 164, 165, 190
Busingen 68
Buthier (Aostatal) 82
Buzza di Biasca 75
Calanca-Tal 100, 101
Campo Tartano (Veltlin) 30
Castione (Veltlin) 30
Cauco 101
Cedrasco (Veltlin) 30
Celje siehe Cilli
Chambéry 81, 82
Chartreuse-Massiv 82
Chiavenna 64, 138
China 8, 110, 138, 139, 164, 165, 190
Chur 138
Churwalden 138
Cilli/Celje 150
Cima Cimedo 137
Cortina d'Ampezzo 75
Crozzon (Brentagruppe) 76
Dents du Midi 83
Derborence 52, 53, 54, 57, 163
Deutschland 149
Diablerets 53, 55, 57
Diasbach (Paznauntal) 14
Dienten 72, 107
Dobratsch 58, 136, 137
Dolomiten 74, 75, 139, 155
Donau 192
Donnas (Aostatal) 82
Dora Baltea 82
Drau 137
Durin 179

Ebensee 108, 109
Eiblschrofen (Schwaz) 83
Eiger 74
Einserkofel 74, 75
Elbigenalp 106, 182
Elferkofl 75
Elm 59, 60, 61, 62, 63
Elva (Provinz Cuneo) 152
Engelberger Tal 26
Ennstal 89, 90
Enterbach (Inzing) 43
Erlbach 14
Etsch 33, 98
Etschtal 98
Etzlital Alp (Uri) 171
Europa 149
Farst 38
Farstrinne 36, 37, 144
Feichten (Kaunertal) 42
Fendels (Ried) 16
Fendler Mure bzw. Fendelser Mure (Ried) 15, 17, 44
Fendler Wildbachgebiet (Ried) 16, 44
Fischbach (Ötztal) 16, 38, 113, 114, 115, 116, 117, 118, 120, 121, 122, 124, 125, 126, 127, 128, 129, 130, 131, 133, 134, 135, 144
Fischleinbodental (Sextener Dolomiten) 74
Flattach 155
Flims 81, 83
Frankfurt 164
Frankreich 149
Franzensfeste (Südtirol) 44
Friaul 136, 137, 139
Ftan (Unterengadin) 138
Fundustal (Ötztaler Alpen) 80
Fünf Türme 75
Fusine (Veltlin) 30
Gadriatal 96, 98
Gail 58
Gailfluss 58
Gailtal 58
Galtür (Paznauntal) 15, 26
Gamskogel 133
Gemona (Friaul) 139, 140
Genf 82
Genfer See 82, 88, 101
Gepatsch-Ferner 42
Gietroz-Gletscher 87
Gigglberg (Ötztal) 133
Glarner Alpen 59
Glarus (Kanton) 63, 149
Gmunden 73, 108, 109
Göge-Alm (Ahrntal) 173
Goisern siehe Bad Goisern
Goldau (Schweiz) 23, 52, 66, 67, 68, 69, 70, 71, 86, 148, 190
Gorizia siehe Görz
Görz/Gorizia 150
Gossensass 147
Gotthard siehe St. Gotthard
Grand-Dixence 51
Granson (Schweden) 191
Graubünden 30, 64, 100, 101, 137, 138, 141, 179, 180, 191
Grenoble 81, 82
Gridlonbach (Arlberg) 15, 16, 17
Gridlontobel (Arlberg) 16
Gries (im Sulztal) 114, 117, 118, 126, 130
Griesbach 114, 120
Grimming 88, 89, 90, 91, 92, 94
Grimmingbach 91
Grimmingboden 88, 89, 91
Grindelwaldgletscher 74
Grippen (Roßberg) 67
Grosio (Veltlin) 30
Großer Gurgler Ferner 166
Grubhalbinsel 103
Grun (GR) 142
Grundlsee 111
Gschliefgraben 73
Gspellerberg 33
Gurgl (Ötztal) 10, 112, 113, 133
Gurgler Eisjoch 112
Gurgler Ferner 32, 51, 166
Haiming 77, 79, 80
Hall (in Tirol) 136, 191
Hallstatt 73, 75, 103, 108
Hallstätter See 103, 108, 111
Hamburg 150
Hauerkamm (Ötztaler Alpen) 77
Heiligenblut 189

Hinterberg 90
Hohe Mut (Ötztal) 10
Hollenzen im Zillertal 144
Huascaran (Peru) 83
Huben (Ötztal) 77, 78, 128, 144, 145
Imst 14, 16, 36, 38, 77, 79, 114, 122, 127, 128, 129, 179
Indien 165
Ingenbohl 68
Inn 80
Innerschweiz 169
Innerversahl (Weiler im Kaunertal) 50
Innervillgraten 187
Innsbruck 15, 32, 43, 51, 79, 102, 117, 121, 126, 134, 136, 194
Inntal 79
Inzing 43
Irdning 99
Ischler Salzberg 74
Island 83
Java 163, 164
Juf (GR) 175
Kandersteg (Schweiz) 51
Kärnten 100, 136
Kassiansspitze 155
Kaunertal 42, 50
Kaunserthal siehe Kaunertal
Kempten 149
Kerns (Kanton Obwalden) 160, 176, 177
Kircharche 120, 121
Klachau 91
Klagenfurt 190
Klamm bei Längenfeld 142
Klausen (Südtirol) 46
Kobe (Japan) 8
Köfels (Ötztal) 52, 68, 69, 80, 81, 83
Königssee 107
Konstanz 191
Krain 137
Kramsach 143
Kummersee 33, 34, 35
Laas 96, 98
Lac d'Oisans 82
Lac des Dix 68
Lago Maggiore 75
Laibach/Ljubljana 150
Landeck 14, 16, 49
Langbath 109
Längenfeld (Ötztal) 16, 21, 35, 38, 40, 42, 77, 81, 113, 114, 116, 117, 118, 119, 121, 122, 124, 125, 126, 127, 128, 129, 130, 133, 134, 135, 142, 144, 194, 195
Langtal (Ötztal) 113
Langtaler Ferner 51
Larstig (Ötztal) 184
Lasern (Bad Goisern) 73
Latsch (Südtirol) 27
Latzfons 155, 156, 157
Lauerzersee 68, 86
Lauffen 88, 92, 93, 94, 95, 103
Le Fayet 50
Lend 72
Leogang 107
Liechtenstein 149
Liesertal 192
Lieserwand (Kärnten) 192
Liezen 89
Lissabon 84, 137, 164, 165
Lituya Bay (Alaska) 84
Ljubljana siehe Laibach
Locherboden 148
Log Pod Mangrtom (Slowenien) 21, 47, 48, 154
Longarone (Provinz Belluno, Italien) 31, 32, 86
Lötschental 88, 166
Louvain-la-Neuve 8
Lugnez (GR) 142
Luibiskogl (Hauerkamm/Ötztaler Alpen) 77
Lumnezia 142
Lungau 182
Luzern 68, 86
Madonna de Fenestre 157
Madonna di Re 19
Maishofen 107
Mandling 89
Mangart-Alm (Slowenien) 47
Maria Alm 107
Mariastein 104

Martell 27, 29
Martelltal 8, 27, 61, 183
Martigny 87
Marzellferner 190
Matterhorn 74
Mattertal 66
Mattmark 50, 83, 88
Meran 33, 35, 88, 144, 145
Merapi 163
Mesocco 101
Messina 139
Mirnock 100
Mittelbergferner 166
Mittelmeerraum 84
Mitterndorf 90
Mölltal 189
Mönchsberg (Salzburg) 72
Mont Granier 81, 82
Mont Tabor 157
Monte Toc (Longarone) 86
Montjoie 50
Moos (Passeiertal) 35
Muhr 181
München 9, 149
Murbach (Umhausen) 36
Myanmar 165
Neudorf (Umhausen) 35
Nidwalden (Kanton) 112
Niederthai 184
Nil 116
Norwegen 83, 84
Notre Dame de Fenestre 157
Notre Dame du Mont Carmel 157
Oberastlehn (Ötztal) 127
Oberegg (AI) 172
Oberengadin 17
Oberes Inntal 14
Obergurgl 112, 133, 194
Oberinntal 148
Oberitalien 136, 139
Oberkrain (Slowenien) 49
Oberlängenfeld 114, 116, 121, 127, 128, 133
Obertraun 103
Oberwallis 21, 22, 23, 25, 172, 175
Obwalden (Kanton) 86, 160
Ortlermassiv 75, 183
Ostafrika 84
Österreich 136
Östen (Ötztal) 144
Ostschweiz 137
Ötz 166, 178, 182
Ötztal 32, 35, 38, 39, 42, 52, 61, 78, 79, 80, 102, 112, 113, 117, 134, 142, 145, 166, 182, 184, 194, 195
Ötztaler Ache 38, 40, 42, 51, 80, 81, 115, 116, 119, 120, 127, 128, 129, 178
Ötztaler Alpen 32, 34, 35, 38, 42, 51, 74, 77, 87, 96, 98, 102, 112, 145, 153, 159, 163, 164
Ötztal-Gletscher 79
Pass Stein 91
Passeier siehe Passeiertal
Passeiertal 33, 35, 171, 183
Paznaun 49
Paznauntal 14, 21, 43
Peru 83
Petersberg 165, 166
Pettneu am Arlberg 15, 16
Pezzaze 188
Pfunds 43
Piavetal 136
Pinzgau 72
Pitztal 10, 42, 143, 153, 166, 181
Piu Baco 137
Planeil 185
Platt (Passeiertal) 183
Plawenn 99
Plima (Martelltal) 27, 183
Plurs/ Piuro 64, 65, 191
Pollesbach (Ötztal) 144
Pontresina (Oberengadin) 17, 18, 154
Poschiavo siehe Puschlav
Predil-Pass (Slowenien) 47
Primör 137
Provinz Belluno 136
Provinz Kansu (China) 139
Puntegliasgletscher (GR) 101
Pürgg 91
Puschlav 19, 20, 21
Putterer-See 99
Quart (Aostatal) 82
Queyras 158

Randa 66
Rätien 101
Reutte 100, 148
Ried 15
Rietz 16
Rietzerbach (Rietz) 16
Rocciamelone 156
Rofen 113, 144
Rofental 87, 102
Rojen (Vinschgau) 75
Roppen 77, 79, 80
Rossberg (Goldau) 70
Röthen 23, 68, 69
Ruitor-Massiv (Aostatal) 82
S. Antonio Morignone (Veltlin) 30
Saalfelden 107
Saas-Almagell 83
Saas-Tal 166
Saint-Gervais-les-Bains 50
Saint-Véran 158
Salzburg 72
Salzkammergut 73, 88, 92, 93, 111, 166, 185
Sandling 73
Santa Maria di Campiglio 76
Sautens 77, 79, 80
Savoyen 81
Schlanders 96
Schottland 83
Schrankogel 130
Schwanau, Insel 68
Schwarzer Mönch (Berner Oberland) 76
Schwaz 83, 191, 194
Schweden 191
Schweiz 23, 38, 62, 64, 74, 141, 149, 160, 169, 170, 179, 194
Schwyz 71
Sedrun im Tavetsch 101
Seefeld 166
Seewen 68
Sexten 74, 154
Sextener Dolomiten 74
Siat (GR) 142
Sierre (Schweiz) 136
Similaun 190
Simplon 22
Sion (VS) siehe auch Sitten 87
Sitten (VS) siehe auch Sion 172
Slowenien 47, 49, 150
Sölden 41, 42, 113, 151, 152, 184, 190
Sondrio 29, 30
Spanien 149
Spoltrio lo Stato Maggiore 20
St. Anton am Arlberg 43
St. Georgen 107
St. Georgen bei Bruneck 19, 189
St. Gilgen 166
St. Gotthard 51, 68, 188, 189
St. Justina in Osttirol 44
St. Wolfgang 166
Stambach (Bad Goisern) 73
Steinernes Meer 107
Steisbach (St. Anton am Arlberg) 43
Storegga (Norwegen) 83
Strengen am Arlberg 194
Stuben (Tiroler Oberland) 21, 43
Stubenbach (Tiroler Oberland) 43
Südafrika 84
Südalpen 82
Süddeutschland 137
Südtirol 94, 96, 147, 150
Südwestchina 165
Sulztal 119, 120, 133
Surselva (GR) 101
Tangelsee 99
Tangschan 139
Tauferberg (Ötztal) 81
Tauplitz 90
Tauredunum / Taurentunum (Berg) 82
Taxenbach 107
Telfs 188
Thurwieser (Ortlermassiv) 75
Tirol 19, 38, 43, 77, 194
Tokio 139
Tolmezzo 136
Totes Gebirge 75
Traun 92
Traunkirchen 108, 109
Traunsee 73, 108
Traunstein 108
Trisanna 50
Trun (GR) 101

Tschiggelberg 63
Tschirgant 77, 79, 83
Tumpen im Ötztal 182
Udine 137
Uggovizza 140
Umhausen 35, 36, 38, 81, 184
Unterburg (im Ennstal) 91, 158
Unterengadin 138
Untergrimming 89, 91
Unterlängenfeld 114, 128, 133
Uri (Kanton) 162
Uri-See (Reutte) 100
Vajont (Provinz Belluno, Italien) 31, 32, 86
Val Camonica 30
Val Chiavenna 30
Val d'Hérémence (VS) 68
Val d'Illiez 83
Val de Bagnes 23, 87
Val di Tartano 30
Val Madre 30
Val Poschiavo siehe Puschlav
Val Trompia 51, 188
Valdisotto (Veltlin) 30
Valle di Blenio 75
Vallée de Savoie 81
Valzur (Paznauntal) 15
Veltlin 19, 21, 29, 30, 38, 66, 154
Venedig 137
Vent 32, 102, 145, 184, 190
Venter Tal 184
Venzone (Friaul) 139
Vernagt 145
Vernagtferner 32, 51, 87, 102, 163, 165
Vernagtsee 144
Vierwaldstätter-See 86, 106, 136
Villach 136, 137
Villacher Alpe 58
Vinschgau 75, 96, 99, 144, 185
Visp 22, 88, 138
Vispa 66
Visperterminen 22
Waadtland 52, 57
Wald im Pitztal 181
Wallis 19, 23, 50, 51, 56, 66, 82, 83, 87, 88, 138, 166, 175
Walten (Passeiertal) 171
Wans (Passeiertal) 171
Weiße Wand (Tschirgant) 79
Welsberg (Südtirol) 46
Wien 58, 70, 190, 191, 192, 195
Wiener Neustadt 191
Wildermieming 146
Wildschönau 181
Wildsee 33, 34
Winkle (Huben/Ötztal) 78
Wolfgang-See 106
Yungay (Peru) 83
Zehner 75
Železniki (Slowenien) 49
Zell am See 107
Zen Meiggern 88
Zentralschweiz 136
Zermatt 66
Zillertal 87, 142
Zufritter Stausee (Südtirol) 27
Zwerchwand (Bad Goisern) 73
Zwergern 147
Zwieselstein 184
Zwölfer 75

> Personenregister

Agatha (Heilige) 162, 174, 179
Andrian, Ferdinand von 166
Anna (Heilige) 174
Antoni (Heiliger) 160, 171, 176, 177, 178
Antonius (Heiliger) 172
Apostel Johannes 54
Arpagaus, Gieri Murezi 141
Attenbichler, Sepp 92, 94
Bachmann-Geiser, Brigitte 162, 169, 170
Barbara (Heilige) 174, 179
Bartholomäus (Heiliger) 107, 172
Behringer, Wolfgang 149
Benedikt (Heiliger) 174
Benesch, Fritz 55, 56, 58, 76
Benetti, Dario 29
Berlepsch, H.A. 63, 101
Bernhard (Heiliger) 172
Berz, Gerhard 9, 138
Bischofberger, Conny 165
Bizjak, Janez 167
Blasius (Heiliger) 172
Blättler, Josef 184
Bläuer, Hans Peter 61, 62, 63
Brauner, Franz 89
Bregoli, Familie 188
Breu, Armin 172
Bruder Franz (Heiliger) 172
Bruder Klaus (Heiliger) 174
Bruder Konrad Parzham (Heiliger) 173
Büchli, Arnold 179
Caminada, Christian 101
Catalani, Alfredo 190
Cellini, Benvenuto 191
Chlais (Heiliger) 177, 178
Chlois (Heiliger) 160
Christophorus (Heiliger) 179
d'Avenches, Marius 82
d'Opawa, Martin 81, 82
Dillier, Julian 160, 161, 177
Duile, Joseph 16
Ebitsch, Sabrina 150, 151
Eder, Maria 109
Elmer, Heinrich 62
Eppacher, Martin 150
Escher-Platter, Martha 23
Falkner, Valentin 124
Federer, Heinrich 169
Frachet, Géraud de 82
Franz Xaver (Heiliger) 173
Frisch, Max 7
Fuchs, C.W.C. 136, 137
Gallus (Heiliger) 157
Georg (Heiliger) 172
Germana (Heilige) 174
Goethe 163, 164
Gotthard (Heiliger) 173
Graber, Georg 100
Gusmeroli, Marcellino 30
Haid, Annamaria siehe Stippler, Annamaria
Haid, Gerlinde 169, 183, 184, 185, 187, 189, 191, 193
Haiding, Karl 91, 94
Harnoncourt, Nikolaus 72
Hasslwander, Jolanthe 89, 90, 91
Haueis, Vinzenz 194
Haydn, Joseph 70
Herzog, Josef 107
Heuberger, Helmut 77
Heyl, Johann Adolf 96
Hilarius (Heiliger) 172
Hillern, Wilhelmine von 190
Hinterin, Anna geb. Edlingerin 103
Hofmann, A. von 70
Hohler, Franz 63
Höllrigl, Jakob 115
Holzknecht, Hermann 142
Holzknecht, Thomas 116
Horrer, Thomann 115
Hunger-Derungs, Margret 179
Hye, Franz-Heinz 116
Ilmer, Stephan 134
Imfeld, Karl 177
Isidor (Heiliger) 174, 176
Jäger, Franz 116
Jakob (Heiliger) 172, 176

Jakobus (Heiliger) 172
Jechner, Thomas (genannt „Jechl“) 144
Jöchl, Thamann 87, 145
Johann Baptist (Heiliger) 172
Johannes (Heiliger) 71
Johannes der Evangelist (Heiliger) 176
Johannes von Nepomuk 118, 128, 171, 182
Josef (Heiliger) 176
Josef, Pater 102
Kaiser von Österreich 70
Kapferer, Rudolf 144
Kässler, Katharina 143
Katharin (Heilige) 174
Kathrin (Heilige) 183
Kienast, Friedrich 94
Kleist 163
Köfler, Josef 115
Kopp, Werner 35, 113, 145
Krackowizer, Ferdinand 108
Kriechbaum, Mathias 109
Kuen, Benedikt 114, 116, 121, 122
Kuen, Christian 115
Kuen, Engelbert 124, 125
Kuen, Johannes 116, 121
Kuen, Willi 134, 135
Kuprian, Elmar 77
Kuprian, Familie 77
Leibniz, Gottfried Wilhelm 164
Leonhard (Heiliger) 173
Leuenberger, Moritz 167, 168
Leys, Emil 122, 124
Lindauer, Adam 109
Lindauer, Anna Maria 109
Lobitzer, Harald 73, 74
Loidl, Josef 108
Lukas (Heiliger) 176
Mahlknecht, Bruno 96, 99
Maier, Georg 125
Mair, Johann Georg 120
Maria 160, 161, 176, 177, 178
Markus (Heiliger) 172, 176
Marti (Heiliger) 178
Marti 62
Martin (Heiliger) 173
Matthäus (Heiliger) 176
Mauritius (Heiliger) 172
Meier, Verena 101
Merian, Matthäus 65
Moser, Isidor 70
Mostler, Prof. 79
Müslin, David 70
Nepomuk siehe Johannes von Nepomuk
Neurauter, Florian 115
Neweklowsky, Ernst 105
Niederkofler, Peter 173
Nikolaus (Heiliger) 172
Notburgis (Heilige) 174
Nussbaumer, Josef 7, 65, 136, 138
Paris, Matthieu 82
Partl, Alois 153
Paschal (Heiliger) 174
Patzelt, Gernot 10
Perger, Mathäus 144
Perntaler 156
Peter und Paul (Heilige) 179
Pfister, Christian 61, 64
Philipp (Heiliger) 176
Pichler, Adolf 80
Pirpamer, Luis 184
Pollhammer, Thomas 109
Prasch, Helmut 155
Rabanser, Hansjörg 143, 144
Rampa, Franz Konstantin 142
Ramuz, Charles Ferdinand 53, 54, 55, 56, 57, 163
Ratu Kidul (Göttin) 163
Rauchegger, Andreas 134
Rausch, Ernst 138
Renner, Eduard 162, 163
Rochus (Heiliger) 174
Ronza, Robi 29
Rusch, Paulus 117, 125
Salimbene di Parma, Bruder 81, 82
Sauper, Maria 189
Savel, Alexander 108, 109
Scheiber, Angelus 124, 133
Schemann Christine 156
Schemann Karlheinz 156
Schmid, Trudy 23
Schmidt, Franz 54, 55, 71, 190
Schöpf, Christian 115

Schöpf, Johannes 120
Schöpf, Peter 115
Schöpf, Simon 115
Schrott, Raoul 163
Schwaiger, Wilhelm 107
Schwarz, Rudolf 35, 42
Schweißgut, Johann 106
Sebastian (Heiliger) 173
Sigismund (Heiliger) 172
Sprecher von Bernegg, Fortunatus 64
Stecher, Reinhold 134
Stephan (Heiliger) 173, 179
Stimizerin, Eva 103
Stippler, Annamaria 118, 127, 131
Stippler, Franz 113, 114, 115, 116, 118, 120, 131
Stippler, Johannes 118, 126, 130, 131
Stippler, Michael 115
Strauss, Richard 54
Strele, Richard von 129, 180, 181, 182, 183
Tasch, Kurt 158
Tell, Wilhelm 106
Theodor (Heiliger) 172
Theresia (Heilige) 174
Trientl, Adolf 80
Troyer, Johann 105
Turnovsky, Stephan 165
Urstöger, Hans Jörgen 103, 104
Ursula (Heilige) 183
Valentin (Heiliger) 174
Vigil (Heiliger) 183
Vögelins, Salomon 70
Volken, Marco 25
Walcher, Joseph 34, 51, 102, 195
Wallnöfer, Eduard 124
Walter, Reinhard 88
Wändel (Heiliger) 171
Weber, Beda 33, 34
Weber, Christian 16, 114
Wendel (Heiliger) 160, 174, 177, 178
Wendelin (Heiliger) 174, 176
Wienebacher, Michael 34, 35
Winkler, Robert 96
Wyss-Meier, Tonisep 170, 179
Zay, Karl 69, 71
Zeller, Rosmarie 64
Zwerger, Margarethe 147

> Bildnachweis

Archiv Pro Vita Alpina – Alpenakademie: 21, 24, 25, 36, 51, 60, 65, 67, 68, 102, 141

fotolia: 26

Haid, Barbara: 16, 17 (3 Bilder unten), 18, 28 unten, 34, 49 unten, 154, 159, 173

Haid, Gerlinde und Hans: 28 oben, 29, 38, 39 unten rechts, 41, 66, 79, 89, 93, 95, 103, 106 oben, 109, 110, 111, 118, 119, 121, 122, 123, 124, 127, 128, 129, 130 oben, 142, 143, 144, 145, 146, 147, 148, 149, 152, 156, 175, 176, 177, 178, 182, 184, 185

Helmbahnen Sexten: 75

Leeb, Gerhard: 47, 48, 58, 140, 158

Müller, Carmen: 46, 170, 171, 189

Museum im Ballhaus, Imst: 105

Nationalpark Triglav: 150

Österreichisches Volksliedwerk: 192, 193

Portaluppi, Francesco (aus: Gli ex voto del Santuario di Re): 19

Steger, Albert: 19 rechts

Tiroler Votivbilder: 104, 106 unten

Wildbach- und Lawinenverbauung Imst: 11, 12, 13, 14 oben und unten, 15, 17 oben, 36 unten, 37, 39 oben und Mitte, 39 unten links, 40 unten, 41, 44 oben und unten, 77, 78, 130 unten, 131, 132

Hans Haid
Similaun
Roman

232 Seiten
€ 19.90/sfr 35.90
ISBN 978-3-7082-3233-1

In einem visionären Werk verbindet Hans Haid die Mythologie der Alpen mit einer schonungslosen Kritik der gegenwärtigen Verhältnisse, in denen die Natur ausgebeutet wird und ein Tal seine Seele an den Tourismus verkauft.

Der Similaun, der heilige Gletscherberg der Ötztaler Alpen, soll dem massentouristischen Wahnsinn geopfert werden: Mit einer neuen Seilbahn, mit einer Stadt auf dem Gipfel, mit einem riesigen Staudamm zu seinen Füßen – trotz aller Warnungen vor der drohenden Apokalypse, wenn der Staudamm bricht. Virgil, der Schafhirte, ist einer der wenigen Mahner: Er kämpft für diese Hochgebirgswelt, die den Schafen gehört und den Saligen Frauen in den Kristallpalästen der Gletscher.

Similaun ist so nichts weniger als die Synthese von Hans Haids Lebenswerk: Die Auseinandersetzung mit der Natur-, Lebens- und Sagenwelt der Alpen und die konsequente Kritik an den Auswüchsen einer modernen Profitgesellschaft, die sich respektlos über alle Tradition hinwegsetzt.

„Das Archaische in den Gedichten Hans Haids kommt in diesem beinahe schon monumentalen Roman mit voller Wucht zum Durchbruch. Nicht nur Gletschern steht man in der Natur fassungslos und zwergenhaft gegenüber, als Leser wirkt man gegenüber diesem Gletscherhaft mächtigen Erzählstrom Hans Haids plötzlich sehr klein, wenn man die eigene schmale Lesezeit der großen erzählten Zeit gegenüberstellt."

Tiroler Gegenwartsliteratur, Helmuth Schönauer

Skarabæus
innsbruck – bozen

A-6020 Innsbruck • Erlerstraße 10
T: 0043/512/395045 • F: 0043/512/395045-15

Portofrei mit Rechnung: **www.skarabaeus.at**

NETZWERK
ALPINE KULTUREN

pro vita alpina

Das alpenweite Netzwerk pro „vita alpina“-International mit der „alpenakademie“ vereint aktive sowie engagierte Köpfe und Initiativen im Alpenraum; vom „Maison des Produits de Pays“ (F) über die Bio-Kosmetika-Hersteller in Soglio (CH) bis zum Naturpark „Logarska Dolina“ (SLO), von den „Minderheiten“ im Resia-Tal in Friaul, in den Regionen Trient und Bozen bis zum „Centro culturale Borgata“ und den „Quaderni di cultura alpina“ im Piemont und zur „Iniziativa da las Alps“ (Andreas Weissen) im Wallis bis zu den „Alpenstädten des Jahres“ und zum „Institut Alpe“ von Janez Bizjak in Bled (SLO) und dem „Planet Alpen“ von Gerhard Leeb in Dreulach/Drevlje in Kärnten. Ob „Kult in den Alpen“ oder „Agricultur mit Bio-Landwirtschaft“, „Neues Leben“, „Mythos Gletscher“ und „Mythos Lawine“ oder „musica alpina“: immer sind es Projekte von „pro vita alpina“-International und dem umfangreichen Spezialarchiv der „alpenakademie“. Immer geht es um die „Spurensuche“, um kulturelle und kulturpolitische Projekte und Initiativen; das alles auch im Sinne des Protokoll-Entwurfes „Bevölkerung und Kultur“ der Alpenkonvention.

„pro vita alpina“-International ist eine der drei Jury-Organisationen für die „Alpenstadt des Jahres“ (1997 Villach/A, 1999 Belluno/I, 2000 Maribor/Marburg/SLO, 2001 Bad Reichenhall/D, 2002 GAP/F, 2003 Herisau/CH, 2004 Sonthofen/D, 2005 Trento/Trient/I, 2006 Chambery/F, 2007 Sondrio /I, 2008 Brig/CH, 2009 Bozen/Bolzano/I, 2010 Bad Aussee/A.

Kontakt: Prof. Dr. Hans Haid, Roale im Ventertal, A-6450 Sölden und Riedernstraße FVJ 1, A-6430 Ötztal. Tel. /Fax: ++43 (0)5266-87296
E-Mail: haid.roale@netway.at
www.cultura.at/alpenakademie und www.cultura.at/haid

Die Alpenakademie entstand als Projekt der „pro vita alpina“ im Jahre 1997 auf Grund des EU-Projektes „Kultur: Leben & Überleben in ländlichen Regionen“ gemäß Artikel 10 EFRE.

ALPEN AKADEMIE